Marketing für Arztpraxen

V. Streit · M. Letter (Hrsg.)

Marketing für Arztpraxen

Mit 14 Abbildungen und 12 Tabellen

 Springer

Dr. med. Volker Streit
Neue Straße 9
21244 Buchholz
vstreit@web.de

Michael Letter
Medical Management
Kreuzstraße 5
47877 Willich
Michael.Letter@t-online.de

ISBN 3-540-20641-8 Springer Berlin Heidelberg New York

Bibliografische Information Der Deutschen Bibliothek
Die Deutsche Bibliothek verzeichnet diese Publikation in der Deutschen Nationalbibliografie; detaillierte bibliografische Daten sind im Internet über *http://dnb.ddb.de* abrufbar.

Springer ist ein Unternehmen von Springer Science + Business Media

springer.de

© Springer-Verlag Berlin Heidelberg 2005

Printed in Germany

Planung: Thomas Mager, Heidelberg
Redaktion: Susanne Friedrichsen, Heidelberg
Herstellung: Frank Krabbes, Heidelberg
Umschlaggestaltung: deblik, Berlin
Satz und Layout: Andrea Foth, Heidelberg

SPIN: 10959251   14/3109 fk - 5 4 3 2 1 0 - Gedruckt auf säurefreiem Papier

Vorwort

Liebe Leserin,
lieber Leser,

die Herausforderungen des Umbruchs im deutschen Gesundheitssystem erreichen jede Praxis – diesen Herausforderungen heißt es sich zu stellen. Wirtschaftlich und organisatorisch abgestimmte Abläufe, ein Team aus Arzt und Mitarbeiterin, das – kommunikativ geschult – gemeinsam mit dem Patienten nach der für ihn optimalen Lösung sucht. Arztpraxen müssen in Zukunft neben ihrem medizinischen Know-how verstärkt Management-Kompetenz aufbauen, um Patienten zu überzeugen.

Langfristig geht es darum, die Wirtschaftlichkeit der Praxis zu verbessern. Denn die abnehmenden Leistungen der Krankenkassen, neue bürokratische Einschnitte, der neue EBM und die Aktivitäten der Gesundheitspolitik führen zu einem weiter ansteigenden wirtschaftlichen Druck in den Praxen jedes Einzelnen.

Ein professionelles Praxismanagement und -marketing bietet Ärzten die Möglichkeit, Vertrauen und damit eine langfristige Beziehung zum Patienten aufzubauen. Voraussetzung dafür ist, den Patienten primär als Hilfe suchenden Menschen und als Gesundheitskunden zu betrachten, dem man im Beratungsgespräch eine optimale Lösung für seine gesundheitlichen Probleme anbietet. Doch hierfür fehlt dem Arzt oft die Zeit. Zum Beispiel beim Thema Individuelle Gesundheitsleistungen (IGeL): Würde der Arzt ohne sein Team den Patienten über die Möglichkeiten solcher Sonderleistungen aufklären, könnte er sich nicht intensiv genug um sein eigentliches Aufgabenfeld, die Diagnostik und Therapie von Krankheiten, kümmern.

„Wir Ärzte müssen unsere Leistungen dem Patienten verkaufen", dieser Tenor hallt zur Zeit aus vielen Praxen, aber das *Wie?* bleibt sehr oft unbeantwortet. Praxismarketing dabei nur unter dem Gesichtspunkt des „Verkaufens" zu sehen, bedeutet eine Limitierung des Horizonts. Praxismanagement und -marketing arbeiten Hand in Hand und ermöglichen eine Optimierung der Praxisabläufe. Nur eine gut organisierte Praxis wird sich durch Marketingmaßnahmen Standort- und Wettbewerbsvorteile sichern. Die Auseinandersetzung um die Optimierung der eigenen Praxis eröffnet neue Wege, von denen nicht nur die Selbstzahler und Privatpatienten im Alltag profitieren, sondern ebenso die gesetzlich Versicherten und nicht zuletzt auch Ihr Praxisteam.

Das vorliegende Werk wird Ihnen hier aktive und professionelle Hilfe zu einer ganzen Bandbreite von praktischen Aspekten des Praxismarketings geben. Renommierte Kollegen und Kenner des Zweiten Gesundheitsmarktes finden Sie in diesem Buch vereint, um das oft verwirrende Bild, das sich vielen Ärzten und Praxen zur Zeit bietet, in anschaulicher Weise zu entzerren.

Um heute wirtschaftlich und ethisch moralisch überleben zu können, ist von Ärzten und Praxisinhabern höchste Kompetenz nicht nur auf dem medizinischen Sektor, sondern auch auf betriebswirtschaftlicher, kommunikativer und rechtlicher Seite gefragt. Die Themen Internet, Marketing, Öffentlichkeitsarbeit dürfen dabei nicht zu kurz kommen.

Zu allen diesen Themen finden Sie kurz und übersichtlich mit praktischen Hinweisen versehene Beiträge, die es Ihnen als niedergelassener Arzt oder bei Ihrer Arbeit in der Klinik ermöglichen, schon morgen die für Sie relevanten Ansätze in Ihre tägliche Arbeit zu integrieren. Lesen Sie dieses Buch aktiv mit einem Bleistift in der einen und einem Glas Wein in der anderen Hand. Holen Sie sich Anregungen und entdecken Sie den Spaß, den das Praxismarketing zum Vorteil Ihrer Patienten und Ihrer Praxis machen kann.

Buchholz und Willich, im August 2004

Volker Streit
Michael Letter

Inhaltsverzeichnis

Autorenverzeichnis

Oliver Brandt
incoWeb.design – full service web
agentur
Stapenhorststraße 10; 45329 Essen
oliver.brandt@incoweb.de

Andreas Bremer
IfA Marktforschung und
Kommunikation
Bremer + Partner
Schnieringshof 10; 45329 Essen
mailbox@ifa-germany.de

Oliver Frielingsdorf
Frielingsdorf Consult GmbH
Kaiser-Wilhelm-Ring 50; 50672 Köln
info@frielingsdorf.de

Dr. med. Werner G. Gehring
EUSANA GmbH
Hannoversche Straße 24;
31848 Bad Münder
w.g.gehring@eusana.de

Magnus Gehring
EUSANA GmbH
Hannoversche Straße 24;
31848 Bad Münder
m.c.gehring@eusana.de

Dr. med. Lothar Krimmel
Deutsches Institut für Privatmedizin
Magdeburger Straße 26;
55218 Ingelheim

Michael Letter
5medical management
Kreuzstraße 5; 47877 Willich
info@5medical-management.de

Karin Letter
5medical management
Kreuzstraße 5; 47877 Willich
info@5medical-management.de

**Dipl. Ing. Margaretha Lingen-
Zanker**
ML Design – Innenarchitektur &
Einrichtungen
Königsheide 78;
47877 Willich
info@mldesign.de

Dr. Ingo Pflugmacher
Rechtsanwälte Busse & Miessen
Oxfordstraße 21; 53111 Bonn
Medizinrecht@Busse-Miessen.de

Kristina Stenzel
Praxismanagerin
Wackenberg 30; 45307 Essen
stenzel.kristina@freenet.de

Dr. med. Volker Streit
Neue Straße 9; 21244 Buchholz
vstreit@web.de

1 Der Patient wird zum Kunden

M. Letter

Einleitung

Wirtschaftlich und organisatorisch abgestimmte Abläufe, ein Team aus Arzt und Mitarbeiterinnen, das kommunikativ geschult gemeinsam mit dem Patienten nach der für ihn optimalen Lösung sucht – Arztpraxen müssen in Zukunft neben ihrem medizinischen Know-how verstärkt Management-Kompetenzen aufbauen, um Patienten zu überzeugen! Für einige Ärzte stellt diese These die Abkehr vom Hyprokratischen Eid dar, für andere ist es die einzige Möglichkeit, in Zeiten maroder Sozial-Systeme zu überleben. Alte Ethik Bücher der Medizin von vor über 100 Jahren bezeichneten den Patienten als Klienten. Es war selbstverständlich vom Klienten für seine Dienstleistung ein entsprechendes Salär zu erhalten. Der besser Begüterte erhielt die Medizin nach dem neuesten wissenschaftlichen Stand, der weniger Betuchte eine solche, die Schmerzen linderte und das Nötigste versorgte.

Aufbau von Management-Kompetenzen

Einige Begriffe seien an dieser Stelle nach dem Etymologischen Duden erklärt:

Patient: m, „Kranker" (in ärztlicher Behandlung): Im 16. Jh. entlehnt und substantiviert aus lat. patiens (patientis) „(er)duldend, leidend".

Klient: „Auftraggeber" (eines Rechtsanwaltes): Das seit dem 16 Jh. bezeugte Fremdwort ist aus dem lat. cliens (clientis) „der Hörige" entlehnt.

Kunde: m, (mittelhochdeutsch kunde, kundo) frühere Bedeutung: „Einheimischer; Bekannter", seit dem 16. Jh. dann speziell „der in einem Geschäft (regelmäßige) Käufer".

Hiernach ist es doch ein angenehmer Zustand im Kontext mit IGeL und Sonderleistungen von Kunden zu sprechen, welche regelmäßig in Ihrem Dienstleistungsunternehmen Arztpraxis einkaufen kommen.

Der Patient als Kunde

Bei den heutigen Diskussionen über Reformen und Sozialpolitik darf die Frage erlaubt sein, waren gar die Kollegen vor 100 Jahren uns um 200 Jahre voraus? Das auf Bismarck noch heute beruhende Sozialnetz bedarf einer grundlegenden Überarbeitung, nur die vielen Lobbyisten werden es wohl auch weiterhin trefflich verstehen, eine reale Reform in ihren Keimen zu ersticken. Der Markt, der Kunde, ihr Patient wird sich in Zukunft immer mehr auf die Prävention einlassen und nur noch, wenn diese nicht mehr hilft, Ihre kurativen Fähigkeiten in Anspruch nehmen.

Dieses Kapitel widmet sich einem der wichtigsten Themen der Arztpraxis im sich wandelnden Gesundheitsmarkt. In dem Moment, wo der Patient zum Kunden mutiert, verlangt er auch, wie ein Kunde behandelt und angesprochen zu werden.

Ein Abschnitt beschäftigt sich mit dem Auftreten und der speziellen Schulung der Mitarbeiterin. Die Aufgaben der Mitarbeiterin sind ein wesentlicher Bestandteil der Arztpraxis, ihr Verhalten ist ebenso ausschlaggebend für den Erfolg der Praxis.

Im Folgenden sprechen wir nur von den Mitarbeiterinnen, da ja der Mitarbeiter in Arztpraxen noch die absolute Ausnahme darstellt. Mit Bedacht ist auch der Begriff Mitarbeiterin gewählt, da auch hier sich der Terminus Technicus ändern sollte. Der Begriff der Helferin spiegelt die häufige Sichtweise einiger Ärzte wieder, welche ihr Personal nur als Hilfskräfte sehen, diese so menschlich wie auch finanziell behandeln. Der Begriff „Mitarbeiterin" allein sagt bereits aus, dass hier von jemandem gesprochen wird, welche aktiv und mit all Ihrer Qualifikation mitarbeitet und zum Erfolg der angebotenen Dienstleistung, sprich Praxis beiträgt!

Ein Fallbeispiel zu Beginn

Beispiel

Die „Wuschelkopfpraxis"

Ein bekanntes Beispiel. Ich betrete eine Praxis, am Empfang wuseln 2 Mitarbeiterinnen eifrig in Unterlagen, außer ihren Frisuren sehe ich nichts. Nach einiger Zeit hallt in einem leichten Kommandoton „Karte!", und als ich nicht sofort reagiere erhalt es laut: „Karte, ich brauche Ihre Karte". Ich zücke mein Portemonnaie und ziehe meine Kreditkarte heraus und reiche diese herüber. Die Mitarbeiterin reisst sie mir aus den Händen und steckt sie in den Leseautomat. Nachdem der Automat die Karte nicht lesen kann, versucht die Mitarbeiterin, mittlerweile schon sehr genervt, immer wieder die Karte in den Leseautomaten zu stecken.

Diese Situation wird mir auf Dauer sehr unbehaglich, und ich erlaube mir die Frage, wozu die Mitarbeiterin denn meine Karte brauche? Ich sei nämlich privat versichert. „Warum haben Sie das denn nicht gleich gesagt?", ranzt mich die Mitarbeiterin fast böse an. Sie habe mich nicht danach gefragt und mir überhaupt keine Möglichkeit gegeben mich zu äußern, erwidere ich ihr.

Diese und ähnliche Szenen spielen sich leider immer noch in Arztpraxen und Kliniken ab. Der Mitarbeiterin habe ich diese Situation nicht übel genommen, vielmehr setzte sich eine desolate Organisation und schlechtes Kommunikationsverhalten während meines ganzen Besuchs fort. Eine solche Praxis bezeichnen wir als „Wuschelkopfpraxis", da man am Anfang außer den Frisuren der Mitarbeiterinnen nichts sieht.

Der gestresste Arzt

Als Privatpatient wurde ich dann recht schnell in eines der Behandlungszimmer des Arztes geleitet. Dr. Muster setzte mit der Frage an: „Was uns denn fehle?" Sie ahnen es, als Kommunikationsexperte konnte ich es nicht lassen zu antworten, dass ich nicht wisse was ihm denn fehle? Fast verärgert korrigierte Dr. Muster sich und wollte nun wissen, warum ich ihn konsultiere? Kurz und gut die Behandlung stellte mich nicht zufrieden.

Die Folgen

Ich suchte eine Kollegin auf, die es sehr wohl verstand, mich als Person wahrzunehmen und medizinisch gut zu beraten. In dieser Praxis hatte ich auch das Gefühl, von den Mitarbeiterinnen gern gesehen zu sein.

Die Lösung

Durch viele Praxis- und Klinikanalysen haben wir festgestellt, dass ein Arzt heute im Durchschnitt seinen Patienten nach 20 Sekunden unterbricht. Viele Ärzte geben sich dem Zwang hin, möglichst immer mehr Patienten zu behandeln. Wie oft haben wir an Ärztestammtischen die Scheinzähler (Chipkartenzähler) erlebt. Dort ist dann von 1500 bis 2000 Scheinen pro Quartal die Rede. Wir haben uns oft den Spaß erlaubt und die dann tatsächlich verbleibende Behandlungszeit errechnet. Wenn Sie selbst wieder von solchen Zahlen geblendet werden, machen Sie es uns einfach nach! Das Ergebnis spricht für sich.

> ❗ „Wenn wir das tun, was wir immer schon getan haben, werden wir auch nur das bekommen, was wir immer schon bekommen haben."

Diese Managerweisheit trifft auf die Medizin im Wandel der heutigen Zeit besonders zu. Denn viele Kollegen in Seminaren und Weiterbildungen führen diese Weisheit weiter, mit den Worten: *„Das wird ja dann immer weniger für uns Ärzte."*

Aber genau das Gegenteil ist der Fall, wenn einfache Spielregeln der Kommunikation eingehalten werden.

Mit dem Telefon fängt es an

Das Aushängeschild Ihrer Praxis sind die Mitarbeiterinnen. Früher in der reinen kurativen Medizin sind viele Ihrer Patienten nur deshalb in die Praxis gekommen, weil der Arzt/die Ärztin so kompetent war. In der neuen durch Prävention gekennzeichneten Welt wird zunehmend die Praxis als Ganzes gesehen. Der Kunde will zuvorkommende Mitarbeiterinnen erleben und in eine **Wohlfühlpraxis** eintauchen. Was konkret können Sie unternehmen, um Ihre Praxis auf die neuen Herausforderungen einzustellen?

Zuvorkommende Mitarbeiterinnen

Mit dem Telefon fängt alles an. Sehr viele, wenn nicht die meisten Ihrer Patienten und zukünftigen Kunden werden als erstes per Telefon mit Ihrer Praxis Kontakt aufnehmen. Nachfolgende Tipps und eine Checkliste für die Mitarbeiterin am Telefon sollen helfen, solche Pannen, wie im Fallbeispiel beschrieben, von vornherein zu umgehen.

- An das Telefon gehören grundsätzlich keine Aushilfen oder Auszubildende im ersten Ausbildungsjahr.
- Vergewissern Sie sich von Zeit zu Zeit selbst von den Qualifikationen der Damen an Ihrem Telefon, nutzen Sie dabei die u. a. Checkliste und überprüfen die einzelnen Punkte.
- Machen Sie selbst oder Ihnen vertraute Menschen Testanrufe in Ihrer Praxis, z. B. dann, wenn Sie selbst nicht in der Praxis sind.

Checkliste

Telefoncheckliste

☐ Undeutlich und nachlässig gesprochene Meldetexte sind kein gutes Aushängeschild für die Praxis. Begrüßungsformel langsam und deutlich sprechen!

☐ Die Namensnennung der Mitarbeiterin am Telefon ist sehr wichtig!

☐ Beispiel: „Frauenarztpraxis Dr. Muster, mein Name ist Eva Schön, guten Morgen." Die Namensnennung des Patienten im Gespräch hat immer eine herzliche Ausstrahlung. „Was kann ich für Sie tun, Herr/Frau*?"

☐ Wenn der Name des Patienten nicht richtig verstanden wird, in verbindlichem und freundlichem Ton noch einmal nachfragen, z. B.: „Bitte sind Sie so freundlich und buchstabieren Sie mir Ihren Namen, ich konnte Ihren Namen nicht deutlich verstehen."

☐ Ein wirkungsvolles und befriedigendes Gespräch entsteht durch aktives und aufrichtiges Zuhören. Stellen Sie wichtige Zwischenfragen, um gezielt an die für Sie notwendigen und wichtigen Informationen zu kommen. („Wer fragt, führt!")

☐ Sehr hilfreich sind kurze, konkrete Sätze, Rückfragen wie z. B. „Sind Sie damit einverstanden?" – Wiederholen Sie den Wunsch des Patienten und fragen: „Habe ich das so richtig verstanden?"; „Hatten Sie das so gemeint?"; „Entspricht das Ihren Vorstellungen?"

☐ Auf Fremdwörter verzichten! Sprechen Sie die Sprache des Patienten.

☐ Immer wieder vergewissern, ob man richtig verstanden hat, was der Patient wünscht bzw. möchte!

☐ Signalisieren Sie dem Patienten, dass Sie ihm genau zuhören, in dem Sie nicht stumm den Ausführungen folgen, sondern mit einem „Ja", „Ich verstehe" oder „Ja, gerne" antworten.

☐ Versuchen Sie, den Patienten immer zufrieden zu stellen, denn er ist die wichtigste Person in der Praxis, zum Beispiel: mit dem Versprechen, sich um die Sache zu kümmern, mit dem versprochenen Rückruf, mit einer festen Terminzusage, mit dem Hinweis auf die Telefonsprechstunde, mit der Auskunft, wo man ihm weiterhelfen kann.

☐ Die eigene Stimmung und körperliche Verfassung ist extrem entscheidend für die Qualität eines Telefongespräches.

☐ In Notfallsituationen gelassen, ruhig und beherrscht bleiben, den aufgeregten Gesprächspartner gezielt und genau befragen! Bewahren Sie Ruhe.

☐ Beachten Sie die Schweigepflicht und den Datenschutz auch beim Telefonieren.

☐ Bei unklaren Dingen grundsätzlich erst Rücksprache mit dem Arzt halten!

☐ Lassen Sie sich nicht auf einen aggressiven oder unfreundlichen Anrufer ein, in dem Sie ihm ebenso entgegen treten, bleiben Sie ruhig, höflich und reden im freundlichen sachlichen Ton weiter. Lenken Sie ihn durch gezielte Fragen auf das eigentliche Problem hin.

☐ Gezielt W-Fragen (Was kann ich für Sie tun? Womit kann ich Ihnen helfen) einsetzen!

☐ Seien Sie mit den Zauberworten **„bitte"**, **„danke"**, **„gerne"**, **„selbstverständlich"** nicht zu sparsam!

Gesundheitsleistungen

Dem Patienten den Nutzen einer Leistung bildhaft erklären

„Es ist mir peinlich, für eine reisemedizinische Beratung Geld zu verlangen." „Ich bin Arzt, kein Verkäufer" – viele Ärzte haben Probleme, Leistungen offensiv anzubieten, die nicht von der Krankenkasse bezahlt werden. Wer jedoch den unbestreitbaren Nutzen einer IGeL oder Sonderleistung für den Patienten in den Vordergrund stellt, handelt vor allem patientenorientiert.

Dem Patienten IGeL anbieten

Beispiel

„Sollte es sich um von uns empfohlene, jedoch nicht über die Krankenkasse abrechenbare Leistungen handeln, werden Sie von meinen Mitarbeiterinnen darüber informiert und Sie werden gebeten, diese auch direkt in bar oder mit der EC-Karte zu bezahlen. Sie entscheiden selbst, wie viel Sie für Ihre Augen tun möchten." Nicht jeder Arzt geht so offensiv beim „IGeLn" vor wie der Augenarzt Dr. Muster auf seiner Homepage. „Ärzte müssen lernen, private Vorsorgeleistungen oder eine Vorsorgeuntersuchung für Menschen ab 40 Jahren anzubieten, auch wenn der Patient dafür zahlen muss", so Dr.

Muster weiter. Wichtigstes Kriterium bei der Entscheidung, ob der Arzt diese Leistungen anspricht oder nicht, ist der Nutzen des Patienten.

Das Angebot für IGeL muss in ein Gesamtkonzept integriert werden. Den Ärzten ist es ja gestattet, ihre Patienten mit sachlichen Informationen darüber zu versorgen, was sie gegebenenfalls zusätzlich zu den Normleistungen der Krankenkassen auf eigene Rechnung bei ihrem Arzt **„einkaufen"** können. Dabei geht es nicht darum, etwas zu verkaufen, sondern im Gespräch mit dem Patienten herauszufinden, ob es sinnvoll ist, ihm eine Selbstzahlerleistung anzubieten. Der Arzt muss schlicht und einfach sich und dem Patienten gegenüber ehrlich sein. Ein Patient, der in die Tropen fliegen will, sollte über die Gefahren einer solchen Reise durch eine reisemedizinische Beratung informiert werden – auch wenn sie kostenpflichtig ist.

Kommunikative Kompetenz

Dem Patienten den Nutzen einer IGeL verdeutlichen

Kommunikative Kompetenz hilft dem Arzt, die sachliche Nutzenargumentation patientenorientiert aufzubauen. So hat der Patient die Möglichkeit, aufgrund der Fakten, die ihm der Arzt erläutert, eine eigenverantwortliche Entscheidung zu treffen. Dazu gehört das **aktive Zuhören**. Der Arzt lässt den Patienten erzählen und hört genau zu. So erfährt er, dass dieser Hobby-Sportler zum ersten Mal an einem Marathon teilnehmen will. Nun kann der Arzt dem Patienten den Wert eines Sportler-Gesundheits-Check-ups erklären. Durch **gezielte Fragen** findet er heraus, ob solch eine Kraftanstrengung für den Patienten eine Gefahr darstellt. „Betreiben Sie irgendwelche Ausdauersportarten? Bereiten Sie sich auf den Marathon vor, und wie?" Der Arzt spornt den Patienten zudem zum Reden an, indem er dessen Ausführungen mit eigenen Worten wiederholt und Verständnisfragen stellt: „Habe ich Sie richtig verstanden, dass Sie beim Lauftraining manchmal leichte Stiche verspüren? Wo genau spüren Sie diese?" Je mehr der Arzt über den Patienten erfährt, desto besser kann er auf die Notwendigkeit und den Nutzen einer Selbstzahlerleistung hinweisen. „Wenn das so ist, sollten Sie folgende Leistung in Anspruch nehmen. Sie sollten aber auch wissen, dass sie von der Krankenkasse nicht gezahlt wird. Nach meiner Erfahrung mit anderen Patienten und Ihren Äußerungen ist sie aber erforderlich."

Die Leistung muss dem Patienten nutzen, nicht dem Arzt. Der Arzt sollte eine Sprache gebrauchen, die der Patient versteht. **Medizinisches Fachvokabular ist zu vermeiden.** Eine Selbstverständlichkeit, die jedoch nur wenige Ärzte beherzigen. Der Patient kann den Nutzen einer Leistung nur beurteilen und nachvollziehen, wenn er in der Lage ist, sie zu verstehen. Hilfreich ist es, den Patienten zu bitten, den ärztlichen Rat in eigenen Worten wiederzugeben. So kann der Arzt beurteilen, ob seine Informationen beim Patienten angekommen sind. Auch bildhafte Vergleiche helfen weiter. Dem Marathonläufer sagt er dann: „Bevor Ferrari sein Auto ins Rennen schickt, wird es hundert Mal durchgecheckt und Probe gefahren. Das sollten Sie auch tun."

Wer **nutzenorientiert IGelt,** hat es zudem leichter, Patienteneinwänden zu begegnen, die den „zu hohen Preis" betreffen. Denn wer den Nutzen einer Leistung für seine Gesundheit einsieht, ist eher bereit dafür zu zahlen.

Ärzte als „Hotel-Manager"

„Vertrauensaufbau zum Patienten" – das Thema trifft in vielen Einrichtungen des Gesundheitswesens noch auf Widerstand. „Wir sind doch kein Hotel, wir sind doch eine Praxis", „Dafür haben wir keine Zeit, wir sind ohnehin vollkommen überlastet", „Immer mehr Patienten und auf keinen Fall mehr Personal – wo soll da Zeit für ein intensives Gespräch mit dem Patienten herkommen?" So und ähnlich lauten die Einwände.

Der Arzt sollte sich durchaus als Hotel-Manager verstehen, der um zufriedene Kunden bemüht ist, die das Hotel – die Praxis – weiterempfehlen. Natürlich ist dabei zu berücksichtigen, dass der Kostendruck im Gesundheitswesen immer stärker wächst und die Schere zwischen Anforderungen und der zur Verfügung stehenden Zeit immer weiter auseinander klafft. Überstunden und Stress sind die Folge. Ärzte fühlen sich sehr häufig gestresst. Der Druck von oben, KV oder Verwaltungen, Politik stehen Personal gegenüber, das häufig in aufopferungsvoller Weise den Praxisbetrieb überhaupt erst aufrechterhält. „In diesem Klima kommt es auf Seiten der Ärzte zunehmend zum Burn-Out-Syndrom. Man fühlt sich ausgebrannt, zweifelt am Sinn seiner Arbeit. Und auf der Seite der Mitarbeiterinnen sind Demotivation und innere Kündigung die Folge."

Hinzu kommt, dass bei der Ausbildung von Medizinern und Pflegern leider nicht allzu viel Wert auf kommunikative Kompetenzen und die Fähigkeit zum Beziehungsaufbau und zur Patientenorientierung gelegt wird. Wie kann in solch belastender Situation trotzdem die Patientenorientierung und der Aufbau einer vertrauensvollen Beziehung geleistet werden?

Die meisten in der Medizin tätigen Menschen, ob Ärzte oder Mitarbeiterinnen, bringen von Natur aus eine hervorragende Einstellung zu ihrem Beruf mit. Doch im Alltagsstress wird diese dann oft zermürbt. Es entsteht eine Negativ-Spirale. Stress und Überbelastung ziehen einen autoritären und eher rauen Führungsstil nach sich, der zu Unzufriedenheit bei den ohnehin überarbeiteten Mitarbeiterinnen führt. Leidtragender ist dann zumeist der Patient. Damit Ärzte aus dieser Negativ-Spirale herausfinden und zum Vertrauensaufbau fähig sind, sind einige Aspekte von elementarer Bedeutung, die im Folgenden näher ausgeführt werden.

Der kranke Patient sollte als Kunde betrachtet werden, dem Ärzte,

Zufriedene Kunden

Kommunikative Kompetenzen

Schwestern und Mitarbeiterinnen einen Nutzen stiften wollen. Hier ist die kurative Medizin gefragt. Der gesunde Patient – Kunde – muss auch einen Nutzen spüren, dieser will **präventiv** behandelt werden, damit er die kurative Hilfe möglichst nie braucht.

Vertrauensaufbau ist
Einstellungssache

- Der erfolgreiche Umgang mit dem Kunden setzt den erfolgreichen Umgang mit sich selbst voraus.
- Vertrauen schafft, wer dem Patienten authentisch und glaubwürdig entgegentritt.
- Vertrauen lässt sich im direkten Gespräch aufbauen. Wichtig ist dabei eine patientenorientierte Fragetechnik.
- Die Ärzte übernehmen beim Vertrauensaufbau eine Vorbildfunktion für Ihre Mitarbeiterinnen.

Den Patienten als Kunden über das Vertrauen gewinnen

Optimierte Kunden-
orientierung im
Gesundheitswesen

In der Dienstleistungswüste Deutschland wird oft beklagt, die Rede vom „König Kunde" sei ein reines Lippenbekenntnis. Und so gibt es eine Vielzahl an Literatur, die Verkäufern zeigt, wie sie das Primat der Kundenorientierung verwirklichen und in der Gesprächsführung die Bedürfnisse des Kunden abfragen, um ein kundennutzenorientiertes Angebot zu unterbreiten. Natürlich ist die Beziehung zwischen einem Arzt oder einer Mitarbeiterin und einem Patienten anders gelagert, als die Beziehung zwischen einem Kunden an der Verkaufstheke und einem Verkäufer. Viele Ärzte und Mitarbeiterinnen wehren sich dagegen, von „Kundenorientierung" im Sozial- und Gesundheitswesen zu sprechen. Trotzdem spricht einiges dafür, den Fokus in diese Richtung zu verschieben.

Der „Patient" ist der vom Arzt zu behandelnde Kranke. Allein die Begrifflichkeit deutet ein Abhängigkeitsverhältnis an. Der Arzt nutzt sein Fachwissen, um dem anderen, dem unwissenden Laien, zu helfen. Im Mittelpunkt steht der „kranke" Zustand des Patienten, der beseitigt werden muss. Bewusst oder unbewusst wird der Patient zu einer Nummer oder auf einen Körperteil reduziert. Man kennt den sprichwörtlichen Witz *„vom Blinddarm auf Zimmer 12 oder das Ergo im Keller."*

Der Kunde hingegen ist jemand, der ein Bedürfnis hat, das er mit einem bestimmten Mitteleinsatz befriedigen möchte. Der Verkäufer oder Anbieter eines Produktes oder einer Dienstleistung konkurriert mit anderen darum, dem Kunden eine optimale Lösung seines Problems oder seines Bedürfnisses zu bieten. Er muss deswegen um den Kunden werben. Dementsprechend geht der Arzt anders auf den Patienten zu, nämlich mit dem Willen, ihm in einem Beratungsgespräch eine optimale Lösung für seine gesundheitlichen Probleme anzubieten.

„Patient und Kunde" – diese Gegenüberstellung soll nicht überstrapaziert werden. Aber Sprache bestimmt die Realität – und wenn Ärzte und Mitarbeiterinnen den kranken und den gesunden Patienten eher als Kunden sehen, dem man einen höchstmöglichen Nutzen stiften will, kann dies zu einer patientenorientierten Einstellung führen, die den Nutzen und das Wohlbefinden des „ganzen" Menschen in den Mittelpunkt des Denkens und Handelns stellt – und nicht den „Blinddarm von Zimmer 12".

Für Dr. Johannes M. (Name geändert), Leiter einer urologischen Tagesklinik, spielt dabei der Begriff der „Achtung" die Hauptrolle in dem Stück „Kundenorientierung": „Einstellung heißt, auf sich selbst achten, Achtung haben vor dem Patienten, vor den Mitmenschen, Achtung haben auch vor den Mitarbeiterinnen, den Schwestern und Pflegern." Also: „Interessiere Dich für den Menschen, dann wird er ein Patient und letztendlich ein Kunde, der Dir vertraut.

Checkliste

Kommunikations-Checkliste für den Arzt
- ☐ Während eines Kunden/Patientengesprächs keine Nebentätigkeiten erledigen.
- ☐ Schenken Sie dem Kunden/Patienten volle Aufmerksamkeit und Zuwendung im Gespräch. Bei einem Versehen oder Versäumnis in Ihrer Praxis niemals die Situation, das Personal oder die Organisation zur Entschuldigung heranziehen, sondern: „Ich bitte um Entschuldigung, Herr/Frau *, dass das passiert ist." „Es tut mir sehr leid, aber mir/uns ist ein Fehler unterlaufen, ihr Rezept ist tatsächlich vergessen worden. Ich veranlasse, dass es jetzt sofort erledigt wird. Vielen Dank für Ihr Verständnis, Herr/Frau *."

Grundvoraussetzungen/Bedingungen:
- ☐ Sprechen Sie die Kunden/Patienten grundsätzlich mit ihrem Namen an. (Der Name ist für den Menschen überaus wichtig!)
- ☐ Sollten Sie Ihren Kunden/Patienten selbst aufrufen, das Wort „bitte" nicht vergessen.
- ☐ Öfter bedanken! Versuchen Sie einen angenehmen Blickkontakt zu halten! Lächeln Sie den Kunden/Patienten stets an!
- ☐ Eine undeutliche Aussprache ist meistens nur eine schlechte Angewohnheit, eine deutliche Aussprache ist die wichtigste Grundvoraussetzung für gute verbale Kommunikation.
- ☐ Eine gepflegte und gewählte Ausdrucksweise, ohne Fachvokabular, verstärkt die positive Praxisatmosphäre, die der Patient deutlich dankbar und anerkennend wahrnimmt.
- ☐ Schimpfen auf die Kassensituation oder die politische Lage ist unbedingt zu unterlassen.
- ☐ Versuchen Sie die Redegeschwindigkeit zu bremsen, denn das Auffassungsvermögen des Menschen durch viele Worte ist beschränkt.
- ☐ Langsameres Sprechen ist immer dann angebracht, wenn Sie verärgert, zornig oder erregt sind.

☐ Insbesondere in der Präventivmedizin ist zu beachten, dass Ihre Stimme einen freundlichen Klang hat, daher: Wer lächelt, hat eine besonders wirkungsvolle Sprechstimme!

☐ Die Kommunikation und das Beziehungsmanagement werden zu über 50% durch die Körpersprache, zu fast 40% durch den Tonfall und zu weniger als 10% durch die Worte gestaltet!

☐ Gutes Zuhören heißt, selber weniger zu reden, mehr Fragen zu stellen, sich dem Patienten ganz zu widmen und seine Gedanken und Wünsche möglichst genau zu erfassen. Sich vom Patienten ein Feedback geben zu lassen ist sehr wichtig, wiederholen Sie sein Anliegen und fragen nach, ob Sie es so richtig verstanden haben. Durch die Wiederholung („Spiegelung") des Gesagten bestätigt man seinem Gegenüber, dass das, was der Patient mitteilen wollte, auch bei Ihnen angekommen ist.

☐ Beispiele für Satzanfänge für aktives Zuhören, wenn es nicht eindeutig klar ist, was der Patient meint:
Habe ich Sie richtig verstanden, dass Sie ...?
Ist es möglich, dass ...?
Ich frage mich, ob ...?
Es ist also in Ihrem Sinne, wenn ...?
Was sollten wir Ihrer Meinung nach jetzt tun ...?

Vertrauensaufbau ist die Grundlage einer Patientenbeziehung

Vertrauensaufbau zwischen Arzt und Patienten

Die richtige Einstellung ist der Erfolgsschlüssel für den patientenorientierten Vertrauensaufbau. Damit ist nicht ein plattes positives Denken gemeint, sondern die Fokussierung auf erfolgsfördernde Wertevorstellungen, Überzeugungen und Erlebnisse im Praxisalltag. Was wir uns zutrauen, hängt davon ab, was wir über uns denken, an was wir glauben und was wir meinen, erreichen zu können. Die Voraussetzungen für unser Handeln werden von unseren persönlichen Überzeugungen geschaffen. Diese Glaubenssätze sind tief in uns verwurzelt, denn sie werden sehr früh in uns geprägt, meistens bereits in der Kindheit. Ziel sollte es sein, sich von hemmenden Glaubenssätzen abzuwenden und von fördernden Glaubenssätzen und Überzeugungen leiten zu lassen. Führungskräfte sollten sich daher bei allen Problemen wie Überlastung und Alltagsstress den Wert ihrer Arbeit vor Augen führen, nämlich den Dienst am Menschen.

„Die Arbeit am Patienten und mit den Patienten wird immer schwieriger, von allen Seiten werden uns Stolperstein in den Weg gelegt", beklagen viele Mitarbeiterinnen. So befinden sie sich vorab bereits in einer bestimmten Problemerwartung, die dazu führt, dass sie ihre Energien und Kräfte nicht voll und ganz auf den Patienten – oder den Kunden und den Kundennutzen – konzentrieren. Energien und Kräfte, die bei der optimalen Bewältigung des Praxisalltages nicht zur Verfügung stehen. Sie haben sich selbst, haben ihrem Gehirn bereits unmissverständlich „klar gemacht", dass die Arbeit in der Praxis, der Umgang mit Mitarbeitern und Patienten vor allem belastend ist. Die Negativ-Spirale ist in vollem Gange.

Rein in die Positiv-Spirale

Doch das Prinzip funktioniert auch umgekehrt: Es ist möglich, sich wieder in die Positiv-Spirale einzuklinken. Durch Mentaltechniken wie Bewusstseins- und Intuitionstraining, Meditation und das Training der Wahrnehmungsfähigkeiten. Durch ein Mentaltraining kann die Rückkehr zu einer positiven Einstellung gelingen. Mit einer positiveren Einstellung lässt sich auch eine positivere Situation herstellen. Mentaltraining ist der Weg zum Erfolg über das Beherrschen der Gedanken und soll zur Stärkung des Erfolgsbewusstseins und zur Freisetzung von Zielerreichungsenergie führen. Ziel ist eine von mentalen Blockaden befreite Einstellung, die zur inneren Lösung von Spannungen und Disharmonien führt. Für Ärzte und auch für die Mitarbeiterinnen heißt dies: Mentaltraining hilft, sich der eigenen Stärken bewusst zu werden, brach liegende Talente zu erkennen und zu entfalten sowie sich selbst und Mitarbeiter zu motivieren. So ist es möglich, sich von hemmenden Überzeugungen und Erlebnissen zu befreien, sie in positive Leistungsenergie zu verwandeln und fördernde Wertvorstellungen zu nutzen, um das eigene Potenzial im Umgang mit dem Patienten und im Praxisalltag auszuschöpfen.

Positive Leistungsenergie und fördernde Wertvorstellungen

Das Einklinken in die Positiv-Spirale unterliegt einigen Grundregeln. Ein Arzt beginnt eine neue Aufgabe mit einer hohen Erwartungshaltung und ist sich sicher, erfolgreich zu sein, z. B. bei den ersten Versuchen im Selbstzahlerbereich. Wenn er mit dieser Einstellung an die Aufgabe herangeht, kann er mit hoher Wahrscheinlichkeit einen großen Teil seiner Kräfte zur Zielerreichung nutzen. Er ist gespannt auf das Ergebnis seiner Aktivitäten und neugierig, ob er die Aufgabe tatsächlich bewältigen kann. Das Ergebnis dieser Vorgehensweise bringt ihn voran. Entweder bewährt sich der Arzt bei der Aufgabenbewältigung oder er wird auf Schwächen stoßen und erhält somit Hinweise auf Bereiche mit Optimierungsbedarf. Was heißt das konkret für den Vertrauensaufbau? Als Beispiel dient ein Arzt, der einen neuen Patienten empfängt. Stress, Hektik und Überbelastung könnten dazu führen, dass der Arzt den Patienten vor allem als „Störquelle" wahrnimmt. Deshalb sollte er sich vor dem Patientengespräch eine positive Erfahrung ins Gedächtnis rufen und sich auf diese Weise in einen emotional guten Zustand bringen, aus dem er die Kraft und Energie gewinnt, die Situation zu meistern. So könnte er sich zum Beispiel den Wert seiner Arbeit in Erinnerung rufen: „Ich bin in der Lage, aufgrund meiner Fähigkeiten diesem Menschen zu helfen!"

Ein Arzt muss sich jeden Tag vor Augen führen, wer die wichtigste

Grundregeln der Positiv-Spirale

Person ist, nämlich der Patient. Diese Einstellung darf aber von den Ärzten nicht nur allein gefordert werden. Sie müssen aktiv dabei unterstützt werden, um zu dieser Einstellung gelangen zu können. Gerade bei Ärzten wird in letzter Zeit immer wieder festgestellt, dass sie mental zunächst wiederhergestellt werden müssen. Viele dieser Menschen müssen zunächst mit sich ins Reine kommen, ihre Kräfte und Energiereservoirs neu füllen. Dabei helfen Mentaltechniken, Atemübungen, aber auch viel Einfühlungsvermögen in die „ausgebrannte Seele" des Arztes weiter.

Authentizität und Glaubwürdigkeit

Robert Dilts' Pyramide der logischen Ebenen

Von dem Kommunikationsexperten Robert Dilts stammt das Konzept der „Pyramide der logischen Ebenen" (❯ *Abb. 1–1*):
* „Kontext, Mitwelt und Umwelt": Hier werden die Rahmenbedingungen gesetzt.
* „Verhalten", das jemand an den Tag legt (die konkreten Handlungen).
* „Fähigkeiten": Das Reservoir an Kompetenzen, die dem einzelnen Menschen zur Verfügung stehen.
* „Überzeugungen, Einstellungen, Werte und Glaubenssätze".
* „Identität": Die festgefügte Auffassung, die der Mensch über sich hat.
* „Vision, Mission, Ziel": Hier wird die Entwicklungsrichtung festgelegt, die der Mensch einschlagen will.

Die Pyramide der logischen Ebenen in der Arztpraxis

Kongruenz medizinischer und menschlicher Kompetenzen

Dilts' Konzept besagt, dass derjenige glaubwürdige Beziehungen zum Mitmenschen aufbauen kann, der in der Lage ist, die verschiedenen Ebenen miteinander zu harmonisieren. Das Verhalten muss stimmig sein – und das ist der Fall, wenn es bei einem Menschen keinen Widerspruch zwischen seinen Werten, Überzeugungen, seinen Fähigkeiten und Verhaltensweisen gibt. Wer mit anderen in Kontakt tritt, muss voll und ganz hinter dem stehen, was er sagt und tut. Der Weg, zu mehr Kongruenz und Authentizität zu gelangen, führt über ein Verhalten, das den eigenen Werten entspricht. Zum einen belegt dieser Ansatz nochmals die Bedeutung des Wertes „patientenorientierte Einstellung". Zum anderen zeigt es aber auch, wie wichtig es ist, der Einstellung die entsprechenden Handlungen im konkreten Umgang mit dem Patienten folgen zu lassen. Ein Patient wird einen Arzt, eine Schwester oder eine Mitarbeiterin als kongruente und in sich stimmige Persönlichkeit wahrnehmen, wenn das Verhalten dieser Person von seinen Fähigkeiten getragen wird, er also sowohl über die medizinischen Kompetenzen verfügt, dem Patienten zu helfen, als auch über die menschlichen Kompetenzen, Vertrauen aufzubauen. Jemand, der nicht im Widerspruch zu seinen Überzeugungen steht, mithin sein Bemühen, Vertrauen aufzubauen, von einer patientenorientierten Einstellung getragen wird, mit seiner Identität in Übereinstimmung steht, die Gegebenheiten des sozialen Umfeldes berücksichtigt.

■ Abb. 1–1

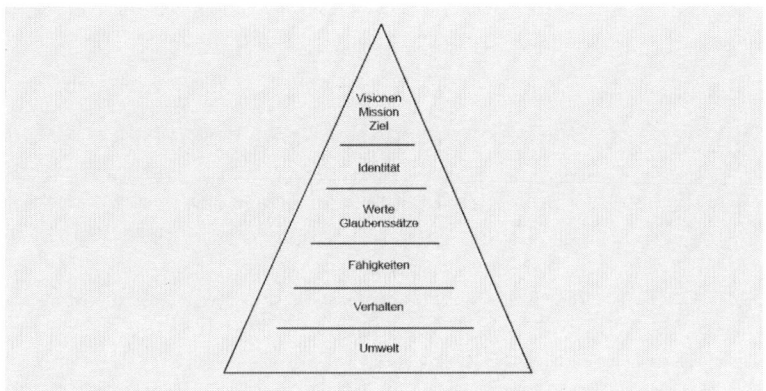

Die Pyramide der logischen Ebenen (nach Robert Dilts)

In die (Sprach-)Welt des Patienten eintauchen

Die dargestellte Kongruenz zwischen Verhalten, Kompetenzen, Werten und Identität erhält besondere Bedeutung im Gespräch mit dem Patienten. Nur wer die Mechanismen moderner Kommunikation versteht und anwendet, kann das Vertrauen des Patienten gewinnen. Patientenorientierte Kommunikation, die den Patienten auch sprachlich dort abholt, wo er steht, eröffnet den Zugang zu seiner Welt. Das heißt: Der Arzt spricht die Sprache des Patienten, vermeidet medizinische Fachausdrücke und erläutert die Wirkungsweise seiner „Dienstleistung" in nachvollziehbaren Worten. Mit Hilfe der Patientenakte kann er sich Informationen zu dem Patienten verschaffen, die ihm erlauben, gerade im Erstgespräch durch einen „Interessewecker" eine gute Beziehung zum Patienten aufzubauen. Aus dem Privatleben wissen wir, wie entscheidend der erste Eindruck, den man von einem Menschen gewinnt, für die weitere Gestaltung der Beziehung ist. Indem der Arzt zum Beispiel ein aktuelles und unverfängliches Ereignis aus Politik oder Sport anspricht oder auf den privaten oder beruflichen Hintergrund des Patienten eingeht, kann er schon bei der Gesprächseröffnung dafür sorgen, dass sich der Patient öffnet. Oft lässt sich ein einfühlsames Gespräch allein an dem unmittelbaren Grund anknüpfen, warum sich ein Mensch in der Praxis befinden, nämlich die Gesundheit, etwa: „Wie ist Ihre Krankheit denn bisher verlaufen?" Oder: „Erzählen Sie mir doch einmal, was wir tun müssen, damit Sie sich wieder so richtig wohl fühlen!"

Diese Vorgehensweise hat sehr viel mit der Einstellung des Arztes zu tun. Er muss am Menschen interessiert und bereit sein, eine persönliche Beziehung zu dem Kunden im Gespräch aufzubauen. Zwar ist es die me-

Patientenorientierte Kommunikation

dizinische Leistung und Kompetenz, durch die dem Patienten der eigentliche Nutzen erbracht wird – aber durch die einfühlsame Kommunikation und Gesprächsführung signalisiert der Arzt dem Patienten, dass ihm vor allem daran gelegen ist, dass er sich als Mensch in der Praxis wohl fühlt: „Sie sind für mich nicht ein Kranker mit einem defekten Körperteil, sondern eine Person, die ich als Mensch achte und respektiere!"

Die verbale und die nonverbale Ebene des Arztes

Einheit von verbaler und nonverbaler Ebene

Die patientenorientierte Sprache nutzt allerdings wenig, wenn die verbalen Äußerungen mit den nonverbalen nicht übereinstimmen. Wenn sich der Arzt nach dem Befinden des Patienten erkundigt, mit seiner Körpersprache jedoch zu verstehen gibt, dass er die Frage eigentlich nur stellt, weil er es auf einem Kommunikationstraining so gelernt hat, sie also nicht auf echtem Interesse gründet, wird der Patient dies sofort registrieren und sich wieder verschließen. Wenn das **WORT ja** sagt, aber der **KÖRPER nein** ausdrückt, wird der Patient das NEIN wahrnehmen. Der Arzt muss die richtigen Worte mit einer positiven Körpersprache paaren sowie den richtigen Ton treffen, damit das Eis brechen kann. So kann man zu einem Vertrauensverhältnis gelangen.

Vertrauen lässt sich aufbauen, indem der Arzt bereits sprachlich kommuniziert, Verantwortung für den Patienten übernehmen zu wollen: „Wenn Sie eine Frage haben oder etwas nicht stimmt – wir sind immer für Sie da!"

Ein bisschen Humor, Freundlichkeit, ein netter Spruch, eine kleine Aufmunterung und ein Lächeln – das lässt sich auch im stressigen und hektischen Praxisalltag verwirklichen.

Menschen sind unterschiedlich – und das macht sich auch in der Kommunikation bemerkbar. Spricht ein Kunde besonders langsam, sollte sich der Arzt darauf einstellen, dies auch zu tun. Jeder Mensch benutzt bestimmte Sprachmuster, aus denen sich erkennen lässt, zu welchem Typ er gehört, ob er also eher ein visueller, auditiver oder kinästhetischer Typ ist. Erkennt der Arzt, um welchen Typ es sich bei seinem Patienten handelt, kann er seine verbalen und nonverbalen Signale darauf ausrichten. Stellt er in der Begegnung mit ihm fest, dass dieser Informationen vor allem über den Sehsinn aufnimmt, sollte er in seinen Äußerungen mit Sprachbildern arbeiten und eine visuelle Ansprache wählen, also etwa: „Herr*, halten Sie sich bitte vor Augen, dass ...""

In der hektischen Praxis wird im Gespräch oftmals eine Selbstverständlichkeit vernachlässigt, den Patienten so oft wie möglich mit seinem Namen anzureden. Jeder Mensch hört seinen Namen gerne – und einem Patient, der befürchtet, auf sein erkranktes Organ, auf seine Krankheit reduziert zu werden, kann diese Angst dadurch genommen werden, ihn so oft wie möglich beim Namen zu nennen. Durch spezielle Übungen ist es möglich, sich auch komplizierte Namen zu merken.

Die Welt des Fragens

Zu den wichtigsten Methoden, die Welt des Patienten zu betreten, gehört die Fragetechnik. Oft erinnern Arzt-Patienten-Gespräche an **klassischen Schulunterricht:** Der Arzt doziert in einer aus Patientensicht abgehobenen Sprache, der Patient hört zustimmend zu. Natürlich soll und muss der Arzt den Patienten informieren. Aber eher, indem er ihm Fragen stellt, mit denen er dem Gegenüber zum einen zeigt, dass er sich für ihn als Menschen interessiert, und zum anderen erfährt, wo genau das Informationsbedürfnis des Patienten liegt. Während der eine Patient auf eine exakte medizinische Beschreibung Wert legt, geht es dem anderen darum, seine Ängste zu thematisieren. Oft ist der Patient nicht in der Lage oder auch nicht willens, seine verborgenen Ängste anzusprechen. Der Arzt kann diesen verborgenen Ängsten durch seine Fragen auf die Spur kommen und auf sie eingehen. Der Schlüssel, um das Tor zur Welt des Patienten aufzuschließen, sind die richtigen Fragen. Dazu gehören Fragen wie: „Was erwarten Sie von uns, von mir, von der Praxis?" „Was können wir für Sie tun?"

Der Arzt sollte sich mit den Antworten nicht gleich zufrieden geben, sondern genau nachfragen und hinterfragen. „Was verstehen Sie darunter ...?"

„Können Sie mir bitte genauer erklären, welche Befürchtung Sie haben, damit ich besser auf Ihr Anliegen eingehen kann?"

Sowohl bei Ärzten als auch beim Pflegepersonal – das zeigt die Erfahrung – wird die Bedeutung des „richtigen Fragens" angezweifelt. Doch die Integration von Umsetzungsphasen, in denen die Leitungskräfte und das Personal Gelegenheit haben, die Fragetechniken auszuprobieren, führt zur raschen Akzeptanz der Methode. Der Arzt und die Mitarbeiterinnen erhalten von den Patienten positives Feedback, indem sie betonen, sie fühlten sich ernst genommen und besser verstanden. „Heute schon die richtige Frage gestellt?" – das sei schon zu einem geflügelten Wort auf den Fluren der Praxen geworden, deren Mitarbeiter an solch einem Training teilgenommen haben. Dabei gehören folgende Fragearten zu der Methode des aktiven Zuhörens, mit dem die Bereitschaft und Fähigkeit gemeint ist, sich konzentriert und aufmerksam mit dem Gesprächspartner auseinander zu setzen.

Klassischer Schulunterricht oder moderne Kommunikation?

Die W-Fragen

„W-Fragen" stellen, also „Was- und Wie-Fragen". Die Fragen heißen offene Fragen, weil sie vom Patienten mehr als nur ein „Ja" oder „Nein", sondern vielmehr eine ausführliche Antwort fordern.

Fragen formulieren, in denen die **Gedankengänge** des Gesprächspartners verarbeitet sind („Paraphrasierung"). *Beispiel:* „Sie scheinen mit der Behandlung nicht zufrieden zu sein?" Der Fragesteller erhält detaillierter Informationen zu dem Patientenwunsch.

Die richtigen Fragen an den Patienten stellen

Informationsfragen stellen, mit denen nähere Informationen zum Gesprächsgegenstand eingeholt werden. *Beispiel:* „Was halten Sie von alternativer Medizin?"

Eine Zuspitzung dieser Frageart ist die **Alternativfrage,** die so formuliert ist, dass der Gesprächspartner seine Antwort aus den vorgegebenen Alternativen auswählen kann. *Beispiel:* „Woher wissen Sie, dass diese Behandlung nicht ungefährlich ist? Aus der Zeitung oder hat Ihnen das jemand erzählt?"

Die **Bestätigungsfrage** dient der Absicherung der Antwort des Gesprächspartners. *Beispiel:* „Habe ich Sie richtig verstanden ...?"

In dieselbe Richtung weist die **Präzisierungsfrage**. *Beispiel:* „Was genau erwarten Sie von der Behandlung?"

Das **Nachfragen** ist die aktive Form des Zuhörens, um Gesprächsinhalte zu klären. *Beispiel:* „Ich habe Sie noch nicht recht verstanden, Herr*. Können Sie Ihre Befürchtung noch einmal ausführlicher erläutern?" So hilft der Arzt dem Patienten, seine Ängste deutlicher auszudrücken.

Die Äußerungen des Patienten mit eigenen Worten wiedergeben und zusammenfassen („**Verbalisierung**"). *Beispiel:* „Wenn ich Sie richtig verstanden habe, meinen Sie also ..."

Die **Zustimmung** – in eine ähnliche Richtung weisen alle Gesprächstechniken, die Zustimmung signalisieren und den Gesprächspartner zum Weiterreden bewegen. Manchmal genügt eine kleine Körperbewegung, ein nonverbales Signal, das dem anderen zeigt, er solle ruhig weiter sprechen. Auch Äußerungen wie „tatsächlich", „Aha" und „Reden Sie bitte weiter" veranlassen den Patienten, sich ausführlicher zu äußern. Vermieden werden sollten hingegen alle Fragearten, die den Patienten manipulieren oder in eine bestimmte Richtung drängen. Dazu gehören die Suggestivfrage, die lediglich die Meinung des Fragestellers umschreibt, und die Scheinfrage (rhetorische Frage), auf die der Fragesteller keine Antwort erwartet.

Ich-Botschaften aussenden

Den ärztlichen Rat den Patienten nahe bringen

Mit Hilfe von „Ich-Botschaften" können Ärzte im Gespräch mit Patienten ihre Sicht und ihre Meinung zu dem Gesprächsthema äußern und sich selbst aktiv in das Gespräch einbringen. Ich-Botschaften sollten dann eingesetzt werden, wenn das Verhalten eines Patienten kritisiert werden muss – etwa weil er sich nicht an eine wichtige ärztliche Anweisung hält. Angenommen, ein Patient benimmt sich aus der Sicht des Arztes unvernünftig. Der Arzt könnte dem Patienten sagen: „Sie handeln sehr verantwortungslos!" Diese „Sie-Botschaften" nehmen schnell die Form einer Anschuldigung und eines Vorwurfes an. Der Patient wird in eine Rechtfertigungs- und Verteidigungsposition gedrängt. Das Gespräch kann so kaum in sachlichen Bahnen verlaufen. Spricht der Arzt den Patienten hingegen mit einer Ich-Botschaft an: „Herr*, ich habe ein Problem mit der Art und Weise, wie Sie mit meinen ärztlichen Anweisungen umgehen. Denn es führt dazu, dass ...", thematisiert er das Gesprächsthema ohne verdeckte belehrende Aspekte. Die Wahrscheinlichkeit, dass der Patient sein Verhalten überdenkt, steigt zumindest.

Natürlich ist es in der Praxis nicht immer möglich, derart patientenorientiert vorzugehen. Bestimmte medizinische Anweisungen müssen befolgt werden. Aber gerade im kurativen Bereich sind Ärzte und Personal auf die Mitarbeit und Mitwirkung des Patienten angewiesen, um einen optimalen Heilungsprozess zu erreichen. Patientenorientierte Kommunikationstechniken bieten dabei eine wesentliche Unterstützung.

Die Ärzte als Vorbild

In der Praxis sind es vor allem die Mitarbeiterinnen, die tagtäglich mit dem Patienten umgehen. Von daher ist es wünschenswert, wenn auch die Mitarbeiterinnen den Vertrauensaufbau zum Patienten mit Hilfe der hier dargestellten Methoden aktiv betreiben. Doch dies kann nicht „von oben" angeordnet oder gar befohlen werden. Immerhin stehen den Ärzten mehrere Möglichkeiten offen, um auch auf Seiten ihres Personals den Willen und die Befähigung zum Vertrauensaufbau zu fördern – zum Beispiel, indem sie ihre Vorbildfunktion wahrnehmen. Die Ärzte sollten die patientenorientierte Zuwendung vorleben und dabei mit gutem Beispiel vorangehen. Dies ist im unmittelbaren Kontakt mit den Patienten selbst möglich, aber auch in der Mitarbeiterführung. Der Kontakt und die Kommunikation zwischen dem Arzt und dem Personal kann als Beispiel dienen, wie mit den Patienten umgegangen werden sollte. Der Arzt lebt also im Umgang mit den Mitarbeitern die patientenorientierte Ansprache vor – „zur Nachahmung empfohlen". Das heißt konkret, er wendet die Kommunikationsmethoden, etwa die Fragetechniken und das aktive Zuhören, im Dialog mit dem Personal an. Zudem können die Ärzte einen regelmäßig stattfindenden Erfahrungsaustausch institutionalisieren. Arzt und Mitarbeiterinnen treffen sich zu einem Kolloquium, in dem sie den Stand der Dinge in Sachen „Vertrauensaufbau" besprechen und gemeinsam nach Optimierungsmöglichkeiten suchen.

Vertrauensaufbau zwischen Mitarbeiterinnen und Patient

Beispiel

Die schematische Darstellung eines Kundengespräches

Das Ablaufschema bietet ein Geländer für das Kundengespräch, das Sicherheit gibt. Der Arzt oder auch die Mitarbeiterin muss dieses Schema individuell sowie kunden- und situationsabhängig mit Leben füllen.

1. Beziehung und Vertrauen aufbauen

Kunden mit Namen ansprechen

Lob und Anerkennung geben

Interessanten Gesprächsaufhänger wählen

2. Interesse zeigen und wecken

Aktiv zuhören

Kundenstandpunkt erfragen

Interessewecker nutzen

3. Kundenwünsche feststellen

Wünsche und Bedürfnisse erfragen und/oder wecken

Erfragen, was der Kunde will, sich wünscht, welchen Nutzen er sich von dem Produkt/der Dienstleistung erhofft

Frageschlüssel und W-Fragen benutzen

4. Angebot präsentieren

Angebot in Sprache des Kunden anbieten

Kundennutzenorientierte Argumentation

Vorteile und Nutzen des Kaufs aufzeigen

5. Einwände bearbeiten

Bei Einwänden nachfragen

Durch Fragen nähere Informationen zum Einwand erhalten

Kundennutzenorientierte Argumentation fortsetzen

6. Gespräch zum Abschluss führen

Abschlussfrage stellen

Entscheidungshilfen geben

Den Kunden zur Entscheidung beglückwünschen

Nach Abschluss und Durchführung um Weiterempfehlung bitten

Im unten aufgeführten Raster ist ein Mustergespräch für den Bereich einer Labor-IGeL aufgezeichnet, ein solches Gespräch gibt Ihnen einen Anhalt, wie der Ablauf sein kann. Dieses Gespräch ist von Ärzten im Rahmen einer Weiterbildung getestet und auch so durchgeführt worden.

Beispiel

Muster eines IGeL-Gespräches

1. Beziehung und Vertrauen aufbauen

ARZT: Guten Tag Herr Muster, toll immer wenn Sie in die Praxis kommen, bringen Sie gute Laune mit. Wie machen Sie das Herr Muster?

KUNDE: (Der Kunde/Patient erzählt, hierbei nur bestätigen)

ARZT: Herr Muster, das ist toll! Ich nehme an, Sie möchten sich diese Vitalität und diese Ausstrahlung gerne bis in Ihr hohes Alter erhalten, nicht wahr?

KUNDE: Das würde ich natürlich sehr gerne. (mögliche Antwort)

2. Interesse zeigen und wecken

ARZT: Dann habe ich etwas wirklich Interessantes für Sie, unsere neuen und umfangreichen Laboruntersuchungen. Schauen Sie hier, Herr Muster, in diesem Prospekt finden Sie wichtige Informationen dazu. Durch die Untersuchungen erhalten Sie ein umfassendes Bild über Ihren Gesundheitszustand. Eventuelle Risiken können rechtzeitig erkannt werden. Herr Muster, sind bei Ihnen schon einmal Risikofaktoren festgestellt worden?

KUNDE: Nein, noch nie!

ARZT: Wenn wir dann eine solche große Blutuntersuchung durchführen, Herr Muster, was ist Ihnen persönlich dabei wichtig?

3. Kundenwünsche feststellen / 5. Einwände bearbeiten

KUNDE: Mögliche Antworten 1. Es darf nicht wehtun! 2. Es sollte nicht teuer sein!

ARZT: Herr Muster, Sie sagten nicht wehtun, was meinen Sie genau damit?

KUNDE: Bei Blutabnahmen falle ich oft um, das möchte ich nicht erleben!

ARZT: Herr Muster, was genau heißt für Sie nicht zu teuer?

KUNDE: Nun, die Gesundheit ist mir was Wert, aber viel mehr als 100 € soll es nicht kosten!

ARZT: Herr Muster, so ganz konkret, was wollen Sie nicht negativ wissen?

KUNDE: Wenn z. B. Krebs festgestellt würde, weiß ich nicht, ob ich es wissen möchte.

ARZT: Von alledem, was Sie beschrieben haben, was ist denn das Allerwichtigste für Sie, Herr Muster?

KUNDE: Das ich nicht wieder umfalle!

ARZT: Herr Muster, warum ist das so wichtig für Sie?

KUNDE: Ich fühle mich dann immer wie ein „Weichei", und das kann ich doch nirgends erzählen!

Ihre Zusammenfassung:

ARZT: Herr Muster, wenn ich Sie richtig verstanden habe, dann ist es Ihnen besonders wichtig, dass Sie die Untersuchung so überstehen, dass Sie nicht umfallen. Bis zu 100 € ist Ihnen Ihre Gesundheit wert.

Ein negatives Ergebnis möchten Sie nicht unbedingt erfahren.

4. Angebot präsentieren

ARZT: Herr Muster, dann sind Sie bei uns genau richtig!

Die Blutuntersuchung durch das Labor XY ist dann genau das Richtige für Sie!

Diese Untersuchung ist nahezu schmerzfrei,

Erklärung: darunter verstehen wir, dass nur ein einziger kleiner Einstich nötig ist (Nutzen 1). Wir werden darauf achten, dass Sie nicht umfallen, denn wir werden liegend Ihr Blut abnehmen.

(Nutzen 2) Durch eine einzige Untersuchung werden Sie Sicherheit erlangen, dass keine negativen Ergebnisse vorliegen und Sie werden im Dialog mit uns erfahren, was Sie unternehmen können, dass es so bleibt.

(Nutzen 3) In diese Untersuchung investieren Sie lediglich 70 €.

(Beweis) Viele unserer Patienten sind davon begeistert und lassen diese Untersuchung einmal jährlich durchführen. Herr Muster, wollen wir diese Blutabnahme sofort morgen früh durchführen oder sollen wir nach einem anderen Termin Ausschau halten?

KUNDE: Direkt morgen früh das ist toll!

6. Gespräch zum Abschluss führen

ARZT: Herr Muster, es macht immer wieder Spaß mit Menschen zu arbeiten, die Ihre Gesundheit ernst nehmen.

Die Mitarbeiterinnen

Patienten den Nutzen einer Leistung bildhaft erklären, aus Sicht der Mitarbeiterin

Beispiel

Eine häufige Situation

„Es ist mir peinlich, für eine Vorsorge Beratung Geld zu verlangen." „Ich bin Mitarbeiterin, keine Verkäuferin" – viele Mitarbeiterinnen in Arztpraxen haben Probleme, Leistungen offensiv anzubieten, die nicht von der Krankenkasse bezahlt werden. Die Situation der Mitarbeiterin, nennen wir Sie Susanne, ist nur allzu leicht nachvollziehbar. „Ich bin ja selbst Kassenpatientin. Ich erfahre als Patient auch laufend, dass ich z. B. bei einer Krebsvorsorge-Untersuchung einen Ultraschall für meine Sicherheit selbst zahlen muss, wenn keine Indikation vorliegt. Ich erlebe dies als Kundin und erzürne mich, das waren doch früher alles Leistungen, die ich auf Chip-Karte bekam, und an die Krankenkasse muss ich immer mehr abführen."

„Und jetzt kommt auch mein Chef", berichtet Susanne weiter: „und verlangt von mir, ich solle ihn in unserer Praxis, beim Verkaufen von IGeL und Selbstzahlerleistungen unterstützen. Da komme ich mir ja vor wie eine Tür-zu-Tür Vertreterin. Ich will nicht verkaufen, denn dann hätte ich ja einen anderen Beruf wählen können."

Schulung der Mitarbeiterin

Ihr Arzt steckt selbst in demselben Dilemma. Susanne und ihr Chef haben viele Weiterbildungsveranstaltungen der Pharmaindustrie und sonstiger Anbieter besucht u. a. auch Kommunikationstrainings, die ihnen Argumente an die Hand geben sollten. Dort erlebte Susanne viele Selbstdarsteller, wie aber soll sie das nun in Ihrer Praxis umsetzen. Susanne und ihr Chef haben sich entschlossen, auf professionelle Hilfe zurückzugreifen. Susanne hat an einem Intervall-Training teilgenommen, bei dem vor allem an der inneren Einstellung und an der Umsetzung gearbeitet wurde. Denn vor allen Argumenten steht die Einsicht.

Wer den unbestreitbaren Nutzen einer IGeL oder Selbstzahlerleistung für den Patienten in den Vordergrund stellt, handelt vor allem patientenorientiert.

Warum die Einstellung verändern?

Um Susannes Einstellung zu verändern, bedarf es Fragestellungen, die mit ihr und anderen Mitarbeiterinnen in einem Gruppentraining erarbeitet wurden:

- Was und wie sehe ich meinen Job?

- Wie kann ich mich positiv auf meine Arbeit und Aufgabe täglich einstellen?
- Wo liegen meine Herausforderungen?
- Was bringt es mir selbst, wenn ich zum Praxiserfolg maßgeblich beitrage?
- Was bringt es mir, wenn mich die Patienten für meine Gespräche loben?
- Was habe ich davon, wenn ich kompetenter Ansprechpartner der Patienten werde?

Beispiel

Susanne hat einen Lieblingspatienten, der seit einigen Jahren immer wieder in die Praxis kommt, meist kurz nach den Ferien, um sich einer Grippeimpfung zu unterziehen. Alle Kolleginnen finden diesen Patienten sehr sympathisch und plaudern auch gern mit ihm. Die Praxis hat sich seit Anfang des Jahres entschlossen, als IGeL und Sonderleistung in der Prävention insbesondere Check-Up Untersuchungen anzubieten. Viele Flyer und Folder wurden ausgelegt. Der Lieblingspatient kommt wieder in die Praxis und im Gespräch, was er denn so alles die letzten Tage erlebt hat, erwähnt er ganz beiläufig:

„Ich komme gerade von nebenan, bei dem neuen Kollegen von Ihnen ist es zwar nicht so nett wie bei Ihnen, ich habe mich dort aber mal so richtig durchchecken lassen, so mit Blutwerten, Belastungs-EKG u. s. w., war zwar ganz schön teuer, immerhin 180,00 € hat mich das gekostet, das ist mir die Sicherheit, dass ich lange sportlich und vital bleibe, aber wert." Susanne als Mitarbeiterin fühlte sich jetzt mies, denn warum hat er diese Untersuchung nicht bei Ihnen in der Praxis machen lassen? „Weil ich es gar nicht wusste, dass solche Untersuchungen auch bei Ihnen in der Praxis durchgeführt werden, Ihre Flyer habe ich gar nicht wahrgenommen. Die Kolleginnen in der anderen Praxis haben wohl ihre Chance genutzt und mich darauf angesprochen."

Susanne hat dieses Erlebnis zu denken gegeben, denn sie ist bisher immer davon ausgegangen, dass sie lieber solche IGeL und Sonderleistungen nicht von selbst anspricht.

Damit sich solche und ähnliche Szenen in Zukunft nicht häufen, hat Susanne sich unter dem Eindruck des Erlebten konkret entschlossen, das Leistungsspektrum der Praxis jedem Patienten zu offerieren. Ihre Patienten müssen ja nicht kaufen, sie müssen nur wissen, was ihre Praxis alles anbietet.

Das Leistungsspektrum der Praxis offerieren

So geht es auch

Eine andere Teilnehmerin des Trainings berichtet, wie ihr Chef bereits seit einigen Jahren in der Praxis auf die IGeL und Sonderleistungen hinweist. Er selbst versucht seine Patienten insbesondere von präventiven Untersu-

IGeL im Team vorstellen

chungen zu überzeugen und bittet dann seine Mitarbeiterin, ihn derart zu unterstützen, dass sie den Patienten im Nachhinein lobt und anerkennt, dass er so fürsorglich mit seiner Gesundheit umgeht. Dies ist eine sehr gut Möglichkeit, in Teamarbeit den Patienten für diese Leistungen zu begeistern.

Die Mitarbeiterinnen der Praxis haben im Training und in den Umsetzungsphasen gelernt, private Vorsorgeleistungen wie z. B. eine Krebsvorsorge-Untersuchung für Männer unter 45 Jahren anzubieten, auch wenn der Patient dafür zahlen muss. Wichtigstes Kriterium bei der Entscheidung, ob Susanne oder ihre Kolleginnen diese Leistungen ansprechen oder nicht, ist der **Nutzen** des Patienten.

Das Konzept

Das Leistungs-
spektrum der Praxis
anbieten

Die Mitarbeiterinnen der Praxis haben gelernt, das Angebot für IGeL und Selbstzahlerleistungen als selbstverständliches Angebot im Leistungsspektrum ihrer Praxis zu sehen. Sie haben sich Interessenwecker überlegt, um ihre Patienten auf diese Leistungen aufmerksam zu machen. Susanne übergibt jedem Patienten persönlich einen **Praxisflyer,** in welchem auf die Leistungen aufmerksam gemacht wird. Und ermuntert dabei jeden, bei Fragen sie persönlich anzusprechen. Diese recht einfach klingende Möglichkeit hat verblüffende Wirkung gezeigt. Etwa jeder zweite Patient ist zu ihr gekommen und wollte weitere Informationen haben oder die Meinung von Susanne erfahren.

Kommunikative Kompetenz

Sachliche
Nutzenargumente
aufbauen

Die erlernte kommunikative Kompetenz hilft Susanne, die sachliche Nutzenargumentation patientenorientiert aufzubauen. So hat der Patient die Möglichkeit, aufgrund der Fakten, die ihm erläutert werden, eine eigenverantwortliche Entscheidung zu treffen. Susanne hört aktiv zu und lässt ihre Patienten erzählen. So erfährt sie z. B., dass ein Patient im Alter vor allem vital und leistungsfähig sein möchte und auch dann noch sportlich Aktivitäten nachgehen möchte. Nun kann die Mitarbeiterin dem Patienten den Wert eines Vorsorge-Gesundheits-Check-Ups erklären, welcher genau diese Punkte beinhaltet. Durch gezielte Fragen findet sie heraus, ob irgendwelche Risikofaktoren bei dem Patienten oder in seiner Familie vorliegen. „Welche Sportarten betreiben Sie denn jetzt und welche sollen es später sein?" Die Mitarbeiterin spornt den Patienten zudem zum Reden an, indem sie dessen Ausführungen mit eigenen Worten wiederholt und Verständnisfragen stellt: „Habe ich Sie richtig verstanden, dass es in Ihrer Familie häufig Rheuma-Erkrankungen gab? Was genau für rheumatische Erkrankungen waren das?" Je mehr die Mitarbeiterin über den Patienten erfährt, desto besser kann sie auf die Notwendigkeit und den Nutzen einer Selbstzahlerleistung hinweisen. „Wenn das so ist, sollten Sie folgende Leistung in Anspruch nehmen. Sie sollten aber auch wissen, dass sie von der Krankenkasse nicht gezahlt wird. Nach meiner Erfahrung mit anderen Patienten und Ihren Äußerungen ist sie aber erforderlich."

Nutzenorientierte Argumente

Die Mitarbeiterin argumentiert in der Sprache des Patienten und zählt den Nutzen eines Gesundheits-Checks auf.

„Herr*, Sie erhalten durch diese Untersuchung und deren Resultate die Gewissheit, ob Sie das Training intensivieren können: Sie werden erfahren, falls Werte nicht in Ordnung sind, welche Therapie Ihnen am besten hilft. Nebenbei schützt es Sie vor schleichenden Erkrankungen, bzw. diese werden frühzeitig entdeckt. Es senkt Ihr Risiko und erhöht Ihr Wissen über Ihren Gesundheitszustand!"

Der Patient erkennt seinen Nutzen, da Susanne seine Sprache spricht. Auch hier ist **medizinisches Fachvokabular zu vermeiden!** Eine Selbstverständlichkeit, die Susanne und Ihre Kolleginnen beherzigen.

Vermeidung medizinischen Fachvokabulars

❗ Wer patientenorientiert argumentiert, hat es leichter, bei den Patienten Vertrauen aufzubauen.

Denn wer den Nutzen einer Leistung für seine Gesundheit einsieht, ist eher bereit dafür zu zahlen.

Das unnötige Wort „Ich"

Wenn Sie die Gelegenheit haben und einer Unterhaltung zuhören können, analysieren Sie einmal wie häufig das Wort „Ich" vorkommt. Das Ergebnis wird Sie erstaunen. Dieses kleine Wort ist eines der am häufigsten benutzten Worte und gleichzeitig eines der unwichtigsten.

Den Patienten in den Vordergrund stellen

Das bedeutet, dass „Ich" bezogene Formulierungen, nur immer den Wert darstellen, den der Formulierende selbst in Anspruch nimmt, der Adressat und seine Bedürfnisse werden, wenn überhaupt, nur durch Zufall berührt. Wenn ein anderer Mensch erreicht werden soll, so muss eine Formulierung gewählt werden, die diesen Menschen auch erreicht. Denn dieser Mensch lebt in seiner Welt und diese stimmt in den seltensten Fällen mit der unsrigen überein. Wir erwarten meistens, dass sich ein anderer Mensch unserer Sicht und Anschauung anpassen soll. Wir argumentieren, diskutieren und führen alle möglichen Argumente ins Feld und doch erreichen wir keine Übereinstimmung. Das passiert immer dann, wenn wir uns nicht mit unserem Gegenüber auseinandersetzen. Es gibt sicherlich gute Gründe, warum jemand Dinge anders sieht als wir. Wenn wir jemandem unsere Meinung aufzeigen, erwarten wir Toleranz und Verständnis für unsere persönlichen Ansichten. Gestehen wir also anderen auch das zu, was wir von Ihnen erwarten. Beschäftigen wir uns mit den anderen Standpunkten. Das heißt nicht, sich selbst aufzugeben, zu verleugnen oder gar in den Hintergrund zu treten. Natürlich ist auch das „Ich" wichtig. Der Arzt will sich nicht unter den Patienten stellen, aber auch nicht über ihn hinweggehen – also wichtiger sein, als er.

Für die Kommunikation mit den Patienten bedeutet dies, herauszufinden, was für ihn wichtig und von Interesse ist. Insbesondere im IGeL- und Selbstzahlerbereich muss das Augenmerk darauf gerichtete sein, was den Patienten bewegt. Ein Anti-Gespräch wird von ähnlichen Formulierungen bestimmt:

Ich, mir, meine, mich, wir, unsere.... Mit diesen Worten stellt man sich in den Vordergrund, der Patient fühlt sich nicht wichtig und ernst genommen, es ist die Aufgabe über ihn und seine Probleme zu sprechen und sich ehrlich für ihn zu interessieren. **Die richtigen und wichtigen Formulierungen dort sind:**

- Sie, Herr/Frau*
- Sie erhalten....
- Sie meinen...
- Sie wollen.....

Patientenorientierte Formulierungen

Im Folgenden sind einige Beispiele aufgeführt, wie ein Gespräch förderlich und weniger förderlich, ggf. bis zur Eskalation geführt werden kann.

Diese patientenorientierten Formulierungen sind deshalb so wichtig, da sie bei dem Empfänger positive Signale oder Bilder auslösen. Er bekommt das Gefühl, wichtig zu sein und ernst genommen zu werden.

Eskalationsformulierungen	Patientengerechte Formulierungen
Da täuschen Sie sich	Könnte es sein, dass...?
Ich bin überzeugt von.....	Wollen Sie sich davon überzeugen....?
Sie haben mich falsch verstanden!	Da werde ich mich unklar ausgedrückt haben.
Das gibt es doch nicht!	Wäre es möglich, dass......?
Völlig unmöglich ist das!	Sie überraschen mich.
Moment, ich kann doch nicht alles machen!	Einen kleinen Moment bitte, Sie werden gleich bedient.
Sehen Sie es doch ein...!	Können Sie sich vorstellen, dass....?
Wir bieten..., ich biete.....,	Sie erhalten......
Ich erkläre Ihnen jetzt......	Sie erfahren jetzt........
Ja, das prüfen wir..., ich...	Ich werde das in der nächsten halben Stunde überprüfen und rufe Sie um 10.00 Uhr zurück
Ich empfehle Ihnen.....	Für Sie ist es erforderlich, dass.....

Nutzen-Matrix

Um Ihnen als Arzt und als Mitarbeiterin eine einfache Hilfe zu geben, eignet sich die Anlage einer Nutzen-Matrix. Häufig wird in der Kommunikation der Fehler begangen, jemanden durch Dienstleistungsstärken oder Produktstärken überzeugen zu wollen. Sicher hat jeder schon einmal solche Szenen erlebt, in denen man mit Fachwissen überschüttet wird, man sich aber hinterher die Frage stellt, was nutzt es mir, was bringt es mir?

Die Matrix ist so zu lesen, dass die Stärke einer Dienstleistung, eines Angebotes, einer IGeL und Sonderleistung damit verbunden wird, dass man mit einer „Eselsbrücke" weiter spricht und sagt: **das bringt Ihnen!, das haben Sie davon!**

Je mehr Nutzen Sie präsentieren, um so eher besteht die Chance genau das zu treffen, was ihr Kunde, ihr Patient wünscht!

Immer wenn Sie eine IGeL oder Sonderleistung anbieten wollen, nehmen Sie sich diese Matrix zur Hand und fragen Sie sich: Was für Stärken hat diese Leistung? Was hebt Sie hervor? Das ist die Produktstärke, Therapiestärke oder Dienstleistungsstärke!

Vermeiden Sie, wo es nur geht, das medizinische Fachvokabular, und wenn Sie es doch einsetzen, übersetzen Sie es dem Patienten.

Und dann suchen Sie den größtmöglichen Nutzen und Argumente für Ihren Patienten.

Als Kopiervorlage finden Sie ein Blanko-Exemplar (❯ Abb. 1–2) am Ende dieses Kapitels.

Die richtige IGeL für den Patienten finden

Die Ausbildung zur Patientenberaterin

Die Ausbildung zur Patientenberaterin ist eine Methode, Praxen und Kliniken wirtschaftlich voran zu bringen, mit Mitarbeiterinnen, die voll begeistert sind und noch mehr Unterstützung und Umsatz in die tägliche Arbeit bringen.

Bei vielen und jahrelangen Analysen wurde immer wieder festgestellt, dass der Arzt in dem Moment, in dem er zu verkaufen beginnt, sich auf ein ungewohntes Terrain begibt. Ganz fatal ist die wirtschaftliche Betrachtung, denn ein Verkaufsgespräch des Arztes erwirtschaftet null Euro Einnahme. Sämtliche Zeit, die der Arzt damit zubringt, ist erst einmal wertlos, und er kann in dieser Zeit keine Wertschöpfung durch Therapie und Diagnostik erbringen.

Professionell trainierte Mitarbeiterinnen

❗ Grundsatz: Therapie, Diagnose ist und bleibt Aufgabe des Arztes, das Anbieten und der Verkauf von IGeL und Sonderleistungen wird Aufgabe der Mitarbeiterinnen.

Eine professionell trainierte Mitarbeiterin schafft an dieser Stelle Erstaunliches:

- Sie spricht die Sprache der Patienten
- Sie ist häufig in derselben Situation wie die Patienten
- Sie kann ein solches Gespräch wertschöpfend führen
- Ein Patient ist nach allen Beobachtungen viel eher bereit, sich einer geschulten Mitarbeiterin zu öffnen als dem Arzt, z. B. über seine momentane finanzielle Situation

Die Vorteile sind:
- Die Patientenberaterin entlastet kompetent den Arzt
- Der „Retour of Investment" stellt sich schon während des Seminars ein
- Eine echte Zusatz-Qualifikation für die Mitarbeiterin
- Zufriedene Patienten, die sich verstanden fühlen
- Empfehlungen
- Der Arzt kümmert sich um seine Kernkompetenzen

Literatur

1. Carnegie D (1936–2001) Wie man Freunde gewinnt, München
2. Molcho S (1983) Körpersprache, München
3. Bettger F (1990) Lebe begeistert und gewinne, Zürich
4. Seßler H (1997) Der Beziehungsmanager, Mannheim
5. Blanchard K (2000) Fish, ein ungewöhnliches Motivationsbuch, Wien/Frankfurt
6. Robbins A (2001) Grenzenlose Energie, Das Power Prinzip, München

◙ Abb. 1-2

Nutzen-Matrix: Von Angebotsstärken zum Kundennutzen

Ich möchte Ihnen heute unsere/n .... vorstellen
(Produkt oder Dienstleistung/Therapie).

Nutzen	Produktstärke
Bringt Ihnen	
Bedeutet für Sie	
Erhöht Ihr	
Schützt vor	
Spart Ihnen	
Verhindert	
Sorgt für	
Ermöglicht Ihnen	
Sichert Ihnen	
Erleichtert Ihnen	
Steigert Ihre	
Senkt Ihre	
Minimiert Ihre	
Festigt Ihre	
Gewährt Ihnen	
Stärkt	

Nutzen Matrix

2 Ehrlichkeit im Management oder Servicequalität als Erfolgsfaktor

K. Stenzel

Einleitung

Seit ich mich im Rahmen dieses Artikels mit dem Thema „Ehrlichkeit im Management" und damit auch mit dem Erfolgsfaktor der Servicequalität beschäftige, achte ich in vielen Situationen des täglichen Handelns immer wieder auf meine innere Stimme, die mich fragt: „Ist das, was dort geschieht, wirklich ehrlich?"

Ehrlichkeit in der Arztpraxis

Beispiel A

Eine typische Situation in einer Arztpraxis: Eine Patientin kommt zum vereinbarten Termin in die Praxis, um die bestellten Kontaktlinsen abzuholen. Die zuständige Mitarbeiterin begrüßt diese sehr zuvorkommend und verspricht, dass es „gleich" weiter gehen wird. „Wann ist gleich?", fragt darauf hin die Patienten. Sie erhält von der Mitarbeiterin die Antwort: „Wenn ich mit der anderen Patientin fertig bin, dann sind sie sofort dran." Diese Aussage hilft der Patientin nicht weiter. Zu gerne hätte sie jetzt gewusst, ob sie den kleinen Einkauf erledigen kann und ob das Parkticket für 30 Minuten ausreicht.

Nach circa 30 Minuten fragt die Patientin nochmals nach, wie lange es denn dauern würde. „Noch 10 Minuten!", erhält sie dann als Antwort.

Nach einer weiteren Viertelstunde kommt die Mitarbeiterin wieder auf die Patientin zu und bittet sie in den Behandlungsraum. „Ich bin gleich bei ihnen!", ertönt es zum wiederholten Male und die Patientin sitzt weitere 10 Minuten in der Praxis. Als die Mitarbeiterin dann endlich Zeit für die Patientin hat, dies geschieht nach genau 55 Minuten (!), stellt die Mitarbeiterin fest, dass die versprochene Bestellung der Kontaktlinsen gar nicht erfolgt ist. Mit der Aussage: „Die Firma hat Lieferschwierigkeiten, wir machen einen neuen Termin aus!", wird die Patientin entlassen.

Die Patientin war eine Stunde in der Praxis (!), um die bestellten Kontaktlinsen abzuholen! Sie hat weder eine ehrliche Antwort zum Terminverzug, noch den wahren Grund der fehlenden Kontaktlinsen erhalten. Dafür ein Strafmandat wegen überschrittener Parkdauer.

Beispiel B

Eine weitere Situation in einer Arztpraxis: Die neu eingestellte Mitarbeiterin arbeitet sich in einen speziellen Praxisbereich ein. Da sie fachfremd ist, erhält sie vom Arbeitgeber alle Unterstützung und alle erdenklichen Genehmigungen betreffend der Fortbildungen und Seminare zu dem Spezialgebiet. Es vergehen 3 Monate und die erste Einarbeitungszeit ist überstanden. Der Arbeitgeber fragt regelmäßig nach, wie der Stand der Arbeiten ist und wann die ersten Ergebnisse zu erwarten sind. Die Mitarbeiterin erfindet immer wieder neue Argumente, warum dieses oder jenes nicht funktioniert. So kommt es in den folgenden 3 Monaten gehäuft zu Meinungsverschiedenheiten und Auseinandersetzungen zwischen dem Arbeitgeber und der Mitarbeiterin. Nach 9 Monaten erhält die Mitarbeiterin eine feste Terminsetzung zur Umsetzung der Vorgaben. Sie gibt vor, zu wenig Zeit für diese Aufgabe zu haben und fordert mehr Planzeit.

Letztendlich kommt eine Misswirtschaft und ein strukturelles „Chaos" seitens der Mitarbeiterin heraus.

Der Arbeitgeber gibt ihr noch mal die Chance mittels externer Hilfe, die Situation in den Griff zu bekommen. Leider beharrt die Mitarbeiterin weiter auf die fehlende Planzeit und gesteht sich die entstandene Misswirtschaft weder selber noch dem Arbeitgeber gegenüber ein.

Konkrete Mitarbeitergespräche führen

Wie steht es mit der Ehrlichkeit des Arbeitgebers? Seine Ehrlichkeit und sein wahres Interesse hätte er deutlich gezeigt, wenn er in einem konkreten Mitarbeitergespräch die wahren Gründe der Umsetzungsschwierigkeiten gesucht und gemeinsam mit der Mitarbeiterin erörtert hätte. In einem üblichen Gespräch zeigt der Arbeitgeber der Mitarbeiterin die Differenzen auf, die sich beim Abgleich des Soll- und Ist-Zustand herauskristallisieren. Die so schriftlich fixierten Abweichungen und die daraus resultierenden Maßnahmen bilden die Grundlage einer weiterhin erfolgreichen und gemeinsamen Zusammenarbeit.

Ferner ist die Frage zu stellen, wie ehrlich ist die Mitarbeiterin zu sich selber? „Absolut unehrlich", sagt der Außenstehende. Weiter hinterfragt kommt deutlich heraus, dass sie ein verzerrtes Selbstbild hat. Die zum Teil erhebliche Überschätzung der eigenen Fähigkeiten lassen das strukturelle „Chaos" entstehen und im Laufe der Monate stellt die Mitarbeiterin im Unterbewusstsein fest, dass diese Aufgabe gar nicht ihren Fähigkeiten und/oder ihren Vorstellungen entspricht.

Misswirtschaft eingestehen

In der Realität findet sie aber leider nicht die Kraft, um die Misswirtschaft sich und auch dem Arbeitgeber einzugestehen. Ein verhängnisvoller

Kreislauf findet hier seinen Anfang. Wünschenswert ist die richtige Selbst-
einschätzung, der ehrliche Umgang mit der eigenen Person und eine ge-
festigte Persönlichkeit. Denn dann ist folgender lobenswerter Entschluss
an der Reihe: ein ausführliches, ehrliches und neutrales Gespräch mit dem
Arbeitgeber, in dem „alle Karten auf dem Tisch gelegt werden".

Oft „erhaschen" wir uns Vorteile, indem wir die Realität situationsbedingt
anpassen und zurechtbiegen. So kommt es doch immer wieder vor, dass
in Arztpraxen akute Notfälle mit den entsprechenden Beschwerden initiiert werden, um schnell zum Arzt zu gelangen. Ein oft vorkommendes
Phänomen sind die „stark tränenden Augen" bei Patienten in den ophthal-
mologischen Praxen. Der Zeitraum der Beschwerden reicht von „gerade
eben" bis hin zu 6 Wochen und mehr. Durch die Terminvereinbarung für
den nächsten oder übernächsten Tag werden diese Beschwerden dann besonders schlimm und eine Vorstellung beim Arzt dringend nötig. Dass
diese Patienten keine Wartezeit in Kauf nehmen und noch weitere Termine an diesem Tag haben, kommt dann gerne parallel vor. Beim Arzt
angelangt sind die tränenden Augen nicht mehr so schlimm, eine neue
Brillenverordnung oder ein allgemeines Gespräch stehen dann an erster
Stelle. Hier ist dann auch wieder die Ehrlichkeit des behandelnden Arztes
gefragt. Nimmt er die Patienten so hin oder nimmt er sie ernst, behandelt
die „akuten Beschwerden" und bittet um Terminvereinbarung zur weiteren Untersuchung? Dieser Entschluss ist ehrlich seinen einbestellten Ter-
minpatienten und dem Praxispersonal gegenüber.

Ehrlichkeit gegenüber den Patienten

Wenn er bei jedem weiteren Patienten ohne Termin auch eine komplette
Untersuchung zulässt und so die Wartezeit ins Uferlose laufen lässt, fühlen
sich alle Beteiligten unwohl und nicht ernstgenommen. Die Empfangsmit-
arbeiter ermöglichen den „Akutpatienten" eine Abklärung der Beschwerden, weisen auf einen Kontroll-Untersuchungstermin hin und dass der
Arzt dann auch alle aufgestauten Fragen klären wird. Und was macht dann
der Arzt? Er gewährt diesem „Akut"-Patienten Zeit, die über die Abklärung der Beschwerden hinausgeht. Wie fühlen sich dann die Mitarbeiter,
wenn der Patient erhobenen Hauptes und lächelnd am Empfang mit den
Worten vorbei geht: „Na, geht doch. Ich brauche keinen Termin!" Die Mitarbeiter sehen bei gehäuften Vorkommnissen dieser Art keinen Grund
mehr, die Sprechstunde zu ordnen und zu optimieren. Ihnen wird durch
die Handlungsweise des Arztes ganz deutlich vermittelt, dass der Arzt das
letzte Wort hat und dass er im Prinzip keine Mitarbeiter braucht.

Termine sachgerecht einhalten

  Bereits hier ist anzufangen, die ersten Schnittpunkte zu finden. In allen
Bereichen des Managements kann man Ehrlichkeit walten lassen. Aber wo
ist es angebracht, ja diplomatisch, eine kleine Notlüge anzubringen, um
den Gesprächspartner nicht zu enttäuschen, um ihm die Tagesmotivation
nicht zu rauben, um einen noch nicht spruchreifen Entschluss unter Ver-
schluss zu halten? Dies entscheidet jeder für sich und zwar ganz ehrlich.
Denn wer kann es für sich immer, ich betone *immer*, behaupten, dass er in

allen Gesprächen und in allen Handlungen die Ehrlichkeit als Motivation, als wichtigste Tugend in den Vordergrund stellt?

Ordentlich, fleißig, ehrlich und pünktlich: Arbeitszeugnisse

So ist aktuell eine Bewerbung als Erstkraft für eine Arztpraxis bei mir eingegangen. Auf den ersten Blick alles gut sortiert und chronologisch aufgebaut und belegt. In dem ausgestellten Arbeitszeugnis des letzten Arbeitgebers sind nur wohlwollende und gute bis sehr gute Sätze zu lesen.

Unehrliche Arbeitszeugnisse — Ein wenig erweckte dies im ersten Moment bei mir den Eindruck des Weglobens. Bei genauem Hinsehen stellte ich fest, dass das Austrittsdatum der 15.08.2002, das Datum der Erstellung der 30.06.2002 ist. Ein Austritt im laufenden Monat ist für Arzthelferinnen eher ungewöhnlich. Zumal der Arbeitsvertrag 1997 erstellt worden ist, mit der Kündigungsfrist von 6 Wochen zum Quartalsende.

Im Abschlusssatz des Arztes wurden die Eigenschaften „ordentlich", „fleißig", „ehrlich" und „pünktlich" aufgelistet. Was ist hier dran, an der Ehrlichkeit?

Ein Anruf beim Arzt bestätigte meinen ersten Verdacht. Das so tolle Arbeitszeugnis beinhaltet versteckt den Hinweis für den Leser, dass nicht nur Unstimmigkeiten bei dem Austrittsdatum festzustellen sind.

Meine spontane Frage an den Arzt lautete: „Warum haben sie die Ehrlichkeit in das Zeugnis hineingeschrieben, wenn dies doch gar nicht zutrifft?"

Es war still am anderen Ende der Leitung und mit leiser Stimme hörte ich den Satz: „Ich will doch keine Scherereien und keinen Arbeitsgerichtsprozess!"

Wenn ein Arzt schon nicht den Mut hat, ein wahrheitsgemäßes Zeugnis auszustellen, um eventuellen Auseinandersetzungen aus dem Weg zu gehen, wie ehrlich ist er dann zu seinen Patienten? Um einer Konfrontation aus dem Weg zu gehen, verschönt oder untertreibt er lieber und beraubt sich selber des wichtigen Erfolgsfaktors, der Servicequalität. Das Gespräch mit dem Arzt wäre viel entspannter verlaufen, wenn er das Zeugnis wahrheitsgemäß geschrieben hätte.

Meinerseits erfolgte dann die direkte Frage nach der Ehrlichkeit der Mitarbeiterin. Der Arzt hätte nicht kleinlaut etwas sagen müssen, sondern entspannt und offen die Tatsache schildern können.

Wenn wir in der Personaleinstellung Arbeitszeugnisse lesen und dann die Stichproben bei zurückliegenden Arbeitgebern machen, um die Bestätigung des Gelesenen zu bekommen, hören wir selten die Wahrheit über den Menschen und seine Arbeitsleistung. Wir bevorzugen gerne eine „Beschönigung" und verzichten auf eine ehrliche Antwort, um Einstellungen vornehmen zu können und den Personalengpass zu beheben. Die sich daraus ergebenden Konsequenzen im täglichen Miteinander und der Zusammenarbeit werden an dieser Stelle ignoriert.

Fragen Sie sich an dieser Stelle ganz kritisch, wie mutig bin ich, um die Wahrheit zu dokumentieren und auch mit den sich ergebenden Konsequenzen zurecht zu kommen?

Nehmen wir mal an, dass die junge Bewerberin Frau Schneider eine durchschnittliche Bewerbungsmappe mit allen notwendigen Formalitäten eingereicht hat. Für ihre Bewerbung zur Arztsekretärin hebt sie jedoch ihre außergewöhnlichen englischen Sprachkenntnisse hervor.

Leicht stutzig geworden, überprüft der Arzt die allesamt englischen Zertifikate und stellt fest, dass sie zusammen nicht mehr oder weniger wert sind als ein Volkshochschul-Einsteigerkurs über 10 Lernstunden! Um sich in anderen Situationen zu profilieren, wird diese Bewerberin gleiches „Strickmuster" parat haben und um eine Ausrede nie verlegen sein.

Der Arzt entschließt sich, hier nur ein Absageschreiben zu verfassen und die Unterlagen wieder zurück zu senden. Diese Bewerberin wäre ohne die besonders dick aufgetragenen Englischkenntnisse zum Bewerbungsgespräch eingeladen worden. Ehrlichkeit seitens des Arztes wäre auch hier gewesen, ihr genau dies mitzuteilen.

Halten Sie es sich bewusst vor Augen, dass die Zeugnissprache durch die unterschiedlichen Formulierungen und die Benotung sehr deutlich zwischen den Zeilen sprechen kann. Es geht von einem „uneingeschränktem Lob" über „leichte Einschränkungen" bis zum „Normgerechten" und weiter mit „Unterdurchschnittlich – mit der Tendenz nach oben". Selbst die „Unzufriedenheit" und die „ungenutzten Gelegenheiten" lesen Sie in den Zeugnissen.

Das Abschlusszeugnis

Gerne lesen wir gute Zeugnisse und wohlformulierte Sätze, die uns schmeicheln und uns positiv darstellen. Im ersten Moment freut sich jeder, na da habe ich ja noch mal Glück gehabt, dass ich ein so gutes Zeugnis bekommen habe. Aber stellt dieser Mensch auch selbst fest, dass das Geschriebene und er als Mensch nicht zusammen passen? Im Unterbewusstsein „ja!". Nach außen hin wird es gerne verdrängt und überspielt. Unter anderem werden daraufhin Fehlbesetzungen im Personalwesen vorgenommen und daraus folgend Menschen über-/unterfordert, weil sehr viel Gewicht auf die Zeugnisse gelegt wird.

Fehlbesetzung im Personalwesen durch unehrliche Abschlusszeugnisse

Zeugnisse sind oft trotz vorgegebener Bausteine noch zu subjektiv. Man achte hierbei vor allem auf die Feinheiten.

❶ Übernehmen Sie die persönliche Verantwortung für die Erstellung aussagekräftiger, wahrheitsgemäßer Zeugnisse!

Zum Beispiel Frau Muster arbeitete zum Teil/überwiegend/stets/... selbständig.

Ferner war sie zu den Kunden oder Patienten und den Mitarbeitern größtenteils/stets/„ohne Angabe" höflich und zuvorkommend.

Die ihr übertragenen Aufgaben wurden häufig/überwiegend/stets zu unserer „ohne Angaben"/vollen/vollsten Zufriedenheit erfüllt.

Hier wird deutlich, dass bei Vorlage einer passenden Schablone bei Neueinstellungen nur eine subjektive Beurteilung von maximal zwei Personen, nämlich den Unterschriftsträgern, weiter geleitet wird. Wo bleibt hier die Ehrlichkeit? Zumal davon ausgegangen wird, dass „Zeugnis-Schreiber" im Normalfall stark belastete und unter Zeitnot stehende Menschen sind.

Stellt sich doch hier die Frage: „Eine schnelle Zeugniserstellung = im Zweifel für den „Angeklagten"? Dies ist zum Glück nicht immer so. Hier ein Beispiel für ein mustergültiges Zeugnis:

Beispiel

Musterzeugnis: Sachbearbeiterin
Frau Beispiel Musterfrau, geboren am 01.01.1969 in Musterhausen, war vom 01. Oktober 1999 bis 30. Juni 2003 als medizinische Bearbeiterin im Referat Arbeitsmedizin/Betriebsärztin (Leiterin Fr. Dr. med. .... Fachärztin für Innere Medizin, Lungen- und Bronchialheilkunde, Betriebsmedizin, Umweltmedizin) tätig.
Zu den Aufgaben von Frau Musterfrau gehörten:
Post und Registraturbearbeitung: Auswerten der Eingangspost unter Beachtung interner und gesetzlicher Vorschriften, Zuordnen der selbständig geführten Sachakten, Erledigung der Ausgangspost unter Beachtung der genannten internen und gesetzlichen Vorschriften, selbständige Verwaltung der Sachakten; *Telefonate:* Führen, Entgegennehmen und Vermitteln von Telefongesprächen, Beantworten von Routinefragen; *Schreibarbeiten:* Schreibarbeiten nach Diktat, Vorlage oder Anweisung, selbständiges Fertigen und Führen von Aufstellungen, Listen, Statistiken und Verzeichnissen, Erstellen der Reisekostenabrechnungen unter Beachtung des BRKG; *organisatorische Arbeiten:* selbständiges Führen des Terminkalenders, selbständige organisatorische Vorbereitungen der Dienstbesprechungen, Sitzungen usw., selbständige Organisation von Fragebogenaktionen, selbständige Vorbereitung von Erste-Hilfe-Lehrgängen für die Ersthelfer im Hause und Einzelaufträge nach Anweisung.
Aufgrund ihres Fachwissens vermochte Frau Musterfrau die vielfältigen Aufgabengebiete des Referates Arbeitsmedizin 1 zu erfüllen sowie die Tätigkeit der Betriebsärztin zu unterstützen. Im Rahmen der betriebsärztlichen Tätigkeit erfolgten durch sie Bestellungen in Apotheken und Sanitätshäusern. Frau Musterfrau überprüfte die Medikamentenbestände, führte i. v. Blutentnahmen durch, fertigte EKG's an und hat nach dem BG-Grundsatz G 37 Sehtests unter Verantwortung der Betriebsärztin durchgeführt. Vom 03.04. bis 07.04.2000 hat sie am Fortbildungslehrgang des Verbandes Ar-

beitsmedizinisches Fachpersonal Lehrgang Auge und Optik teilgenommen sowie an der Fortbildung für nichtärztliches arbeitsmedizinisches Assistenzpersonal gemäß Rahmenplan und Lernzielkatalog. Außerdem nahm sie erfolgreich an einer Schulung zur Einführung in MS Access 97 teil. Frau Musterfrau zeigte stets Bereitschaft zur Weiterbildung, auch im Bereich der Softwareanwendung. Sie arbeitete mit MS-Office: Schriftstücke (wie z. B. Briefe und gutachterliche Stellungnahmen nach Diktat) fertigte sie in Word an. Ferner hatte sie regelmäßig Umgang mit Access-Datenbanken, erstellte nach Vorgaben Grafiken in PowerPoint, fertigte Excel-Tabellen an und tätigte Überweisungen in SAP.

Frau Musterfrau arbeitete selbständig, zuverlässig und verantwortungsbewusst. Sie hat ihre Aufgaben, die im Referat Arbeitsmedizin 1 und im betriebsärztlichen Dienst anfielen, mit großem Engagement erledigt. Frau Musterfrau war belastbar, zeigte Kooperationsbereitschaft gegenüber Mitarbeitern und Vorgesetzten und Einfühlungsvermögen im Umgang mit Patienten. Gegenüber Vorgesetzten und Mitarbeitern verhielt sich Frau Musterfrau stets tadellos. Hervorzuheben ist ihr fröhliches und gewinnendes Wesen auch in Zeiten starker Arbeitsbelastung. Nicht zuletzt deshalb war sie allseits beliebt und geschätzt.

Frau Musterfrau machte einen sehr gepflegten und ordentlichen Eindruck, war hilfsbereit und hat das Unternehmen bei Kontakten nach außen durch freundliches und unbürokratisches Verhalten als moderne Dienstleistungsverwaltung vertreten. Ferner hat sie die Betriebsärztin unter Beachtung des Datenschutzes in der betrieblichen Gesundheitsvorsorge sowie bei der Organisation der Ersten Hilfe zuverlässig und verantwortungsvoll unterstützt. Sie war bestrebt, wirtschaftlich zu arbeiten. Frau Musterfrau war hilfsbereit, verantwortungsbewusst und arbeitete mit anderen im Team gut zusammen. In der Kommunikation mit anderen war sie sicher und taktvoll. Das Verhalten von Frau Musterfrau Vorgesetzten und Mitarbeitern gegenüber war einwandfrei. Sie zeigte ein selbstbewusstes Auftreten, drückte sich sowohl in persönlichen Gesprächen als auch in Telefonaten klar und gewandt aus und stellte sich auf den Gesprächspartner ein.

Frau Musterfrau ist eine umsichtige Mitarbeiterin, die die vielfältigen Aufgaben des Referates Arbeitsmedizin 1 sowie die Aufgaben im betriebsärztlichen Bereich aufgrund ihres Fachwissens zu erfüllen vermag. Sie besitzt alle Eigenschaften, die ich von einer guten medizinischen Bearbeiterin erwarte. Frau Musterfrau hat aus persönlichen Gründen gekündigt. Auf diesem Wege bedanke ich mich für die gute Zusammenarbeit mit Frau Musterfrau und wünsche ihr für ihren beruflichen Werdegang sowie persönlich alles Gute. (...)

Beispiel

Musterzeugnis: Arzthelferin
Musterhausen, 30.9.1999
Fräulein Muster war vom 1. Februar 1991 bis zum 30. September 1999 in meiner allgemeinmedizinischen Facharztpraxis als Arzthelferin beschäftigt.

Dem Arbeitsverhältnis war eine dreijährige Ausbildungszeit in meiner Praxis vorangegangen, nach deren Abschluss ich Fräulein Muster sehr gern übernahm.

Im Laufe dieser Jahre hat sie als Erstkraft, und später als Alleinkraft, alle in meiner Praxis anfallenden Arbeiten mit großer Sachkenntnis selbständig und stets zu meiner vollsten Zufriedenheit durchgeführt.

Hierzu gehören: Blutabnahme, Tätigkeiten im Rahmen des kleinen Labors, i. m. Injektionen, Verbände und Wundbehandlung, Bestrahlungen, Lungen- und Kreislauffunktionsprüfungen, Inhalationen, die Anfertigung von Elektrokardiogrammen und Belastungs-EKGs.

In der Anmeldung arbeitete Fräulein Muster mit dem Adamed-BDV-Programm im Rahmen der Patientenverwaltung, Medikamentenverwaltung, Abrechnung und elektronischen Karteikarte.

Hervorzuheben ist auch in diesem Bereich ihre absolute Zuverlässigkeit, Schnelligkeit und Fähigkeit zum Selbstmanagement. Die Einhaltung von Ordnung und Hygiene in allen Bereichen der Praxis war für sie stets selbstverständlich.

In den vergangenen Jahren hat Fräulein Muster mit vielen Kolleginnen zusammengearbeitet, im Umgang mit ihnen hat sie Team- und Führungsqualitäten bewiesen und zeigte sich stets hilfsbereit und verständnisvoll.

Den Patienten war sie ein aufmerksamer Ansprechpartner, der sich Zeit für ihre Anliegen nahm und ihnen kompetent und aufrichtig begegnete.

Ihre Vertrauenswürdigkeit und Pünktlichkeit habe ich schätzen gelernt, sie war auch mir immer eine angenehme Mitarbeiterin, auf die ich mich jederzeit verlassen konnte und deren unbedingter Diskretion ich sicher war.

Souverän behielt sie auch in hektischen Situationen den Überblick und war eine Stütze für den reibungslosen Praxisablauf.

Fräulein Muster verlässt mich auf eigenen Wunsch. Ich wünsche ihr, dass sie sich ihre Integrität und Kompetenz erhält und in Zukunft, entsprechend der ihr übertragenen Verantwortung einsetzt. Ich bedaure sehr, sie als fähige Mitarbeiterin vieler Jahre zu verlieren und wünsche ihr auch für ihre private Zukunft viel Glück, Erfolg und Zufriedenheit.

Dr. med. Lustig

Das Zwischenzeugnis

Das Zwischenzeugnis spiegelt den aktuellen Stand der Arbeit wider

Hier befindet sich die jeweilige Mitarbeiterin im ungekündigten Arbeitsverhältnis. Sie kann es selber anfordern, um sich zum Beispiel schriftlich ihren Stand in der Praxis zu erfragen. Oder um sich für eine andere Arbeitsstelle zu bewerben. Vielleicht erhält sie in den Gesprächen mit dem Arbeitgeber nicht die eindeutigen Aussagen, die ihr helfen, sich in der Praxis zu etablieren? Also nutzt sie ihr Recht auf Erstellung eines Zwischenzeugnisses. Da sie dieses Zwischenzeugnis während des fortbestehenden Arbeitsverhältnisses erhält, kann hier also nicht „mal eben" ein Schriftstück aufgesetzt werden. Es ist eventuell nötig, ja sogar dringend erforderlich, dass mit der Mitarbeiterin ein ausführliches Gespräch geführt wird. In einem Einzelhandelsunternehmen erhalten alle Mitarbeiter nach einem Jahr Betriebszugehörigkeit das erste Zwischenzeugnis. Ohne Anforderung, ohne Mitarbeiterkündigung, ohne Zwang! Hierauf folgt im Normalfall immer ein Gespräch zwischen dem Mitarbeiter und dem Bereichsleiter oder Personalleiter. Diese Gespräche werden genutzt, um eine **Soll-/Ist-Analyse** zu erstellen. Gerade die Phase zwischen Probe-, Einarbeitungszeit und der beruflichen Weiterbildung wird hier besprochen und das **Weiterkommen** geplant und zeitlich definiert.

In diesen Gesprächen kommt es häufig vor, dass der Mitarbeiter seine Vorstellung des Arbeitsplatzes erörtert und ein Abgleich folgen kann. Hat der Mitarbeiter seine Fähigkeiten unter- oder überschätzt? Ist er überhaupt die richtige Besetzung für die Arbeitsstelle? Durch die Besprechungen, Umbesetzungen und dem eindringlichen Interesse an dem einzelnen Mitarbeiter werden die ausgestellten Zwischenzeugnisse zu wahren Kommunikationsträgern, und das zwischen den Mitarbeitern und den Vorgesetzten und/oder den Geschäftsführern. Auch in kleinen Unternehmen, also in jeder Praxis, ist diese Zeugnisregelung zu implementieren. Und ist hiermit die Grundlage für eine kontinuierliche, ehrliche Zeugniserstellung geschaffen, so kann sowohl der Arbeitgeber als auch der Arbeitnehmer immer „gerne" das Zeugnis bestätigen und auch vorlegen.

🛈 **§ 18 Zeugnis, Manteltarifvertrag für Arzthelferinnen**
Die Arzthelferin hat nach der Kündigung des Arbeitsverhältnisses Anspruch auf umgehende Aushändigung eines Zeugnisses.
Die Arzthelferin ist berechtigt, während des Arbeitsverhältnisses ein Zwischenzeugnis zu verlangen.
Das Zeugnis muss Auskunft geben über Art und Dauer der Tätigkeit. Es ist auf Wunsch der Arzthelferin auf Leistung und Führung im Dienst zu erstrecken.

Beispiel

Muster-Lebenslauf: Arzthelferin
Zu meiner Person
Name: Musterfrau
geboren am 01. Januar 1969 in Musterhausen verheiratet, keine Kinder
Beruflicher Werdegang

1999 – 2003	Medizinische Bearbeiterin
	Berufsgenossenschaft der Feinmechanik und
	Elektrotechnik; Musterhausen
1991 – 1999	Arzthelferin
	Dr. med. Lustig - Allgemeinmedizin

Fachschulstudium

1999 – 2003	Fachschule für Wirtschaft, Fachrichtung

	Betriebswirtschaft, Schwerpunkt: Medizinische Verwaltung; Abschluss: Staatlich geprüfte Betriebswirtin

Ausbildung und Schule

1988 – 1991	Ausbildung zur Arzthelferin bei Dr. med. Lustig - Allgemeinmedizin; Abschluss: Note sehr gut
1985 – 1987	Fachoberschule für Sozialpädagogik; Abschluss: Fachhochschulreife
1979 – 1985	Gemein. Hauptschule Fröhlich; Abschluss: Sekundarstufe I

Berufliche Weiterbildung

15.10.2001 – 19.10.2001	Fortbildung für arbeitsmedizinisches Assistenzpersonal: Grundlagenlehrgang
08.11.2000 – 10.11.2000	Einführung in MS-Access 97
03.04.2000 – 07.04.2000	Lehrgang Auge und Optik

Sonstige Kenntnisse

EDV	Standard-Office & Programme: Word, Excel, PowerPoint, Access, Outlook, Internetrecherche
Sprachen	Italienisch, Englisch
Projektmanagement	
Hobbys	Reiten, Lesen

Was sie sonst noch über mich wissen sollten:
Mein Lebenslauf steht für kontinuierliche Weiterbildung, Leistungsbereitschaft und Lernfähigkeit. Das vierjährige Abendstudium belegt dieses.

Beruflich biete ich Ihnen meine Erfahrungen aus der Arztpraxis und der Berufsgenossenschaft. Ich bin kommunikationsfähig, zielstrebig und verantwortungsbewusst.

Musterhausen, 01.11.2003

Personalwesen in der Arztpraxis

Zurück zur Bewerberin (❯ *Beispiel B):* Im persönlichen Gespräch mit ihr fragte ich sie gezielt nach dem Austrittsdatum, und es folgte eine „heroische Geschichte", wie schrecklich alles gewesen sei.

Ich teilte ihr mit, dass ich bei ihrem letzten Arbeitgeber angerufen habe, um mich nach dem Grund des Austritts zu erkundigen. Die spontane Antwort: „Na da hat er ihnen bestimmt was Tolles erzählt, ..." Ich wünschte der Bewerberin abschließend alles Gute und viel Erfolg sowie den Mut zur Ehrlichkeit.

Kleine Randbemerkung aus der Praxis: Vor circa 5 Jahren stand ich stellvertretend für eine große Einzelhandelskette in Personalangelegenheiten vor Gerichten. Es endete zu 90 % im gegenseitigen Einvernehmen und mit der Auflage, dass das Unternehmen ein wohlwollendes Zeugnis der Mitarbeiterin erstellt, in dem kein Anhaltspunkt für die Unregelmäßigkeiten zu lesen sind!

Der obligatorische Zeugnis-Satz mit „fleißig, ordentlich, pünktlich, zuverlässig und ehrlich" wurde vordiktiert und sogar gerichtlich verordnet!

Auch bereits erstellte Arbeitszeugnisse wurden solange zwischen den Anwälten und dem Richter hin- und hergeschickt, bis die kleinste negative Formulierung aus dem Text gestrichen war.

In den Arztpraxen fällt mir oft auf, dass die Personalangelegenheiten stark vernachlässigt werden. Der Arzt als Arbeitgeber sieht seine Aufgabe im medizinischen Handeln. Die Mitarbeiter werden sich selber überlassen. Trotzdem und gerade hier ist eine definierte Zielsetzung wichtig, damit Mitarbeiter und Arzt die Fahrtrichtung der Praxis kennen und gemeinsam an diesem Ziel arbeiten. Bereits bei der Stellenannonce in der Zeitung wird deutlich, ob der Arzt „irgendeine" Mitarbeiterin sucht oder ob er genau weiß, welchen Aufgabenbereich die gesuchte Mitarbeiterin zu erledigen hat.

Klare Zielsetzung bei der Personalauswahl

In der folgenden Bewerberauswahl ist weiter festzustellen, ob der Arzt ein wirkliches Interesse am ordnungsgemäß funktionierenden Ablauf seiner Praxis hat, oder ob nur eine Planstelle wieder besetzt ist und das „Team" wieder vollständig!

Bei der Vertragserstellung fehlt nahezu immer die Arbeitsplatzbeschreibung und die genaue zeitliche Absprache für die einzelnen Einarbeitungsschritte. Also fängt die neue Mitarbeiterin zum nächstmöglichen Termin in der neuen Praxis an und weiß nicht, was sie als erstes erlernen muss, wer ihre Ansprechperson für die praxisbezogenen Fragen ist, und nach ein paar Tagen oder nach den ersten drei Wochen kommt das erste mal die Frage bei der Mitarbeiterin auf: „Was mache ich hier eigentlich?" und so kann dann auch der Arzt seine Mitarbeiterinnen fragen:" Was macht die neue Kollegin so in der Praxis?"

Die Kommunikation zwischen Arzt und neuen Mitarbeitern

Gerade in der ersten Phase ist die tägliche Kommunikation für die neue Mitarbeiterin sehr wichtig. In den Gesprächen mit ihr finden Sie die Gemeinsamkeit, die die Umsetzung des Praxisziels weiter forcieren. Ferner sind in den ersten Wochen der Einarbeitung die Leistungen der Mitarbeiterin und die Bewertungen des neuen Arbeitsplatzes und der neuen Aufgabe erforderlich und nachvollziehbar.

Gibt es keine Gespräche, wird vielleicht der neuen Mitarbeiterin innerhalb der Probezeit das Arbeitsverhältnis gekündigt, vielleicht kündigt die neue Mitarbeiterin während der ersten Monate von sich aus. Beide Vertragsseiten können in so einem Fall die Gegenseite nicht nachvollziehen. Da beide Vertragsseiten ohne schriftliche Zeitplanung in die gemeinsame Zukunft gestartet sind, weiß auch keiner, was der eine vom anderen erwarten darf.

! Die Kommunikation unter Menschen ist sehr spannend und gerade im Berufsleben auch sehr anspruchsvoll. Diese Kommunikation möchte jeden Tag aufs neue gepflegt, gelebt und modifiziert werden. Auch das ist Arbeit. Eine Arbeit, die sich immer lohnt und das Zusammensein in der Praxis so erleichtert und transparenter werden lässt.

Management in der Arztpraxis

Die Kommunikation zwischen dem Arzt und dem Patienten

In meiner täglichen Arbeit als Praxismanagerin bin ich in unterschiedlichen Arztpraxen. Priorität hat dabei in vielen Fällen die Kommunikation untereinander. Sehr offene Ärzte gestatten es mir, bei einigen Arzt-Patient-Gesprächen dabei zu sein. Hier höre und erlebe ich ganz andere Menschen. In einem ersten krassen Fall gibt der Arzt dem Patient gar keine Informationen weiter, im anderen Extrem überschüttet er den Patienten mit Fachvokabular. In beiden Fällen meint der behandelnde Arzt, dass er sich serviceorientiert verhält! Meine direkte Frage „wie ehrlich sind Sie an jedem einzelnen Patienten wirklich interessiert?" erschreckt.

Es kommen Erklärungen wie die von Budgetierungen, Regressen und „schlechten Zeiten." Auf jeden könne man(n) sich nicht konzentrieren. Es wird etwas vorgespielt und das ehrliche Verhalten kommt zumeist zu kurz. Deshalb ist auch im Sinne der Servicequalität an dieser Stelle zu fragen:
- Was kann der Arzt hier ändern?
- Möchte er was ändern?
- Wie wichtig sind ihm seine Patienten?

Alle in der Praxis sollen sich wohlfühlen und dazu beitragen, dass der Tag für Arzt, Personal und Patienten harmonisch und mit professionellem Service verläuft.

Die Praxisorganisation

Was mache ich in den Praxen als (Praxis-) Managerin? Da steht die Praxisorganisation an. Jede Praxis hat ihre Besonderheiten und Spezialisierungen. Wie ist also alles optimal zu terminieren? Welche Praxisabläufe sind nötig, welche vorhanden, um Untersuchungsabläufe zu modifizieren und zu erweitern? Auch die Organisation des Personals ist zu bedenken. Gibt es in der Praxis Arbeitszeit- und Pausenpläne, Urlaubsplanungen, auch die Urlaubsvorausplanung für das kommende Jahr?

Einen großen Bereich nimmt die Optimierung des Personalwesens/der Personalführung ein. Von Einstellungen, allgemeinen und speziellen Personalgesprächen über Arbeitsplatzbeschreibungen, Arbeitszeit- und Pausenplänen, Kontrolle der Stundennachweise bis hin zum Kündigungsgespräch reicht meine Tätigkeit. Auch hier ist jede Praxis mit ihren Besonderheiten gesondert zu sehen und es ist eine Implementierung aller vorstellbaren Möglichkeiten oft überflüssig. Kleine Änderungen, Denkanstöße und viele Gespräche führen immer zu einer individuellen Lösung für die Praxis.

> Die Optimierung des Personalwesens

Im Bereich Verkauf ist die Einführung beziehungsweise die Optimierung der praxismöglichen IGeL (Individuelle Gesundheitsleistungen) und Privatleistungen zu nennen. Hier trainiere ich das gesamte Praxisteam, auch den Arzt, die Leistungen dem Patienten anzubieten. Während dieser Phase ist der gesamte Patientenumgang angesprochen und alle „normalen" und gängigen Umgangsformen werden in Erinnerung gerufen. Die Umsetzung erfolgt, nach einer Trocken-Trainingseinheit, sofort während des täglichen Praxisablaufs. Nur so können alle Beteiligten die Handhabung und die Praktikabilität zeitnah feststellen (❷ *Kapitel 1*).

> Optimierung der IGeL

Zum Thema „Wie wird aus einem reklamierenden Patienten ein zufriedener Kunde, der auch noch Empfehlungen ausspricht", also zum Thema Reklamation, Konfliktmanagement, gelange ich automatisch in den Praxen. Jeder kennt die „Montagspatienten", die „Privatpatienten" und so weiter.
Kommt dann hier noch das Anbieten/Verkaufen von Leistungen hinzu, ist bei unbedarfter Formulierung der Einspruch seitens des Patienten vorprogrammiert: „Was so teuer!" (❷ *Kapitel 1*).

> Konfliktmanagement in den Praxen

Die bereits aufgelisteten Bereiche beinhalten auch immer den Aspekt der Serviceleistung am Patienten. So ist weiter zu benennen die Gestaltung des Praxismarketings, das gesamte Erscheinungsbild der Praxis und noch weiter ausführend das Selbstmanagement der einzelnen Mitarbeiterin. Hier schließt sich wieder der Kreislauf, da ein Selbstmanagement nur funktionieren kann, wenn ein Team an einem gemeinsamen Ziel arbeitet und jeder für sich, aber auch immer alle für die anderen an den bestehenden Arbeitstechniken und Arbeitsabläufen arbeiten.
Alles fließt in Richtung Qualitätsmanagement. Ein offenes, transparentes System. Ein System, das jeden Tag lebt und gelebt wird. Ein System, das viele der täglich anfallenden Fragen nicht mehr aufkommen lässt und nach der ersten Einführungs- und Gewöhnungsphase eine große Arbeitserleichterung, für jeden in der Praxis, darstellt (❷ *Kapitel 7*).

> Die Gestaltung des Praxismarketings

Leitbild und Praxisziel

Zu diesem Schritt sind die Ärzte bereit, wenn sie mich in den Praxisablauf schauen lassen. Sie möchten innovativer und patientenorientierter arbeiten, um sich gegen die Service-Professionalität von anderen Ärzten positiv abzugrenzen.

Wo fängt dann hier wieder die Ehrlichkeit im „Management Arztpraxis" an, wo ist sie eventuell neu zu überdenken und in die täglichen Abläufe und Handlungen zu integrieren bzw. weiter zu installieren und optimieren?

Im Gespräch mit dem Arzt ermutige ich ihn, sich zu überlegen, für welches Leitbild und für welches Praxisziel er arbeiten möchte. Hier ist zu Beginn das große Schweigen. Eine Arztpraxis mit Leitbild, wofür?

Ganz einfach, um sich bereits gedanklich von den Kollegen abzugrenzen: „Was wollen wir erreichen?" – „Wie grenzen wir uns ab?"

Mit dem erarbeiteten schriftlichem Leitbild/Praxisziel kann sowohl der Arzt als auch sein Team alle Handlungen, Gespräche, Überlegungen ableiten.

Die Praxis als Nobelhotel

Nehmen wir mal an, die Musterarztpraxis Dr. Frühjahr macht es sich zum Ziel, die Patienten so freundlich und zuvorkommend zu behandeln, dass diese sich fühlen, in einem Nobelhotel empfangen zu werden. Alles was jetzt noch zu Beginn wichtig ist, lebt der Arzt seinem Team vor. Die Patienten werden persönlich vom Arzt aus dem Wartebereich abgeholt und mit Namen begrüßt. Sie erfahren eine offene und neutrale Haltung, der Arzt lässt den Patienten ausreden, er hört hin, fragt nach und konzentriert sich auf den Patienten und den Grund des Arztbesuchs. Diese ehrliche offene Handlung wird von dem Patienten mit Wohlwollen und Respekt gewürdigt. Endlich mal ein netter Arzt, der mich ausreden lässt. Es ist natürlich nicht angedacht, als Seelen-Doktor alles zu ertragen. Hier wird der Arzt persönlich gecoacht, um die Situation wieder ehrlich für beide Seiten zu handhaben. Auch bei den schwierigen Patienten gibt es die wenigen und doch so wichtigen und wirkungsvollen Tipps, wie aus dem meckernden Patient ein treuer Kunde wird.

Arzt/Patient/Mitarbeiter

Komme ich jetzt zu der Schnittstelle Arzt/Patient/Mitarbeiter, so spreche ich den schwierigsten Teil an. Die Ehrlichkeit verbunden mit der Servicequalität ist ein langer und interessanter Weg.

Der Patient in einer serviceorientierten Praxis

Ich bin immer noch in der Musterarztpraxis Dr. Frühjahr, der seinem Team das Praxisziel aktiv vorlebt. Nun ist der erste Kontakt des Patienten entweder über das Telefongespräch zustande gekommen oder er ist direkt in die Praxis gekommen. Beide Situationen beginnen am Empfang.

Beispiel

Der Patient ruft in der Praxis an, um sich zu erkundigen, wann er „mal vorbeischauen kann". Gemäß dem Praxisziel meldet sich nach 2-3 mal klingeln eine freundliche und aufmerksame Mitarbeiterin, die den Anrufer willkommen heißt. Sie holt sich die Erlaubnis nachzufragen, warum er in die Praxis kommen möchte, und bedingt durch die serviceorientierte Terminplanung kann sie einen entsprechenden Termin beim Arzt anbieten. Der Anrufer ist angenehm überrascht und fragt sich, was ihn dann wohl erst in der Praxis erwartet.

Sein Termin steht unmittelbar bevor und er betritt die Praxis. Hell, praxisgerecht eingerichtet, gut durchdachte Anordnung der Praxisbereiche und dann der Empfang. Er ist mit 1 – 2 Mitarbeiterinnen besetzt, die sofort lächelnd Blickkontakt aufnehmen und ihn mit dem Tagesgruß wieder willkommen heißen. „Was ist denn hier los?!", denken oder sagen sogar einige positiv überraschte Patienten.

Nach der Patientenaufnahme erfolgt der Hinweis auf die zu erwartende Wartezeit (Ehrlichkeit!) und das Angebot, ggf. noch was erledigen zu können. „Gerne rufen wir sie über ihr Handy an und informieren sie, wenn es für sie weitergeht. Hier ist alles gut durchorganisiert und die Kommunikation ist klasse.

In der Zwischenzeit finden im Laufe der Sprechstunde immer wieder Telefonate, Patientengespräche und auch Gespräche/Informationsmitteilungen seitens des Arztes statt. Sowohl der Arzt als auch sein Team haben es sich zum Ziel gemacht, Menschen in der Praxis freundlich und zuvorkommend wie in einem Nobelhotel zu empfangen! An diesem Ziel arbeiten ausnahmslos alle! Der Patient gewinnt schnell den Eindruck, dass hier ehrlicher und lieber gearbeitet wird als in anderen Praxen. In diesem Umfeld verzeiht ein Patient eher einen Ausrutscher, weil er weiß, hier passiert dir das nicht noch mal. Er geht auch davon aus, dass der Arzt ehrlich zu ihm sein wird, weil ja schon die ganze Stimmung in der Praxis gut ist und jeder merkt, hier wird Hand in Hand gearbeitet und untereinander werden die eingehenden Informationen sofort weiter kommuniziert.

Was kann das „Management Arztpraxis" vordergründiger wollen als den ehrlichen und serviceorientierten Umgang mit den Menschen!

Im grob skizzierten Beispiel bei Dr. Frühjahr ist die Thematik eines besonders interessanten Bereiches noch offen: Der Arzt und seine Mitarbeiter!

Bei meinen Praxisbesuchen stelle ich oft fest, dass sich das Missverhältnis zwischen Arzt und Team immer wieder einschleicht. Einerseits möchte der Arzt mit seiner Praxis und dem Praxisziel eine positive Abgrenzung zu den Kollegen, auf der anderen Seite ist das Management der eigenen Praxis ein Stiefkind. Es bedeutet nun mal zusätzliche Energie, Zeit und Kreativität, um immer am Ball zu bleiben.

Die Praxis arbeitet als Team

In wenigen Praxen wird in regelmäßigen Abständen ein Praxismeeting abgehalten. Hier ist auch auffallend, dass es immer eine Reihe von Fakten gibt, die nicht in Ordnung sind und die dem Arzt auffallen.

Um den Erfolgsfaktor Ehrlichkeit an dieser Stelle wieder ins Spiel zu bringen, bedarf es wenig. Nur die Bereitschaft, dass auch der Arzt eingesteht, seinen Arbeitsablauf weiter zu optimieren und den täglichen Gegebenheiten anzupassen. Er kann keiner Mitarbeiterin einen direkten Vorwurf machen, dass die Sprechstunde chaotisch oder zu lang ist, wenn die Terminplanung in Ordnung ist und der Arzt bei dem einen oder anderen Patienten sich „verplaudert" hat.

Bei den Praxisbesprechungen bin ich gerne dabei, um zum einen den protokollarischen Teil mit einer Mitarbeiterin zu üben bzw. zu intensivieren. Zum anderen, um an schwierigen oder festgefahrenen Stellen die Moderation zu übernehmen. So wird aus jeder Besprechung ein konstruktives Zusammensein. Das Ziel der Praxis immer vor Augen!

Arbeitsplatzbeschreibung

An dieser Stelle vermittle ich den Ärzten gerne, dass ein „Missstand" in Verbindung mit einer ermutigenden Aufforderung kommuniziert wird. Hierzu ein Bespiel: Der Arzt teilt seiner Erstkraft mit, dass die Einteilung des Personals nicht übersichtlich ist. Für die Erstkraft, die sich um den Bereich nicht ausdrücklich bemühen sollte, ist die Aussage ein direkter Angriff. Wie so oft in solchen Situationen, sagt man entweder was Falsches oder gar nichts.

Welche Möglichkeit gibt der Arzt seiner Erstkraft an die Hand, wenn er ihr mitteilt, dass die Zuständigkeit der Personalplanung ihr zugesprochen wird und dass bis zum nächsten Meeting ihrerseits Vorschläge zur Personalplanung eingereicht werden.

Sie geht gestärkt und motiviert aus dem Meeting!

(Sehr hilfreich für alle einbezogenen Personen sind immer Arbeitsplatzbeschreibungen, die alle Zuständigkeiten und Aufgabenbereiche schriftlich regeln!)

Schriftliche Aufgabenverteilung

Mit diesen schriftlichen Aufgabenbeschreibungen werden bereits mit Abschluss des Arbeitsvertrages ehrlich und offen alle Aufgaben, Verantwortungen und Kompetenzen geregelt. Die Mitarbeiterin weiß also von Beginn ihrer Tätigkeit an, an wen sie sich zu wenden hat, wer ihr als Mentor zugesprochen ist und welche Aufgaben, in welcher Reihenfolge zu erlernen sind. Durch den Mut zur Transparenz sind die „Geheimnistuereien" von Beginn an ausgeschlossen. Alle Mitarbeiter arbeiten in bestimmten Kategorien für ein gemeinsames Ziel, das Praxisleitmotiv.

Beispiel

Entwurf einer Arbeitsplatzbeschreibung „Auszubildende zur Arzthelferin im ersten Lehrjahr"

Arbeitsplatzbezeichnung: Auszubildende zur Arzthelferin

Unterstellungsverhältnis:	Die Auszubildende ist der Ersthelferin/Praxismanagerin am Empfang und dem ausbildenden Arzt unterstellt.
Aufgaben und Verantwortung:	Patientenkarteikarten, Befunde einsortieren, Neupatientenakten vorbereiten und anlegen, Karteikarten alphabetisch einsortieren etc.
	Zustand der Praxisräume
	Wartezimmer aufräumen
	Wasserspender auffüllen
Sonstige Aufgaben:	Auffüllen der Süßigkeiten für die Patienten
	Rezepte stempeln
	Kopieren/Faxen

Tätigkeiten, welche im Rahmen des Ausbildungsrahmenplans gesetzlich vorgeschrieben sind

Diese Arbeitsplatzbeschreibung ist ein relativ kleiner Auszug aus den Möglichkeiten der Formulierungen. Hier ist dennoch die Besonderheit der Auszubildenden zu beachten. Auch sie hat von Beginn ihrer Ausbildung an eine schriftliche Arbeitsplatzbeschreibung. Diese wird im Laufe der Lehrjahre immer weiter ergänzt und modifiziert. So lassen Sie eine Arzthelferin heranwachsen, die mit den schriftlichen Dokumentationen bestens vertraut ist.

Fehlermanagement

Ein weiterer interessanter Aspekt zu diesem Thema ist das Fehlermanagement. Wie steht es beispielsweise mit der Ehrlichkeit in der Praxis, geschehene Fehler einzugestehen und sich auch dafür zu entschuldigen?

So könnte im Beispiel A zur Patientin Frau Muster gesagt werden, dass ihr Rezept aufgrund eines technischen Fehlers nicht ausgestellt worden ist. Man werde alles veranlassen, dass sie ihre Verordnung so schnell wie möglich erhält. Man kann sich auch nicht erklären, wie so etwas geschehen konnte. Oder aber es wird zur Patientin Frau Muster gesagt, dass die Mitarbeiterin mit Schrecken festgestellt hat, dass sie die Ausstellung der Verordnung irrtümlich für den nächsten Monat vorgemerkt hat. Sie bittet vielmals um Entschuldigung und bestätigt, dass Frau Muster das Rezept selbstverständlich am nächsten Tag in der Postzustellung hat.

Werden Fehler in der Praxis eingestanden?

Ehrlichkeit sollte auch immer im Zusammenhang mit Menschenkenntnis angewandt werden. Obiges Beispiel „technischer Fehler" kann einen (aus bereits verletzten Vertrauensverhältnissen gestörten Kunden bzw. Patient) eher besänftigen und beschwichtigen. Er fühlt sich damit in seiner festgefahrenen Meinung nicht bestätigt, dass hier sowieso alles schief läuft.

Ein zum Institut bzw. der Praxis neutral eingestellter Kunde oder Patient ist dagegen bereit, einen Menschenfehler zu akzeptieren und er ist positiv bestätigt, dass er mit Menschen und nicht mit Computern spricht.

Menschliche Kompetenz

Aber warum sollen die Mitarbeiter ehrlich sein, wenn die Firmenchefs nicht dahinter stehen? Sie kennen die schönen Wünsche zum neuen Jahr:

... allgemeine Glückwünsche zum neuen Jahr ... es liegt ein sehr schwieriges Jahr mit vielen Herausforderungen hinter uns und auch in diesem Jahr werden uns, teilweise persönliche, tiefe Einschnitte bevorstehen ... aufgrund der allgemein schwierigen Marktlage kommen wir nicht umhin, dem Stellenabbau weiter nachzugehen, um mehr Effizienz für unser Unternehmen zu schaffen ... gemeinsam werden wir jedoch diese Herausforderungen meistern und jeder von ihnen kann dazu beitragen!

Nach Eingang per E-Mail (!) ist die Motivation der Mitarbeiter auf dem Nullpunkt angelangt. Kein persönliches Wort, statt dessen die bange Frage an sich selber, wie lange der Arbeitsplatz noch Bestand hat, wie lange man bei dem Unternehmen schon ist, um eventuell eine Abfindung angeboten zu bekommen und wer alles auf der „Abschuss-Liste" steht. An welcher Stelle bin ich dran.

Die auf diese Weise von einem Firmenchef negativ formulierte Ehrlichkeit trägt **nichts** zur täglichen Motivations- und Ertragssteigerung der Mitarbeiter bei. Anstatt mit kleinen erreichbaren Zielen zu locken, mit persönlich gestalteten Anschreiben oder Multiplikatoren (vielleicht auch Manager) direkt vor Ort mit der Weitergabe der Information zu betrauen, wird ganz einfach von oben eine grobe Marschrichtung vorgegeben. Dies ist der Weg in die Sackgasse.

Die allgemeine Stimmung wird schlechter, die Arbeitsqualität lässt nach, Krankenscheine häufen sich wieder und Gerüchte lassen den Alltag immer grauer aussehen. Ganz starke, von sich eingenommene Mitarbeiter begraben mit Mobbing oder anderen Methoden die zweifelnden anderen Kollegen.

Lobenswert wäre gewesen, wenn der Firmenchef vor dem Absenden der E-Mail auch nur einmal über die Folgen dieser „Ehrlichkeit" nachgedacht hätte.

Der Arzt als motivierender Arbeitgeber

Ehrlichkeit bedeutet auch Kompetenz im Einfühlungsvermögen im Umgang mit Menschen.

Will ich als Arbeitgeber motivierte und zielorientierte Mitarbeiter, so darf so eine E-Mail, wie auszugsweise oben beschrieben, nicht abgeschickt werden.

Es gibt Firmen/Institute/Praxen in der heutigen aktuellen gesetzlichen Situation, die trotz der negativen Presse, die Fahne hoch halten und weiter nach vorne kommen.

Hier wird auch nicht davor zurückgeschreckt mal eine externe Person mit Mitarbeiterführung zu betrauen. Wie kann und soll auch der einseitig fachgeprägte, schnell auf der Karriereleiter empor gestiegene Firmenchef wissen, wie er mit dem einfachen Angestellten reden soll, damit dieser aus Überzeugung ertragsstärker wird? Auch hier leisten externe Personen gute Hilfe, um das Einfühlungsvermögen im Umgang mit Menschen zu trainieren.

Sie kennen den Spruch „Der Ton macht die Musik." Ehrlichkeit, verpackt in eine angenehm täglich zu schluckende „Pille" hat noch keinem geschadet, verschleiert auch nicht die ohnehin in der Presse bekannten schlechten Tatsachen, sondern kann positiv angenommen werden.

Motivation schafft eine positive Arbeitsatmosphäre

Von dem richtigen Experten vermittelt, schafft diese „Pille" Motivation, Ertragskraft und eine angenehme positive Arbeitsatmosphäre.

Körpersprache / Ehrlichkeit – ein kleiner und doch so deutlicher Test: American Curly Horses

Exkurs

- Was bin ich für eine Führungskraft?
- Kann ich Menschen führen und leiten?
- Sind meine Mitarbeiter ehrlich zu mir? Und ich auch zu ihnen?

Dies sind nur auszugsweise einige Fragen, die in den unzähligen Büchern gestellt worden sind. Ferner werden diverse Seminare und Coachings abgehalten, um die Fragen rund um die Ehrlichkeit aufzufinden.

Und wer kann meine Ehrlichkeit, die ich bei mir entdecke, einfacher reflektieren, kommentieren und wieder geben, als ein vorurteilsfreies und neutrales Wesen?

American Curly Horses zeichnen sich durch viele naturgegebene Eigenschaften aus, die in der Wildnis das Überleben sichern. Sie sind – besonders für erfolgreiche Geschäftsleute – ein wahrheitsgetreuer Reflektor der eigenen Person. Sie zeigen auf, wie die eigene Einstellung auf andere Personen wirkt. Jedes Pferd, sei es noch so domestiziert, reagiert auf eine Person und spiegelt deren Verhalten wieder. Je mehr falsche und missverständliche Erfahrungen das Pferd jedoch in seinem Leben erfahren hat, desto schwieriger ist ein eindeutiges Testergebnis für unseren Versuch.

Wir nehmen daher für den Test eine 1,5 jährige unausgebildete American Curly Horse Stute, deren Eltern noch auf den endlosen Prärieweiden in Montana (USA) aufgewachsen sind. Hervorstechendes Merkmal dieser Rasse sind die vollkommen erhaltenen Überlebensinstinkte, das ausgeprägte Sozialverhalten, das uns automatisch ein unverfälschtes Ergebnis liefern wird.

Stellen Sie sich folgende Situation vor: Diese 1,5 jährige American Curly Horse Stute steht inmitten ihrer Herde und schaut mit erhobenem Kopf die Testperson aufmerksam an.

Diese Person möchte nun erfahren, wie ihr normales Mitarbeiterführungsverhalten bei der Stute wirkt. Im Normalfall heben auch dessen Mitarbeiter beim Cheferscheinen die Köpfe und sehen die Person an. Aber wie sehen die Mitarbeiter den Chef an? Haben sie dabei Angst und fürchten sich vor der nächsten Aufgabe, die sie überfordern wird, und überspielen es aber mit einem Lächeln oder ähnlichem?

Oder heben sie aus Gewohnheit den Kopf und sind im nächsten Moment wieder desinteressiert, da vom Chef keine „Gefahr", in Form von noch mehr Arbeit ausgeht?

Oder heben sie sogar nur den Kopf, um sich im nächsten Moment über ihren Chef und seine Art lustig zu machen?

Testperson 1

Unsere Testperson 1 geht los und wedelt mit Führkette und Kopfstück. Dabei hält sie Blickkontakt und geht frontal mit aufrechter Gestalt auf die Stute zu. Diese interpretiert dieses aufwendige Gehabe als Angriff und zieht sich weiter in ihre Herde zurück. Was war falsch?

Die aggressive Führungsperson

Unsere Testperson 1 bekam eindeutig gespiegelt, dass sie mit diesem Auftritt Angst schürt. Hätte die Person nun noch versucht die Stute einzufangen, dann hätte es mit einer reflexartigen Flucht des Pferdes geendet.

Trägt diese Person neu zu verteilende Aufgaben so aggressiv auch an die Mitarbeiter heran, so steht sie meist frontal zu ihnen oder sie treibt die Mitarbeiter an, indem sie sich hinter dem Bürostuhl aufbaut. Nicht jeder Mitarbeiter erklärt sein Unwohlsein, sondern nimmt dieses Verhalten ohne Widerspruch hin. Damit ist allerdings bereits der erste Angstgedanke verankert. Die Stute wird nicht noch mal diesen Menschen so nah an sich treten lassen und vorher schon mal das Weite suchen. Auch der Mitarbeiter würde das gerne tun.

Testperson 2

Testperson 2 mit gleicher Stute am selben Ort. Das Pferd hat die Witterung aufgenommen und harrt der Dinge, die da kommen! Die Person ist mit der gleichen Führausrüstung ausgestattet und läuft los.

Die passive Führungsperson

Auf dem Weg schaut sich unsere Testperson 2 die anderen Pferde an und ist ganz erstaunt, irgendwann vor „Daylight" zu stehen. Die Stute steht inzwischen halb abgewandt und frisst. Auf diesen Metern ist bereits Entscheidendes passiert. Testperson 2 wurde von der Stute als harmlos und ungefährlich eingestuft. Da sie es aber auch nicht verstand, Aufmerksamkeit auf sich zu ziehen, hat „Daylight" von sich aus den Kontakt abgebrochen. Die Stute ist wieder ein Teil der Herde, hatte zwar bei der Bewegung der Person keine Angst, sieht aber auch keine Veranlassung, mit der erschienenen Person zusammenzuarbeiten.

Dieses Beispiel ist leicht übertragbar auf das übliche Chef-/Team- oder Angestelltenverhältnis. Kommt von dort keine klare verständliche und deutliche Ansage, macht das Team einfach so weiter wie bisher. Nicht mehr, nicht weniger!

Ehrlichkeit ist hier schwer zu erkennen, da unsere Testperson 2 keine Reaktion auf ihr unschlüssiges Handeln erwarten kann. Die Stute reagiert ehrlich, indem sie die Person einfach stehen lässt. Welcher Mitarbeiter bringt diesen Mut zur Ehrlichkeit auf?

Testperson 3

Kommen wir zur Testperson 3, diese steht unsicher auf der Koppel, hält den Kopf gesenkt und geht langsam auf die Stute zu. Bei ihr angekommen, klopft sie ihr den Hals. Sie beschäftigt sich mit dem Neuankömmling, indem sie ihn nach und nach beschnuppert und schließlich in die Jacke kneift.

Unsere Testperson 3 wartet unentschlossen ab und sucht dann das Weite. Hier wurde die Einstufung der Person von der Stute nicht nur als harmlos, sondern noch viel schlimmer, sofort als unterlegen enttarnt. Mit diesem Verhalten wird dem Pferd die Chance gegeben, den Vorsitz der Zusammenarbeit zu übernehmen. Im Alltag ist unsere Testperson 3 eine zurückgezogene, hilflose Führungskraft, die von allen Mitarbeitern höchstens als Brötchengeber angesehen wird. In diesem Team wird es keine klare Trennung Chef/Mitarbeiter geben, der Tagesablauf ist ungeordnet und wirr.

Die hilflose Führungsperson

Fazit

Bei allen 3 Testpersonen wurden bewusst sehr starke Ausprägungen gewählt. Fall 1 ist der Chef im klassischen Sinne: Er steht über allem, verteilt Arbeiten, das Geschäft hat zu funktionieren, wenn nötig mit Druck. Fall 2 steht für den Chef im üblichen Sinne: Integriert sich manchmal ins Team, manchmal nicht; gibt keine klare Richtung vor und hofft, dass das Geschäft läuft. Fall 3 symbolisiert den hilflosen Chef: Er hat Angst, seine Ziele zu formulieren, und versteckt sich am liebsten hinter seinem Fachgebiet. Die Mitarbeiter regeln alles untereinander.

Gibt es auch einen „richtigen" Chef?

Einen Chef, dem Mitarbeiter vertrauen, ihm gerne Arbeit und Verantwortung abnehmen, ihn willkommen heißen und an der Verwirklichung der gemeinsamen Ziele mitarbeiten?

Schauen wir uns dazu Testperson 4 an.

Testperson 4

Auch diese Person steht auf der Koppel und hat die Stute im Blickfeld. Diese Person nähert sich ihr langsam, auf kleinen Umwegen, hält zwischendurch immer wieder Augenkontakt und kommt schließlich so bei einem aufmerksamen Pferd an. Dieses ist sehr erwartungsvoll und wartet gespannt ab.

Die vertrauensvolle Führungsperson

Das ist die perfekte Ausgangsposition, um zu kommunizieren und um Aufgaben zu delegieren.

So könnte es sein, dass die Stute „Daylight" mit der Testperson 4 einen Schritt in dieselbe Richtung macht. Auch wenn das Pferd Berührungen duldet, hat die Person bereits das Vertrauen gefunden.

Wenn nun diese Person im Alltag die gleiche erwartungs- und vertrauensvolle Spannung gegenüber den Mitarbeitern aufbauen kann, ist der erste Schritt getan, um eine Zusammenarbeit auf ehrlicher Basis zu schaffen.

Mitarbeiter positiv führen

Mit Hilfe dieses kleinen Tests, der übrigens weder Pferd noch Testperson geschadet hat, wird – manchmal auch erschreckender Weise – die ehrliche Reaktion auf ein Führungsverhalten deutlich.

Pferde sind nicht in der Lage, ihre Reaktionen auf bestimmte Reize zu unterbinden. Sie handeln nach ihrem Herden- bzw. Überlebensinstinkt, der immer lauten wird: Wenn Du mir zeigst, dass ich Dir vertauen kann, werde ich bleiben, mich unterordnen und Dir überall hin folgen

Der passende Leitsatz ehrlicher Mitarbeiter ist schlussfolgernd:

> ❗ Wenn Du mit Deinem Führungsverhalten Vertrauen gibst, werde ich gerne bleiben, mich in das Team integrieren und gemeinsam mit Dir an der Zielerfüllung arbeiten.

Ich als Chef muss also genau diese Reaktion bei meinen Mitarbeitern hervorrufen und kann dann sagen: „Ja, ich habe ehrliche Mitarbeiter, ich habe ein ehrliches Team und mein Führungsverhalten kommt an!"

Literatur

1. Thill K-L (2002) Professionelles Praxismanagement. Von der Arztpraxis zum Dienstleistungsunternehmen in 21 Schritten, Köln

2. Nüllen, H, Noppeney, T (2003) Lehrbuch Qualitätsmanagement in der Arztpraxis, Köln

3. Ärztliches Zentrum für Qualität in der Medizin (Hrsg.) (2003) Compendium Q-M-A., Köln

4. Pohl, E (2001) Karrierebaustein Arbeitszeugnis

5. Das Arbeitszeugnis in Recht und Praxis (2003), Freiburg

6. Mauritz, A (2003) Arbeitszeugnisse formulieren und beurteilen, München

7. Wetzling, F (2003) Arbeitszeugnisse, Neuwied

8. Backer, A (2002) Arbeitszeugnisse, Freiburg

9. Bachmann, W (2001) Wie geht denn das? Paderborn

10. Mentzel, W (2002) Mitarbeitergespräche

11. Neher, H, Kolb, M (2003) Mitarbeiter als Erfolgsfaktor - Innovatives Personalmanagement in der Praxis

12. Gaugler, E, Weber, W, Oechsler, W (Hg.) (2003) Handwörterbuch des Personalwesens (HWP) Stuttgart

13. Deutsches Ärzteblatt Ausgabe KW 22 2003, Modernes Praxismanagement: Der Patient wird zum Kunden. (Autor Red. Dr. Böhm)

14. Letter, M (2003) Die Verkaufspille, 7 Vitamine zum Verkaufserfolg, Mannheim

15. Freudenthaler, I (2002) Der zufriedene Patient, Berlin Heidelberg

16. Machens, R (2001) Ganzheitliches Praxismanagement, Stuttgart

17. Kramer, E, et al. (2003) praxisCoach Prophylaxe, Hannover

18. Carnegie, D (2000) Sorge dich nicht - lebe! Bern München Wien

19. Bach, R (1996) Die Möwe Jonathan, Berlin Frankfurt am Main

20. Kiwus, D (2003) Mehr Verkaufserfolg durch Selbstcoaching, Wiesbaden

21. Wetter, R (2000) Der richtige Arbeitsvertrag, München

22. Nickenig, G (2002) Kommunikation in Netzwerken, Köln

23. Eibl, H (2002) DEÜV-Praxis für Arbeitgeber

24. Asgodom, S (2003) Eigenlob stimmt, München

25. Seßler, H (2002) Der Beziehungsmanager, Mannheim

26. Baumer, T (2002) Handbuch interkultureller Kompetenz, Zürich

27. Donnert, R (2003) Soziale Kompetenz, Würzburg

28. Marx, S (2003) Kommunikation im Arbeitsteam, Frankfurt/Main

29. Roberts, M (2000) Das Wissen der Pferde, Bergisch Gladbach

30. Argyle, M (2002) Körpersprache und Kommunikation, Paderborn

31. Enkelmann, N B (2001) Die Sprache des Erfolgs. Rhetorik und Persönlichkeit - So stärken Sie Ihr Ich, Wiesbaden

32. Langguth, V (2001) Körpersprache, Augsburg

33. Rehm, U (2003) Stumme Sprache der Bilder, München Berlin

Internet

www.active-boks.de

www.arbeitsvertrag.de

www.campus.de

www.dtv.de

www.econ-verlag.de

www.fossilverlag.de

www.gabler.de

www.haufe.de

www.human-factor-training.de

www.jehle-rehm.de

www.junfermann.de

www.lexika.de

www.maintenanceworld.com

www.ofv.ch

www.q-m-a.de

www.praxisverlag.de

www.sorrel.de

www.schaeffer-poeschel.de

www.schattauer.de

www.weka-handel.de

www.falken.de hier finden Sie Informationen zu den Titeln Arbeitszeugnisse (1444), Arbeitszeugnisse schreiben (1895), Zeugnisse im Beruf (60069), Zeugnisse im Beruf richtig schreiben und deuten (60408)

3 Kalkulation vor Investition

O. Frielingsdorf

Einleitung

Es ist wenig erstaunlich und bezeichnend, dass neben der heiß geführten Diskussion über die medizinische Sinnhaftigkeit von Individuellen Gesundheitsleistungen (IGeL) auch noch eine zweite Diskussion über die Zulässigkeit wirtschaftlicher Betrachtungen des Themas IGeL eröffnet wird. Dabei ist es eigentlich schon schlimm genug: Rund drei Jahre nach der ersten IGeL-Liste der KBV lagen bis zum Jahr 2001 noch immer keine grundlegenden Daten zu den wirtschaftlichen Auswirkungen von IGeL in der Praxis vor.

Gemäß einer Studie von PVS und Ärzte Zeitung aus dem Sommer 2003, an der rund 900 niedergelassene Ärzte verschiedener Fachrichtungen teilnahmen, wissen 41 % der befragten Ärzte nicht, ob die von ihnen angebotenen IGeL wirtschaftlich sind. Immerhin knapp 35 % der Ärzte schätzen den Effekt nur ab. Nur ein Viertel der Praxisinhaber, die an dieser Befragung teilnahmen, wissen nach eigenen Angaben sehr genau über die Wirtschaftlichkeit der in der Praxis erbrachten IGeL Bescheid (❯ *Abb. 3–1*).

◼ Abb. 3–1

Die Wirtschaftlichkeit von IGeL in ihrer Praxis

kennen 25,1 % der Ärzte sehr genau;

können 34,7 % noch gut abschätzen;

kennen 41,4 % der Ärzte nicht so genau.

Wirtschaftlichkeit von IGeL in der Praxis (Quelle: PVS/Ärztezeitung)

Wirtschaftlichkeit in der Arztpraxis

Erst die gänzliche Missachtung wirtschaftlicher Grundregeln, auch heute noch vereinzelt als hehre Tugend gelobt, führt den Arzt in gefährliche Gefilde. Zitat aus einem ärztlichen Diskussionsforum im Internet: „Der Vertragsarzt hat heute nur die Wahl zwischen Staatsanwalt und Bankrott." Die mangelhafte Kalkulation der ärztlichen Leistung (Grundprinzip des EBM?) bereitet den Boden, auf dem ärztlicher Vertrauensmissbrauch genüber dem Patienten überhaupt erst gedeihen kann.

Grundsätzlich ist vor jeder Investitionsentscheidung eine überschlägige Berechnung Pflicht, ob und wann sich das Gerät amortisiert. Meist wird eine durchschnittliche Lebensdauer von z. B. fünf Jahren angenommen. Mit dieser Angabe wird dann errechnet, wieviele Untersuchungen oder Behandlungen pro Jahr mit diesem Gerät durchgeführt werden müssen, damit neben den anfallenden Material-, Energie-, Raum- und Personalkosten der Anschaffungspreis wieder eingespielt wird.

Ergibt sich beispielsweise, dass ein Gerät zur Sauerstofftherapie pro Quartal mindestens sechsmal zum bezahlten Einsatz kommen muss, kann der Praxisinhaber leicht abschätzen, ob in seiner Patientenschaft die entsprechende Nachfrage besteht. Ist dies nicht der Fall, sollte die Anschaffung des Gerätes unterbleiben oder gemeinsam mit einem Kollegen angeschafft werden, um die benötigte Auslastung sicher zu stellen. Wohlgemerkt: Beim Erreichen des so errechneten break-even-Punktes hat der Arzt noch keinen Cent selber verdient, sondern nur seine Investition zurückerhalten.

Investitions-Berechnungen

Leider unterbleibt selbst die so einfache Investitions-Berechnung vor der Anschaffung und auch der Steuerberater macht sich, gerade bei „kleineren" Anschaffungen unter der € 10.000 Grenze, in den seltensten Fällen diese Mühe. Viel zu häufig verlassen sich Praxisinhaber auf ihr Gefühl, Berichte von Kollegen oder Zusicherungen von Herstellern.

Erfolgt die Investition ohne die vorherige Prüfung und lässt sich der Anschaffungspreis danach in der eigenen Praxis nicht einspielen, stellt sich für den Praxisinhaber die unangenehme Frage „Ethik" oder „Monethik". Das ärztliche Berufsethos droht so, unter den Primat wirtschaftlicher Zwänge zu geraten – eine Gewissensfrage, in die ein Arzt nicht kommen darf. Es gehört wenig dazu, sie von vornherein zu vermeiden.

Mittlerweile wurde diese Lücke geschlossen. Grundlegende wirtschaftliche Angaben zu allen gelisteten IGeL liegen vor, die wichtigsten Ergebnisse stehen kostenfrei und für jeden zugänglich in der Presse oder im Internet. Damit lässt sich vor Aufnahme einer medizinisch sinnvollen Leistung in das eigene Praxisangebot z. B. die angemessene Höhe von Helferinnen-Boni errechnen oder die Anzahl von Behandlungen pro Jahr, die erforderlich ist, damit das benötigte Gerät bezahlt werden kann.

Bei der Untersuchung der verschiedenen IGeL zeigte sich, dass es viele hochrentable Leistungen, aber auch viele wenig bis unrentable Leistungen gibt. Natürlich kann auch das Angebot einer wenig rentablen IGeL

Sinn machen, wenn damit bestimmte Patientenwünsche bedient werden. Es handelt sich dann um eine Service-Leistung mit möglicherweise strategischem Nutzen. Die Entscheidung, eine solche Leistung in das eigene Praxis-Angebot aufzunehmen, kann der Praxisinhaber jedoch nur dann bewusst treffen, wenn er über die wirtschaftlichen Rahmenbedingungen informiert ist.

Rentabilität von IGeL

Betrachtung der Rentabilität – muss das den wirklich sein? Die Antwort lautet: Ja. Denn eine der Voraussetzungen für Arbeitszufriedenheit und medizinische Qualität ist die wirtschaftlich solide Basis in der Praxis – leider heute keine Selbstverständlichkeit mehr. Um so wichtiger (und keineswegs ehrenrührig) ist es heute, die eigene Praxis auch ab und zu einmal nach wirtschaftlichen Gesichtspunkten zu durchleuchten.

Mehrere ärztliche Berufsverbände integrieren heute wirtschaftliche Daten ganz selbstverständlich in die eigenen IGeL-Konzepte. Dies natürlich erst an zweiter Stelle nach der medizinischen Bewertung. Ein Prinzip, dessen Beachtung den zweifellos möglichen Missbrauch einer Rentabilitäts-Betrachtung von IGeL unterbindet.

Ethik und Wirtschaftlichkeit

Wer jedoch einen medizinischen Bedarf in der eigenen Praxis erkennt und diesem nachkommt, ohne vorher ein paar Gedanken an die Refinanzierung zu verschwenden, kommt zwangsläufig an den Punkt, an dem er sich zwischen Geld und Ethik entscheiden muss. Da ist es allemal besser, rechtzeitig zu rechnen und sich bereits vor einer Investition für beides zu entscheiden: Nämlich für die ärztliche Ethik und für eine ausreichende Entlohnung.

Wie sollten Sie nun vorgehen, bevor Sie in ein neues Gerät investieren, bevor Sie Geld für Werbung ausgeben oder eine Spezialsprechstunde einrichten? Die folgenden Kapitel zeigen Ihnen schrittweise den Weg.

Trend zur Professionallsierung

In allen Bereichen des deutschen Gesundheitswesens ist seit einigen Jahren ein Trend zu mehr Professionalität zu verzeichnen. Durch mehr Wettbewerb, Erweiterung der Werbemöglichkeiten, durch Qualitätssicherung und durch die Öffnung der Praxis für Leistungen außerhalb der GKV gleicht sich das deutsche Gesundheitswesen Schritt um Schritt anderen Branchen an. Dies muss man nicht gutheißen. Wer jedoch diesen Wandel überleben will, muss zwangsläufig einige grundlegende Regeln beachten. Eine dieser Regeln besagt: Unwirtschaftliche Praxen verschwinden vom Markt.

Unwirtschaftliche Praxen verschwinden vom Markt

Dies zeigt sich zum Beispiel an dem Verhalten der Banken. Wenn Sie einen Kredit bei Ihrer Hausbank haben oder wenn Sie für eine Praxiserweiterung Investitionen planen, müssen Sie sich als Praxisinhaber bereits heute mit den neuen Bedingungen der Kreditfinanzierung, genannt Basel II, befassen. Auch, um bei der späteren Praxisveräußerung einen stabilen Praxiswert realisieren zu können, sind jetzt gezielte Maßnahmen erforderlich.

Was ist Basel II?

Kriterien der Banken zur Kreditvergabe

Am 31.05.2001 hat der Baseler Ausschuss für Bankenaufsicht einen Beschluss verabschiedet, der als „Basel II" bezeichnet wird. Demnach muss die Bank ab 2005 vor einer Kreditvergabe eine individuelle Risikoeinstufung des Kreditnehmers vornehmen – das sogenannte Rating.

Das Ergebnis der Ratingbewertung hat zunächst Folgen für die Bank. Je nach Risikoeinstufung muss die Bank eine bestimmte Quote des Kreditvolumens als Sicherheit bereithalten, damit es bei Zahlungsunfähigkeit des Kreditnehmers nicht zu einer wirtschaftlichen Schieflage der Bank kommt. Diese Regelung verfolgt u. a. das Ziel, die Sicherheit und Solidität des Finanzwesens zu fördern – sicherlich auch unter dem Eindruck der Erfahrungen aus Japan, wo das Bankensystem seit Jahren mit dem Zusammenbruch kämpft.

Aus dem Ratingprozess ergibt sich die Höhe dieser Sicherheit, die die Bank für den benötigten Kredit hinterlegen muss (die sogenannte Eigenkapitalunterlegung der Bank). Bisher waren dies einheitlich 8 % der Kreditsumme. Zukünftig kann diese Quote zwischen 1,6 % und 12 % schwanken. Bei einem Kredit von beispielsweise € 100.000 also ein Unterschied von immerhin € 10.400.

Für die Banken verteuern sich also die Kosten für Kredite immer dann, wenn die individuelle Risikoeinstufung eines Kreditnehmers ungünstig ausfällt. Diese erhöhten Finanzierungskosten gibt die Bank an den Kreditnehmer mit schlechter Ratingnote weiter.

Um kleinere und mittlere Kreditnehmer aller Branchen (zu denen auch Ärzte zählen) zu unterstützen, wurde mittlerweile beschlossen, dass die Banken für Kredite bis zu € 1 Mio. geringere Sicherheiten hinterlegen müssen. Diese Ausnahmeregelung bedeutet aber nicht, dass ein internes Rating unterbleiben kann.

Was sind die Folgen von Basel II für Ärzte?

Teurere Kredite bei schlechtem Rating

Wer über das Jahr 2004 hinausschaut, stellt fest, dass Kredite dann teurer werden, wenn das eigene Rating schlecht ausfällt. Auch Überziehungen vereinbarter Kreditlinien, etwa wenn die Steuervorauszahlung ansteht und die Abschlagszahlung der KV noch nicht eingetroffen ist, werden dann künftig kaum noch oder nur zu beachtlichen Konditionen geduldet werden. Umgekehrt werden Kredite günstiger, wenn das eigene Rating gut ausfällt.

Dies ist auch im Rahmen einer Praxisveräußerung oder der Aufnahme eines Praxispartners von großer Bedeutung. Denn auch in dieser Situation muss in der Regel durch den Übernehmer der Praxis oder den beitretenden Partner ein Kredit aufgenommen werden.

Basel II bestraft künftig unklare Verhältnisse in der Praxis, unternehmerischen Blindflug und unsystematisches Handeln – hingegen werden Transparenz und Information belohnt. Grundsätzlich werden also erfolgreiche Praxen von den neuen Regeln der Kreditvergabe profitieren, während weniger erfolgreiche Praxen zu den Verlieren gehören werden.

Es gilt also, frühzeitig dafür zu sorgen, dass das eigene Rating möglichst gut ausfällt. Denn hiervon hängen nicht nur die künftigen Konditionen bei Ihrer Bank ab, sondern auch die Frage, ob die von Ihnen benötigten Darlehen und Kreditlinien überhaupt bewilligt werden.

Ein Rating prognostiziert die Wahrscheinlichkeit, mit der eine Arztpraxis ihren Zahlungsverpflichtungen zukünftig pünktlich und vollständig nachkommen wird. Als Ergebnis wird eine Einstufung z. B. zwischen den Schulnoten 1 und 6 vorgenommen. Diese Noten wurden an die Rating-Klassifizierung der international führenden Rating-Agenturen (wie Standard & Poor's oder Moody's) angelehnt. *Wie funktioniert das Rating?*

Natürlich wurde die bankinterne Beurteilung des Kreditnehmers nicht erst jetzt durch Basel II erfunden. Banken bewerten schon seit Jahren ihre Kreditnehmer, um ihre Risiken zu begrenzen. Entsprechend § 18, Kreditwesen-Gesetz (KWG) erfolgt diese Bewertung der wirtschaftlichen Verhältnisse des Kreditnehmers bisher jedoch hauptsächlich auf der Basis des vorzulegenden Jahresabschlusses.

Im Zuge des zukünftigen Ratings nach Basel II werden eine Vielzahl weiterer Faktoren berücksichtigt, und zwar sowohl weiche, als auch harte Faktoren. Folgende 5 **Kategorien** sind dabei zu unterscheiden: *Weiche und harte Faktoren beim Rating*

- Persönlichkeitsprofil und Management-Qualifikation des Praxisinhabers
- Branchenaussichten im Gesundheitswesen
- Kundenbeziehung zwischen Arzt und Bank
- Wirtschaftliche Verhältnisse des Praxisinhabers!
- Weitere wirtschaftliche Entwicklung der Praxis!

Zu den **harten Faktoren,** die insbesondere das Finanzrisiko z. B. anhand Ihrer Jahresabschlüsse bewerten, zählen beispielsweise:

- Ihr Vermögensrückhalt
- Ihr Liquiditäts-Überschuss!
- Ihre Kapitaldienstfähigkeit oder bei manchen Banken auch
- der Praxiswert.

Zu den **weichen Faktoren,** die insbesondere das Geschäftsrisiko beurteilen und von Ihrem Bankbetreuer u. a. aus den Eindrücken des persönlichen Gesprächs ermittelt werden, zählen zum Beispiel:

- Ihre betriebswirtschaftliche Qualifikation
- Ihre Führungsfähigkeit
- Ihr Informationsverhalten gegenüber der Bank und
- die Aussagekraft Ihrer Praxis- und Finanz-Planung.

Bei einem Bonitätsrating werden die harten Faktoren mit 40 % und die weichen Faktoren mit 60 % berücksichtigt.

So werden sich beispielsweise viele Praxisinhaber bezüglich der zeitnahen Vorlage der Jahresabschlüsse umstellen müssen. Jahresabschlüsse aus dem Jahr 2002, die im März 2004 erstellt bzw. vorgelegt werden, eignen sich höchstens für die Statistik, nicht jedoch für ein zielorientiertes Bankgespräch

Wie können Sie Ihr Rating optimieren?

Wenn es Ihnen nicht gelingt, an Ihre Bank die Botschaft zu vermitteln, dass Sie das Ihnen zur Verfügung gestellte Kapital verantwortungsbewusst und sinnvoll verwalten, wird sich die Bank Ihnen gegenüber sehr restriktiv verhalten.

Nicht alle Bewertungsfaktoren, die in ein Rating nach Basel II einfließen, können Sie positiv beeinflussen. Zu den kaum beeinflussbaren Faktoren zählen z. B. die Beurteilung der Branchenentwicklung im Gesundheitswesen, die Beurteilung Ihres Standortes oder der Konkurrenzintensität.

Gute Aufbereitung der Jahresabschlüsse

Andere Faktoren können und sollten Sie bereits heute pflegen. Bei einem Rating werden Zahlen der letzten 3 Geschäftsjahre zugrunde gelegt. Es ist also wichtig, rechtzeitig darauf zu achten, dass Ihre Jahresabschlüsse gut aufbereitet und plausibel sind. Auch persönliche Qualifikationen z. B. im betriebswirtschaftlichen Bereich können neben dem Praxisbetrieb nicht innerhalb weniger Wochen solide aufgebaut werden.

Zum Trost: Alle Aktivitäten, die zu einem besseren Rating führen, haben auch unmittelbare Vorteile für Ihre Praxis. Denn das Rating ist so ausgerichtet, dass es die für den wirtschaftlichen Erfolg einer Praxis wichtigen Faktoren prüft. Der Ratingprozess wird also eine Reihe von Schwachstellen zum Vorschein bringen, an deren Behebung in erster Linie Sie selber als Praxisinhaber ein Interesse haben sollten. Ein gutes Ratingergebnis bestätigt, dass Ihre Praxis beste Voraussetzungen für dauerhaften Erfolg hat. Indem Sie an Ihrem Rating arbeiten, arbeiten Sie also automatisch an Ihrem persönlichen Praxiserfolg.

Umgekehrt: Wenn Sie aus Ihrer Praxis heraus die nachhaltige Tilgungs-Fähigkeit für einen Kredit nicht erbringen können, hilft es langfristig weder Ihnen noch Ihrer Bank, wenn irgendwann Ihre Sicherheiten (z. B. Ihr Haus) verwertet werden.

Fazit

Als Folge von Basel II muss jeder Arzt, der einen Kredit beantragt, der Bank im Detail erläutern, welche wirtschaftlichen Aussichten seine Praxis hat. Dies erfordert eine wesentlich intensivere Beschäftigung mit den eigenen Zahlen und Planungen, aber auch die Weiterentwicklung der persönlichen betriebswirtschaftlichen Qualifikation. Ein Test-Rating kann zudem wertvolle Aufschlüsse darüber liefern, in welchen Praxisbereichen Nachholbedarf besteht.

Chancen nutzen – Risiken kontrollieren

Betrachtet man die großen Themen des letzten Jahres, so wird ein übergeordneter Trend deutlich. Das bereits jahrelang sorgsam gepflegte Wort vom „Arzt als Unternehmer" nimmt konkrete Gestalt an. Forderungen nach Qualitätsmanagement, Zertifizierung und Banken-Rating auf der einen Seite – ewiger Kostendruck und eine zunehmende Öffnung des Gesundheitswesens für marktwirtschaftliche Aspekte auf der anderen Seite machen eines ganz deutlich:

Der einzelne Arzt muss heute – vielmehr als früher – sich bietende Chancen nutzen und Risiken kontrollieren. Beides kann jedoch mit dem bisher üblichen Management-Stil kaum ausreichend gelingen.

Aber: Der niedergelassene Mediziner ist nicht am Ende seiner Möglichkeiten, sondern erst am Anfang. Nicht Krisenbewältigung, sondern Chancenmanagement ist gefragt. Praxis-Erfolg hängt dabei weniger von der Intelligenz, den medizinischen Kenntnissen oder den finanziellen Mitteln ab, sondern ganz entscheidend von der Art, wie Kräfte und Mittel eingesetzt werden.

Praxistipp

oder: Die 10 Gebote

- Beschäftigen Sie sich mit Ihrer Praxisstrategie.
- Erstellen Sie regelmäßig (jährlich) eine Finanz- und Praxisplanung.
- Kontrollieren Sie regelmäßig Ihre Praxisentwicklung im Vergleich zu Ihrer Planung, z. B. anhand von Kennzahlen.
- Achten Sie auf eine zeitnahe Buchführung und ein funktionierendes Mahnwesen.
- Achten Sie bereits ab 2002 auf plausible und gut aufbereitete Jahresabschlüsse (am besten nach dem Spezialkontenrahmen SKR 81 speziell für Arztpraxen), denn in das Rating fließen die Zahlen der letzten 3 bis 5 Jahre ein.
- Sorgen Sie für aktuellen und vollständigen Informationsfluss an Ihren Bankbetreuer.
- Bereiten Sie sich intensiv auf ein Bankgespräch vor.
- Arbeiten Sie an einer klaren organisatorischen Praxis-Struktur.
- Streben Sie Kooperationen mit Kollegen an.
- Verbessern Sie Ihre persönliche betriebswirtschaftliche Qualifikation.

Methodik der Rentabilitäts-Berechnung

In diesem Kapitel werden zunächst die verschiedenen Methoden der Rentabilitätsberechnung vorgestellt. Nachfolgend werden die einzelnen Kostenpositionen erläutert, bevor abschließend einige ausgewählte Ergebnisse aus vorhandenen IGeL-Rentabilitätsberechnungen vorgestellt werden.

Betriebswirtschaftliche Grundbegriffe

Vollkostenrechnung und Teilkostenrechnung

Die Betriebwirtschaftslehre unterscheidet grundsätzlich zwischen zwei verschiedenen Arten der Rentabilitätsberechnung: Der Vollkostenrechnung und der Teilkostenrechnung. Das Verständnis für den grundlegenden Unterschied zwischen diesen beiden Methoden der Kostenrechnung ist sehr wichtig, daher machen wir nachfolgend einen kleinen Ausflug in die Betriebswirtschaft.

Kosten sind nicht gleich Kosten. Es gibt unvermeidbare Kosten, die auch dann anfallen, wenn die Praxis wegen Urlaub oder Fortbildung geschlossen ist. Man spricht in diesem Fall von **Fixkosten**. In diese Kategorie fallen zum Beispiel die Raumkosten, Gehälter Ihrer Helferinnen oder Zinsen, Abschreibungen für Investitionen oder Leasingraten.

Nicht in die Kategorie Fixkosten fallen hingegen evtl. Überstunden-Vergütungen für Ihre Helferinnen. Diese sind abhängig von der erbrachten Leistungsmenge und fallen nur dann an, wenn auch gearbeitet wird. Auch Materialkosten wie Strom und Praxisbedarf sind abhängig von der Leistungsmenge, die Sie in Ihrer Praxis bewältigen (also zum Beispiel der Fallzahl). Bei dieser zweiten Kategorie von Kosten spricht man daher von **variablen Kosten.**

Der Teilkostenrechnung liegt die Annahme zugrunde, dass die Fixkosten unvermeidbar sind und sogar bei Fallzahlrückgang oder Praxisurlaub anfallen. Einer IGeL wird daher bei dieser Kostenrechnungsart nur ein Teil der Kosten zugerechnet, und zwar die variablen Kosten. Bringt eine IGeL mehr ein als die durch sie verursachten variablen Kosten, so trägt sie damit zur Deckung der Fixkosten bei und ist in einer Praxis als rentabel zu betrachten.

Beispiel

Teilkostenrechnung

Überschuss pro Leistung = Honorar – variable Kosten

Bei der Vollkostenrechnung werden demgegenüber einer IGeL alle Kosten verursachungsgerecht zugerechnet. „Alle Kosten" bedeutet dabei: Fixkosten und variable Kosten.

Vollkostenrechnung

Überschuss pro Leistung = Honorar – variable Kosten – Anteil an den Fixkosten.

Hiermit ist auch schon dargelegt, dass für die Rentabilitätsbetrachtung in einer laufenden und mit allen Geräten ausgestatteten Praxis, die Ihr Angebot um einzelne IGeL ergänzen möchte, sinnvollerweise die Teilkostenrechnung anzuwenden ist.

Bei der Prüfung einer Geräte-Investition oder bei einer Neugründung im IGeL-Bereich (also bei einer reinen Selbstzahler-Praxis oder bei einem Selbstzahlerzentrum) ist hingegen die Vollkostenrechnung anzuwenden, um zu betriebswirtschaftlich sauberen Ergebnissen zu gelangen.

Die große Schwierigkeit besteht bei der Vollkostenrechnung stets darin, die Anzahl der IGeL zu schätzen, die zukünftig erbracht werden kann. Es macht verständlicherweise einen großen Unterschied für den Ausgang einer Rentabilitäts-Rechnung, ob die Fixkosten (Raumkosten, Zinsen und Abschreibungen für Investitionen, Leasingraten) auf 10 Leistungen pro Monat oder auf 100 Leistungen pro Monat verteilt werden müssen. Auch dies unterstreicht wieder die Wichtigkeit einer sorgfältigen Praxisanalyse vor jeder Investitionsentscheidung.

Abrechnungsmöglichkeiten im IGeL-Bereich

Häufig herrscht Unsicherheit über die Abrechnungsmöglichkeiten im IGeL-Bereich. Dabei gibt es heute zahlreiche Quellen, die hierzu Hinweise geben. Zu nennen sind hier neben dem Nachschlagewerk, das Sie in der Hand halten, zum Beispiel die PVS-Empfehlungen, die MEGO von Dr. Krimmel und der Medwell AG oder die Empfehlungen von Berufsverbänden (❯ *Abb. 3–2*).

◼ Abb. 3–2

Die Preise für Individuelle Gesundheitsleistungen …

setzen 83,2 % der Ärzte GOÄ-konform selbst fest;

orientieren 16,2 % an PVS-Empfehlungen;

orientieren 8,5 % an der MEGO;

setzen 8,8 % mit sonstigen Quellen fest.

Preise für IGeL (Quelle: PVS/Ärztezeitung)

Meistens werden in diesen Werken die empfohlenen GOÄ-Ziffern und Analogziffern für eine IGeL genannt. Im Ermessen des Arztes bleibt in der Regel der Steigerungssatz, mit dem er die jeweilige Ziffer abrechnet.

Zu den entscheidenden Parametern einer Rentabilitätsberechnung gehört die Preisbildung. Trotz aller Empfehlungen lässt hier die GOÄ jedoch – ganz anders als der EBM – eine enorme Variationsbreite zu. Dies gilt sowohl im Hinblick auf die Auswahl der GOÄ-Ziffern als auch bezüglich der Höhe des Steigerungsfaktors. So kann man eine reisemedizinische Beratung nach GOÄ für 5, aber auch für 30 Euro anbieten. Entscheidend ist letztlich nicht die GOÄ, sondern die Durchsetzbarkeit der nach der GOÄ jeweils gebildeten Preise bei den potenziellen IGeL-Kunden.

Zahlungsverkehr bei Selbstzahlerleistungen

Zahlungsmodalitäten | Auswirkungen auf die Rentabilität der IGeL-Praxis haben auch die gewählten Zahlungsmodalitäten. Gemäß einer Studie der PVS und der Ärzte Zeitung im Sommer 2003, an der sich über 900 niedergelassene Ärzte beteiligten, erwarten 69 % aller befragten Ärzte bei einer Rechnungssumme bis € 75,00 eine sofortige Begleichung in der Praxis (❯ *Abb. 3–3*).

◻ **Abb. 3–3**

Bis zu einer durchschnittlichen Rechnungssumme in Höhe von 75,00 EUR erwarten …

69,0 % der Praxen, dass die Patienten IGeL sofort begleichen.

In 31,0 % der Praxen wird eine Sofortbezahlung nie erwartet.

Durchschnittliche Rechnungssumme (Quelle: PVS/Ärztezeitung)

Wird hingegen auch bei niedrigen Honorarbeträgen dem Patienten eine Begleichung per Rechnung angeboten, erhöht sich der Verwaltungsaufwand durch Rechnungsstellung, Nachhalten des Geldeingangs und ggf. Mahnungen erheblich. Hinzu kommt u. U. eine Zinsbelastung, wenn der Geldeingang durch den Arzt durch einen teuren Kontokorrent-Kredit vorfinanziert werden muss.

Bei Leistungen mit niedrigem Honorarvolumen und geringer Marge kann dies entscheiden dafür sein, dass die Leistung insgesamt unrentabel wird.

Aus der gleichen Studie (PVS/Ärzte Zeitung) geht hervor, dass gut 47 % aller Patienten Ihre Rechnung direkt in der Praxis begleichen. Bei weitem nicht alle Patienten lassen sich dafür eine Quittung oder eine Rechnung geben (❯ *Abb. 3–4*).

◼ **Abb. 3–4**

Der prozentuale Anteil an Patienten, die IGeL sofort in der Praxis begleichen, beträgt …

47,1 % in den teilnehmenden Praxen.

Dabei erhalten Patienten in …

56,7 % der Praxen eine Quittung;

69,2 % der Praxen eine Rechnung.

Sofortbezahlung in der Praxis (Quelle: PVS/Ärztezeitung)

Kosten

Um die Rentabilität einer IGeL in der eigenen Praxis zu ermitteln, muss neben den zu erwartenden Einnahmen insbesondere auch bekannt sein, mit welchen Kosten pro Leistung zu rechnen ist.

Je nach gewählter Kostenrechnungsart (Vollkostenrechnung oder Teilkostenrechnung) müssen nur die variablen oder alle Kosten (also variable und fixe Kosten) für die zu berechnende IGeL ermittelt werden. ❯ *Tabelle 3–1* zeigt, welche Kostenpositionen zu berücksichtigen sind.

◼ **Tabelle 3–1**
Variable und fixe Kosten

Variable Kosten	Fixe Kosten
Personalkosten (Überstunden und Prämien)	Personalkosten (Grundgehälter)
Materialkosten	Raumkosten
	Investitionskosten (Zinsen, Abschreibungen oder Leasing)

Personal

Für die meisten IGeL ist der Einsatz von Helferinnen notwendig. Dies kann zum Beispiel im Rahmen der Vorbereitung einer ärztlichen Leistung der Fall sein. Bei delegierbaren Leistungen wird die Helferin sogar bei der Ausführung der Leistung aktiv. Jeweils sind einige Minuten (bis zu einer Stunde) Arbeitszeit zu investieren, die mit Kosten verbunden sind.

Über den Monatslohn einer Helferin können Sie leicht ausrechnen, was Sie eine Minute Arbeitszeit Ihrer Helferinnen kostet. Vergessen Sie dabei auch die zu zahlenden Sozialabgaben nicht. Das folgende Beispiel zeigt die Kalkulation der Personalkosten pro Stunde anhand der Grundgehälter.

Beispiel

Personalkosten

Gerätebedienung, Verwaltung, Untersuchung

Angenommenes Monatsgehalt brutto	€ 1.200
+ Sozialabgaben 20 %	€ 240
Summe (monatlicher Aufwand)	**€ 1.440**
Kosten pro Stunde	**€ 9,82**
(inkl. Urlaub, Feiertage, Krankheit und ?Prämie)	

Diese Kostenposition gehört zu den Fixkosten, denn die Grundgehälter des Personals fallen immer an, unabhängig von Fallzahl und Öffnungszeit (solange sie im tariflichen Rahmen liegt).

Für den Erfolg der IGeL-Praxis ist die Motivation der Helferinnen bedeutend. Ein leistungsbezogenes Gehaltssystem hat sich als erfolgsfördernd erwiesen. Allerdings nutzen diese Möglichkeit zur Motivation durch Prämien erst rund 37 % aller Ärzte, wie die ❯ *Abbildung 3–5* verdeutlicht.

Prämienorientiertes Gehaltssystem der Mitarbeiterinnen

Wenn einzelne Helferinnen oder das gesamte Team am Erfolg im IGeL-Bereich beteiligt werden sollen, so ist die Höhe des Bonus, der pro Leistung ausgeschüttet wird, stets so zu kalkulieren, dass die Gewinn-Marge für den Praxisinhaber nicht aufgezehrt wird. Denn die zu großzügige Ausstattung des eigenen Helferinnenteams mit Bonuszahlungen für IGeL kann verhindern, dass sich eine Investition nach einigen Jahren rechnet.

Wer nach einem Blick auf die Abrechnungsmöglichkeiten der GOÄ und mit der positiven Absicht, sein Team zu motivieren, etwa ein Drittel der Abrechnung als Prämie auslobt, hat sich damit in vielen Fällen bereits jede Chance auf ein positives finanzielles Ergebnis im IGeL-Bereich verbaut. Eine Prämie ist nicht aus den Einnahmen vom Patienten, sondern aus dem verbleibenden Gewinn zu bezahlen. Vergessen werden dabei häufig die anfallenden Kosten für Material, Energie, Raum etc. und vor allem

■ Abb. 3–5

Am IGeL-Umsatz beteiligen ihr Praxispersonal …

37,4 % der teilnehmenden Ärzte;

62,6 % beteiligen ihr Personal nicht.

Beteiligung des Praxispersonals (Quelle: PVS/Ärztezeitung)

die Abschreibungen auf das Gerät, über die sich auf die gesamte Lebensdauer gesehen die Investition refinanziert.

Die Höhe der Bonus-Zahlung muss so kalkuliert sein, dass nach Abzug aller Kosten (Material, Raum, Investition etc.) und nach Abzug der Bonus-Zahlung vom eingenommenen Honorar für den Arzt immer noch ein angemessener Gewinn verbleibt.

Kalkulation der Bonus-Zahlung

Interessant ist zum Beispiel, dass der betriebswirtschaftlich angemessene Helferinnen-Bonus bei einer relativ niedrig dotierten IGeL wie der Thymus-Therapie mit € 10 pro Untersuchung deutlich höher liegt, als bei wesentlich höher dotierten Leistungen wie der Osteodensitometrie mittels DXA (Bonushöhe € 8,50) oder einer Magnetfeldtherapie (Bonushöhe € 5,60).

Kosten für Überstunden und Prämien zählen zu den variablen Kosten und müssen daher auch bei der Teilkostenrechnung mit berücksichtigt werden.

Räumlichkeiten

Für einige IGeL, vor allem für die meisten Geräte-Leistungen, werden Flächen in der Praxis benötigt. Die Bereitstellung dieser Flächen ist ein Kostenfaktor, der in die Vollkostenrechnung einer IGeL-Praxis einfließen muss.

Kostenfaktor „Fläche"

Die angemessene Höhe der Kosten ermitteln Sie einfach über den Quadratmeter-Mietpreis zzgl. der Nebenkosten.

Arztzeit

Die ärztliche Zeit kann als Kostenposition berücksichtigt werden. In diesem Fall handelt es sich um eine variable Kostenposition, denn es gibt – anders als bei angestelltem Personal – keine Grundarbeitszeit, die auch dann zu leisten und zu bezahlen ist, wenn gar nicht gearbeitet wird.

Die Arztzeit als Ergebnisgröße bewerten

Die Problematik bei der Erfassung der ärztlichen Arbeitszeit als Kostenposition besteht in der korrekten und angemessenen Bewertung dieser Position. Ist ein Stundensatz von € 100,00 angemessen, oder einer von € 200,00? Dies liegt letztlich im Ermessen des Arztes selber. Was sind Sie sich wert?

Da die Arztzeit regelmäßig zu den wertvollsten Ressourcen zählt, führt die große Freiheit bei der Bewertung dieser Ressource u. U. zu erheblich unterschiedlichen Rentabilitätsaussagen, je nach dem, wer eine Rentabilitätsberechnung durchführt.

Daher hat sich eine andere Vorgehensweise bewährt. Die Arztzeit wird nicht als Kostenposition berücksichtigt, sondern als Ergebnisgröße. So kann über den Überschuss, den eine IGeL erbringt, und die dafür aufzuwendende ärztliche Arbeitszeit ein fiktiver Stundensatz errechnet werden. Dieser Stundensatz ist ein sehr aussagekräftiges Maß für die Rentabilität einer IGeL (❯ *Tabelle 3–2*).

Beispiel

Arzt-Kosten
Arbeitszeit
　　Erstgespräch,
　　Untersuchung,
　　Befundbesprechung,
　　Therapieplan
▶ Stundensatz

◼ Tabelle 3–2
Rentabilität von IGeL

Position	Anzahl/Monat	Betrag/€
Umsatz	1 Check-up	450,00
Personalkosten	15 Minuten	2,46
Gerätekosten	Miete	85,00
Labor	ca.	100,00
Überschuss		**262,54**
Arbeitszeit	65 Minuten	
Stundenertrag		**242,34**

Es ist einleuchtend, dass eine IGeL A, die einen Überschuss von € 100,00 erbringt, zwar auf den ersten Blick attraktiver erscheint, als eine andere IGeL B, die es nur auf einen Überschuss nach allen Kosten von € 55,00 bringt. Wenn aber für IGeL A ein ärztlichen Einsatz von 30 Minuten erforderlich ist, für IGeL B nur 15 Minuten, so ergibt sich für die Leistung mit dem höheren Überschuss ein Stundensatz für den Arzt von € 200,00/h gegenüber € 220,00/h bei der Leistung mit dem geringeren Überschuss. In

diesem Fall ist die IGeL B mit dem geringeren Überschuss als die rentable-
re IGeL anzusehen (⊙ *Tabelle 3–3*).

◼ Tabelle 3–3
Ableitung des Stundensatzes aus der Abrechnung

	IGeL A	IGeL B
Abrechnung	€ 390	€ 90
(Variable) Kosten	€ 290	€ 35
Überschuss	€ 100	€ 55
Arbeitszeit Arzt	30 Minuten	15 Minuten
Resultierender Stundensatz	€ 200/h	€ 220/h

Material

An Material fallen je nach Leistungsart die Positionen
- Strom/Energie
- Wasser
- Papier
- Praxisbedarf (Kanülen, Spritzen, Präparate etc.) an.

Medikamente und Präparate, die der Patient selber bezahlt, sind als durch-
laufende Posten nicht in der Rentabilitätsrechnung der Praxis zu berücksichtigen. Ebenso Laborleistungen nach MIII/IV, die von dem Labor, nicht
aber vom Arzt zu liquidieren sind.

Investitionen

Ein benötigtes medizinisches Gerät kann (sofern nicht vorhanden) entweder finanziert und erworben oder aber geleast werden. In diesem Fall ist
vor der Investition mittels einer exakten Vollkostenrechnung zu ermitteln,
ob sich eine Investition rechnet, d. h. nach einem bestimmten Zeitraum
amortisiert. Dazu werden die Kosten für die Investition, also entweder
Leasingraten oder Zinsen und Abschreibungen auf die erwartete Anzahl
von IGeL umgelegt.

Ist die Anzahl der zu erwartenden IGeL nicht bekannt, so kann eine Entscheidung über die Sinnhaftigkeit der geplanten Investition nicht unmittelbar getroffen werden. In diesem Fall ist es hilfreich, den sogenannten
break-even-Punkt zu ermitteln. Der break-even-Punkt gibt an, wie viele
IGeL notwendig sind (z. B. pro Monat), damit sich die geplante Investition
nach einem vernünftigen Zeitraum (z. B. 5 Jahre) rechnet. Auf diese Weise
können Sie abschätzen, ob Sie eine realistische Chance haben, die Kosten
für die Investition wieder einzuspielen.

Der break-even-Punkt

> **Beispiel**
>
> **Investitionskosten**
> Gerätekosten
> Finanzierung   z. B.€ 30.000
>
> Annuitätendarlehen auf 36 Monate:
> **Summe pro Monat**   € 913,90
>
> Zum Vergleich:
> **Leasing 54 Monate**   € 762,00

◘ Tabelle 3–4

Berechnung des break-even-Punktes

Investition		30.000 €
Monatliche Leasingrate (54 Monate)		**762 €**
Überschuss pro IGeL		75 €
Anzahl Untersuchungen		Überschuss
pro Monat		pro Monat
1		75 €
5		375 €
10	break-even-Punkt	**750 €**
15		1125 €
20		1500 €
25		1875 €

Ausgewählte Ergebnisse

Vier Leistungsgruppen

Die zuvor geschilderten Zusammenhänge wurden beispielhaft dazu genutzt, für einige ausgewählte Selbstzahlerleistungen wichtige wirtschaftlichen Kennzahlen herzuleiten. Die Ergebnisse sind in den Rentabilitätstabellen im Anhang zusammengestellt. Die IGeL wurden dabei in vier Leistungsgruppen unterteilt:

- Check- und Diagnostik-Leistungen
- Geräte-Leistungen
- Reine Gesprächsleistungen
- Therapeutische Leistungen

Dabei wurde deutlich, dass diese vier Leistungsgruppen völlig unterschiedliche Eigenschaften haben, was Konsequenzen für die Planung der eigenen Praxis hat.

Die Check- und Diagnostikleistungen lassen sich (aufgrund der relativ hohen Kosten für den Patienten) tendenziell schwieriger vermarkten, dafür passen sich IGeL aus dieser Gruppe aufgrund der Nähe zum

GKV-Leistungsspektrum gut in das Leistungsangebot einer Kassenpraxis ein. Die aus rein finanzieller Sicht wenig attraktiven reinen Gesprächsleistungen sind insgesamt (über alle Bewertungsbereiche hinweg) hingegen die Nr. 1 unter allen Leistungsgruppen. Besonders ausgewogen über alle Bewertungsbereiche sind die Therapeutischen Selbstzahlerleistungen. Das andere Extrem: Die Geräte-Leistungen weisen besonders stark schwankende Bewertungen auf. Top bei Finanzen und Organisation – Flop bei Strategie und Marketing.

Zusammenfassung

Aufgrund der heute gültigen Honorar-Ausstattung von reinen Beratungsleistungen empfiehlt es sich, solche Leistungen nur im Rahmen eines Gesamtkonzeptes, also in Verbindung mit diagnostischen und therapeutischen „IGeLn" anzubieten. Die Erbringung der reinen Beratungsleistung ohne begleitende Angebote ist demgegenüber zumeist wenig rentabel.

Anders sieht es bei diagnostischen Leistungen (u. a. Checks und Vorsorgen) aus. Dieser Leistungskomplex umfasst einige der rentabelsten IGeL überhaupt und weist u. a. aufgrund der hohen Akzeptanz bei den Patienten eine besonders hohe Praxis-Verträglichkeit auf. So sind beispielsweise Vorsorgeleistungen regelmäßig weniger erklärungsbedürftig als andere IGeL. Der „IGeL"-Arzt als Diagnostiker – aus betriebswirtschaftlicher Sicht also möglicherweise ein Erfolgsmodell.

Auch bei den therapeutischen „IGeLn" gibt es einige besonders rentable Leistungen, die jedoch zur Praxisstruktur passen müssen, um erfolgreich integriert zu werden. In diesen Bereich der therapeutischen IGeL fallen einige der medizinisch umstrittensten IGeL-Vorschläge, so dass eine sorgfältige individuelle Auswahl der Leistungen unverzichtbar ist, um die eigene Praxis-Philosophie nicht zu beschädigen.

Wer es sich leisten kann und mit hoher Wahrscheinlichkeit von einer entsprechenden Nachfrage in seiner Patientenschaft ausgehen kann, sollte über die Aufnahme von Geräteleistungen in sein Leistungsspektrum nachdenken. Die Rentabilität der kostbaren Arztzeit kann durch Investitionen in medizinisch-technische Geräte deutlich erhöht werden.

Abschließend soll noch einmal darauf hingewiesen werden, dass Rentabilitäts-Berechnungen mit ihrer ausschließlich betriebswirtschaftlichen Betrachtungsweise keinesfalls als alleiniges Kriterium herangezogen werden dürfen, wenn es darum geht, Sinn und Unsinn der öffentlich diskutierten IGeL-Listen zu beurteilen. Vielmehr stehen andere Aspekte – wie zum Beispiel die medizinische Wirksamkeit oder die Vereinbarkeit mit dem bestehenden Leistungsspektrum – im Vordergrund. Erst nach Abklärung dieser und anderer Fragestellungen bezogen auf einzelne IGeL können die wirtschaftlichen Aspekte zum Tragen kommen. Diese sind dann jedoch unverzichtbar, wenn es für den niedergelassenen Arzt darum geht, für sich einen Rest an Lebensqualität zu wahren, wozu gehört, dass er für die eingesetzte Arbeitszeit (die naturgemäß begrenzt ist) eine angemessene Vergütung von seinen Patienten erhält.

Anhang: Rentabilitätstabellen

Mit den folgenden Rentabilitätstabellen erhalten Sie eine Hilfe, mit der sie den immer komplexer werdenden Selbstzahlermarkt ordnen und strukturieren können. Die Selbstzahlerleistungen wurden dazu zunächst in vier Gruppen unterteilt:

- Check- und Diagnostik-Leistungen (❯ *Tabelle 3–5*)
- Geräte-Leistungen (❯ *Tabelle 3–6*)
- Reine Gesprächsleistungen (❯ *Tabelle 3–7*)
- Therapeutische Leistungen (❯ *Tabelle 3–8*)

Die Bewertung der einzelnen Selbstzahlerleistungen erfolgt im nächsten Schritt anhand der vier wichtigen Praxis-Bereiche:

- Bewertung im Bereich Finanzen:
  Ist die SZL rentabel? Wird ein angemessener Gewinn für die ärztliche Tätigkeit erzielt?
- Bewertung im Bereich Strategie:
  Fügt sich die SZL gut in das Leistungsangebot einer Vertragsarztpraxis ein?
- Bewertung im Bereich Organisation:
  Lässt sich die SZL gut in die bestehende Praxisorganisation integrieren?
- Bewertung im Bereich Marketing:
  Lässt sich die SZL einfach vermarkten?

Je nach persönlicher Priorität können Sie so die für sich am besten geeigneten SZL auswählen. Um eine schnelle Einschätzung und einen Vergleich der verschiedenen Selbstzahlerleistungen zu ermöglichen, wurde jede IGeL in den vier Kategorien Strategie, Finanzen, Organisation und Marketing mit minimal 1 Punkt (= schwach) und maximal 3 Punkten (= hervorragend) bewertet. Die einzelnen Bewertungen wurden zu einer Gesamtpunktzahl zusammen gefasst, um eine ausgewogene Bewertung über alle vier Bereiche und damit einen Vergleich verschiedener IGeL untereinander zu ermöglichen.

Der vorliegenden Analyse liegt eine durchschnittliche Hausarztpraxis zugrunde. Sie verfügt über ein Ultraschallgerät, ein Spirometer und ein EKG-Gerät.

Ergänzend werden in den Rentabilitätstabellen die wichtigen betriebswirtschaftlichen Informationen über den zu erzielenden ärztlichen Stundenlohn, den break-even-Punkt für die Investitionsprüfung und den empfohlenen Helferinnen-Bonus ausgewiesen.

◘ Tabelle. 3–5

Rentabilitäten Check- und Diagnostik-Leistungen

IGeL Check-/Diagnostik-Leistungen	Gesamt- punktzahl	Strategie	Finanzen	Organisation	Marketing	Helferinnen- Bonus pro Leistung in €	Stundenlohn Arzt in €/Std	Break even (Häufigkeit/a)
Check-/Diagnostik-Leistungen	**2,3**	**2,9**	**2,5**	**2,3**	**1,5**			
Lungenfunktionsprüfung als Wunschleistung („Lungen-Check")	2,8	3,0	3,0	3,0	2,0	4,7	>300	1
HIV-Test auf Wunsch des Patienten	2,7	3,0	2,8	3,0	2,0	1,3	276,63	1
Untersuchung zur Früherkennung des Prostata-Karzinoms („PSA-Test")	2,7	3,0	2,8	3,0	2,0	1,3	276,63	1
Apparative Schlafprofilanalyse zur Diagnostik von Schlafstörungen	2,8	3,0	3,0	3,0	2,0	6,2	>300	4
Schlaganfall-Vorsorge („Stroke Check")	2,3	3,0	3,0	2,0	1,0	9,8	>300	9
Allergologische Diagnostik und Beratung bei Gesunden („Allergie-Check")	2,5	3,0	3,0	3,0	1,0	16,7	>300	1
Anti-Aging-Diagnostik bei Frauen über 40 Jahren (Hormon-Vorsorge-Status)	2,3	3,0	3,0	2,0	1,0	5,9	>300	1
Tauchfähigkeits-Untersuchung	2,3	3,0	3,0	2,0	1,0	13,7	>300	10
Ärztliche Berufseingangsuntersuchung oder arbeitsplatzbezogene Untersuchung	2,5	3,0	3,0	3,0	1,0	8,3	>300	1
Kleiner Gesundheits-Check außerhalb der GKV-Zeit	2,3	3,0	3,0	2,0	1,0	8,6	>300	1
Sportmedizinische Vorsorgeuntersuchung („Sport-Check")	2,3	3,0	3,0	2,0	1,0	15,2	>300	7
Anti-Aging-Diagnostik bei Männern über 45 Jahren	2,3	3,0	3,0	2,0	1,0	10,6	>300	1
Großer Gesundheits-Check beim Mann	2,0	3,0	2,8	1,0	1,0	22,6	283,16	6
Computergestützte Bestimmung des biologischen Alters	2,0	2,1	3,0	2,0	1,0	14,6	>300	1
Ärztliche Untersuchungen und Bescheinigungen außerhalb der GKV	2,5	3,0	1,9	3,0	2,0	2,9	191,82	1
Computergestützte Gesundheitsuntersuchung (bioelektrische Impedanzanalyse)	2,3	2,0	2,1	3,0	2,0	3,4	205,97	9
Hautkrebs-Vorsorgeuntersuchung, einschl. Dermatoskopie	2,2	3,0	1,6	2,0	2,0	4,8	160,87	1
Ultraschalluntersuchung zur Brustkrebs-Früherkennung	2,2	3,0	1,6	2,0	2,0	3,4	160,99	1
Hirnleistungs-Check zur Früherkennung von Hirnleistungsstörungen („Brain-Check")	2,4	3,0	1,7	3,0	2,0	2,0	166,17	1

3

■ Tabelle. 3–5 (Fortsetzung)

IGeL	Gesamt-punktzahl	Strategie	Finanzen	Organisation	Marketing	Helferinnen-Bonus pro Leistung in €	Stundenlohn Arzt in €/Std	Break even (Häufigkeit/a)
Fehlbildungsscreening im 1. Trimester	1,9	3,0	1,6	2,0	1,0	5,4	162,14	1
Urologische Komplett-Vorsorge für Männer („Uro-Check")	1,7	3,0	1,9	1,0	1,0	9,4	187,36	1
Ultraschall-Untersuchung der inneren Organe („Sono-Check")	1,9	3,0	1,4	1,0	2,0	6,7	143,69	1

■ Tabelle 3–6

Rentabilitäten Geräte-Leistungen

IGeL	Gesamt-punktzahl	Strategie	Finanzen	Organisation	Marketing	Helferinnen-Bonus pro Leistung in €	Stundenlohn Arzt in €/Std.	Break even (Häufigkeit/a)
Geräte-Leistung	**2,3**	**1,9**	**2,8**	**2,5**	**1,8**			
Osteodensitometrie mit QUS (quantitativer Ultraschall)	2,5	2,0	3,0	3,0	2,0	3,0	>300	65
Lasertherapie	2,3	1,0	3,0	3,0	2,0	3,5	>300	48
Osteodensitometrie mittels D(E)XA	2,3	3,0	3,0	2,0	1,0	8,5	>300	28
PMT-Pulsierende Magnetfeld Therapie (integriertes System)	2,3	1,0	3,0	3,0	2,0	5,6	>300	13
PMT-Pulsierende Magnetfeld Therapie (modulares System)	2,3	1,0	3,0	3,0	2,0	5,6	>300	11
PST-Pulsierende Signal Therapie	2,3	1,0	3,0	3,0	2,0	5,1	>300	62
Extracorporale Stoßwellentherapie (ESWT) (fokussiert)	2,3	3,0	3,0	2,0	1,0	19,7	>300	20
Computergestützte lichtoptische 3D-Wirbelsäulenvermessung (formetric)	1,8	2,0	3,0	1,0	1,0	20,4	>300	30
Colon-Hydro-Therapie	3,0	3,0	3,0	3,0	3,0	0,8	>300	104
Massagebehandlung auf Folienwasserbett	2,3	1,0	2,1	3,0	3,0	1,1	211,25	236
Extracorporale Stoßwellentherapie (ESWT) (radial)	2,4	3,0	1,5	3,0	2,0	3,3	154,88	78
Computergestützte lichtoptische Wirbelsäulenvermessung (opTRImetrie)	1,7	2,0	2,6	1,0	1,0	11,0	263,52	49

◘ Tabelle 3–7

Rentabilitäten Gesprächsleistungen

IGeL	Gesamt-punktzahl	Strategie	Finanzen	Organisation	Marketing	Helferinnen-Bonus pro Leistung in €	Stundenlohn Arzt in €/Std.	Break even (Häufigkeit/a)
Reine Gesprächsleistung	2,6	3,0	2,1	2,6	2,8			
Reisemedizinische Vorsorge einschl. Impfberatung und schriftl. Information	2,8	3,0	3,0	3,0	2,0	4,5	>300	1
Diät-Beratung ohne Vorliegen einer Erkrankung	2,9	3,0	2,4	3,0	3,0	2,0	240,08	1
Beratung zur Selbstmedikation im Rahmen von Prävention und Lebensführung	2,8	3,0	2,1	3,0	3,0	1,1	214,49	1
Begleitende Beratung und Betreuung bei Verordnung von Nicht-GKV-Arzneimitteln	2,6	3,0	1,2	3,0	3,0	2,0	120,65	1
Gruppenbehandlung bei Adipositas	2,2	3,0	1,6	1,0	3,0	15,2	163,22	1

◘ Tabelle 3–8

Rentabilitäten Therapeutischer Leistungen

IGeL	Gesamt-punktzahl	Strategie	Finanzen	Organisation	Marketing	Helferinnen-Bonus pro Leistung in €	Stundenlohn Arzt in €/Std	Break even (Häufigkeit/a)
Therapeutische Leistungen	2,2	2,4	2,2	2,4	2,1			
UVB-THerapie (Eumatron EN 600 NT)	2,8	3,0	3,0	3,0	2,0	2,7	>300	11
UVE-Therapie (Eumatron EN 600 NT)	3,0	3,0	3,0	3,0	3,0	0,9	>300	32
Kreislauftraining nach Schiele	3,0	3,0	3,0	3,0	3,0	0,0	>300	–
Lichttherapie	3,0	3,0	3,0	3,0	3,0	0,6	>300	21
HOT-Therapie (Eumatron EN 600 NT)	2,8	3,0	3,0	3,0	2,0	3,6	>300	8
Sauerstoff-Mehrschritt-Therapie mit ionisiertem Sauerstoff	2,3	1,0	3,0	3,0	2,0	3,8	>300	22
Akupunktur	2,8	3,0	3,0	3,0	2,0	2,4	297,13	10
Frequenzmodulierte Hochton-Therapie	2,3	1,0	3,0	3,0	2,0	4,4	>300	5

■ Tabelle 3–8 (Fortsetzung)

IGeL	Gesamt-punktzahl	Strategie	Finanzen	Organisation	Marketing	Helferinnen-Bonus pro Leistung in €	Stundenlohn Arzt in €/Std	Break even (Häufigkeit/a)
Elektronisch gesteuerte Physiotherapie zur Cellulite-Behandlung	2,0	1,0	3,0	3,0	1,0	6,7	>300	37
Behandlung mit Vitamin- und Aufbaupräparaten	2,6	3,0	2,3	3,0	2,0	4,9	230,94	1
Akupunktur min. 20 Minuten	2,3	1,0	3,0	3,0	2,0	4,4	>300	6
Thymus-Therapie	1,8	3,0	2,3	1,0	1,0	10,1	234,13	1
Raucherentwöhnung (nur Gespräch)	2,1	3,0	1,2	2,0	2,0	4,0	120,65	1
Behandlung mit knorpelschützenden Substanzen	2,5	3,0	1,0	3,0	3,0	4,7	69,20	1
Gruppenbehandlung bei Adipositas	1,7	3,0	1,6	1,0	1,0	15,1	161,97	1
Fruchtsäure-Peeling-Behandlung zur Verbesserung des Hautreliefs	1,6	3,0	1,3	1,0	1,0	7,3	132,61	1
Entspannungsverfahren als Präventionsleistung	2,0	3,0	1,0	1,0	3,0	2,0	40,21	1
Hochdosis Vitamin C Kur	1,5	2,0	1,8	1,0	1,0	9,7	184,85	1
Biofeedback-Behandlung (Atem-Feedback)	1,8	1,0	1,0	2,0	3,0	0,8	24,70	70
Biofeedback-Behandlung (Muskel-Feedback)	1,5	1,0	1,0	2,0	2,0	2,8	83,31	21

Internet

www.igel–kalkulator.de
www.igel–kongress.de

4 Rechtliche Grundlagen der Kommunikation, Erbringung und Abrechnung von IGeL

I. Pflugmacher

Einleitung

Die Vergütung vertragsärztlichen Leistungen ist seit Jahren vom Diktat der Mangelverwaltung geprägt; eine angemessene Vergütung kann mit dem derzeitigen Sozialversicherungssystem nicht sichergestellt werden. Aber auch im Bereich der privaten Krankenversicherungen ist eine zunehmend restriktive Erstattungspraxis zu erkennen.

Um so wichtiger ist der weitere Auf- und Ausbau des ärztlichen Angebotes an individuellen Gesundheitsleistungen. Selbstzahlerleistungen gewinnen zunehmend an Bedeutung und Akzeptanz; sie werden sich als „dritte Säule" im System der Gesundheitsversorgung und Prävention etablieren.

Wie so häufig liegen auch hier die rechtlichen Probleme im Detail. Jeder Arzt sollte die rechtlichen Rahmenbedingungen, Möglichkeiten und Grenzen der Erbringung individueller Gesundheitsleistungen kennen. Das ärztliche Berufs-, Vertrags- und Honorarrecht erfordert Kenntnis und Problembewusstsein, um Interventionen und Auseinandersetzungen mit Krankenkassen, Kassenärztlichen Vereinigungen, Patienten und nicht zuletzt einem falschen Konkurrenzdenken folgenden Kollegen vorzubeugen und zu begegnen.

Dieses Kapitel soll dazu beitragen, die in der Praxis häufigsten Probleme zu erkennen und zu lösen. Die Darstellung kann keine konkrete Konzeptionierung auf der Grundlage der individuellen Möglichkeiten der einzelnen Praxis ersetzen, jeder Arzt wird aber erkennen, ob er sich auf der „sicheren Seite" bewegt oder ob Korrekturen bei Angebot und Erbringung individueller Gesundheitsleistungen erforderlich sind.

Patienteninformation und Kommunikation

IGeL müssen „verkauft" werden, nur wenn der Patient das Angebot kennt, kann er über die Inanspruchnahme entscheiden. Da der Arzt Freiberufler und nicht Gewerbetreibender ist und die Gesundheit zu Recht als herausragendes Rechtsgut Verfassungsschutz genießt, ist die Information über

Aufklärungsrecht und -pflicht des Arztes und Patientenschutz

Gesundheitsleistungen vom rechtlichen Widerstreit zwischen Aufklärungsrecht und -pflicht des Arztes einerseits sowie Patientenschutz andererseits geprägt. Dies birgt erhebliche Probleme.

Der Arzt darf den Patienten – auch auf eigene Initiative hin – sachlich und unaufdringlich über Art und Sinnhaftigkeit der IGeL informieren, der freie Wille des Patienten darf jedoch nicht beeinflusst werden; dieser muss selbstbestimmt entscheiden, ob er die Leistung wählt oder nicht. Dieser Maßstab ergibt sich bereits aus der Definition individueller Gesundheitsleistung:

> IGeL sind Leistungen, die nicht zum Leistungsumfang der gesetzlichen Krankenversicherung – und teilweise nicht zum Umfang der privaten Krankenversicherung – gehören, dennoch von Patientinnen und Patienten nachgefragt werden, ärztlich empfehlenswert oder aufgrund des Patientenwunsches ärztlich vertretbar sind.

Im Hinblick auf die tägliche Behandlungspraxis kann das Spannungsverhältnis zwischen ärztlichem Informationsrecht und freier Entscheidung des Patienten mit folgenden Überlegungen gelöst werden: Der Arzt hat nicht nur erheblichen Einfluss auf die Willensentscheidung des Patienten. Untersuchungen, die der Arzt als medizinisch sinnvoll darstellt, wird der Patient in der Regel auch als für ihn selbst sinnvoll erachten, da er zu Recht vom überlegenen Fachwissen des Arztes ausgeht. Der Patient ist nicht „unmündig", der Arzt muss mit dem ihm entgegengebrachten Vertrauen jedoch verantwortungsbewusst umgehen: Dies kann durch die einfache Selbstkontrolle dahingehend erreicht werden, ob der Patient ausdrücklich darauf hingewiesen wurde, dass die Leistungen in Anspruch genommen werden können, da dieses ärztlich empfehlenswert und medizinisch vertretbar ist, der Patient die Leistung aufgrund seines konkreten Gesundheitszustandes allerdings nicht in Anspruch nehmen muss.

Diese Maßstäbe gelten sowohl für die schriftliche Information des Patienten als auch für die persönliche Beratung durch den Arzt.

Informationsbroschüren

Sachlich dargestellte, schriftliche Patienteninformation

Schriftliche Patienteninformationen zu sämtlichen individuellen Gesundheitsleistungen, insbesondere solchen der Vorsorgemedizin, bieten sich an und sind rechtlich zulässig. Auch hier ist jedoch sachliche Darstellung und verantwortungsbewusster Umgang mit der Beeinflussbarkeit des Patienten oberstes Gebot; falsche oder manipulative Praxisbroschüren führen nicht selten zu wettbewerbsrechtlichen Abmahnungen, Disziplinar- oder gar Zulassungsentzugsverfahren.

Die Maßstäbe der werbenden Außendarstellung eines Arztes sind in den letzten Jahren durch das Bundesverfassungsgericht sowie den Europäischen Gerichtshof für Menschenrechte festgelegt worden. Die Muster–

Berufsordnung für die deutschen Ärztinnen und Ärzte in der Fassung der Beschlüsse des 106. Deutschen Ärztetages 2003 nimmt diesen Standard auf und beschreibt ihn wie folgt:

> **❶** Sachliche berufsbezogene Information ist dem Arzt gestattet, berufswidrige Werbung ist dem Arzt untersagt. Berufswidrig ist insbesondere eine anpreisende, irreführende oder vergleichende Werbung.

Als sachliche berufsbezogene Information ist all das erlaubt, was einem sachgerechten und angemessenen Informationsbedürfnis des Patienten gerecht wird und einer Kommerzialisierung des Arztberufes keinen Vorschub leistet.

Es ist einem Arzt grundsätzlich unbenommen, in angemessener Weise auf seine Leistungen hinzuweisen und ein vorhandenes, an ihn herangetragenes Informationsinteresse zu befriedigen. Anders als die gewerbliche Wirtschaft hat der Arzt jedoch das verfassungsrechtlich geschützte Rechtsgut der Gesundheit der Bevölkerung in besonderer Weise zu beachten. Die Grenze zwischen zulässiger Information und unzulässiger, anpreisender Reklame wird durch das sogenannte Sachlichkeitsgebot gezogen: Der Arzt darf über Behandlungsmethoden und Behandlungsalternativen informieren, muss sich jedoch der reißerischen Aufmachung enthalten. Stellt der Arzt z. B. IGeL-Angebote dar, so müssen die dortigen Beschreibungen selbstverständlich sachlich zutreffend und für den Laien verständlich sein. Unverständliche medizinische oder naturwissenschaftliche Ausführungen sind aus der Perspektive des Patienten unsachlich und können anpreisende Wirkung haben.

Zulässige Information vs. anpreisende Reklame

Nach der jüngsten Rechtsprechung des Bundesverfassungsgerichtes und des Bundesgerichtshofes ist der Arzt allerdings nicht auf die Mitteilung nüchterner Fakten beschränkt: Eine so genannte „Sympathiewerbung" ist zulässig, da solche Informationen ebenfalls zu dem auch emotional geprägten Vertrauensverhältnis zwischen Arzt und Patient beitragen können, soweit durch sie nicht der Informationscharakter der Darstellung in den Hintergrund gedrängt wird. Mit dieser Begründung wurde z. B. die Mitteilung eines Arztes über seine privaten Hobbys, der Beherrschung eines Dialektes oder der Veröffentlichung der Urkunde über die Mitgliedschaft in einer ärztlichen Fachgesellschaft von der Rechtsprechung gebilligt.

Solange Informationsbroschüren sachlich über Tatsachen berichten, die einem – wohl verstandenen – Informationsbedürfnis des Patienten gerecht werden, und solange personenbezogene Mitteilungen nicht über das hinaus gehen, was im Rahmen einer vertrauensvollen, gleichberechtigten Arzt-Patienten-Beziehung sinnvoll erscheint, ist dem Arzt eine solche Außendarstellung gestattet. Juristisch kann inzwischen mit guten Gründen von einer Ablösung des ärztlichen Werbeverbotes durch die ärztliche Werbefreiheit gesprochen werden. Reklameähnliche Darstellungen, die die in dieser Weise liberalisierte Grenze überschreiten, dürften auch häufig zu dem Gegenteil des Intendierten führen: Der anpreisend oder irreführend werbende Arzt wird mit solchen Darstellungen in weiten Bevölkerungskreisen auf Unverständnis stoßen, da die Patienten zu Recht davon ausgehen, dass sich das Handeln des Arztes primär an medizinischen Notwendigkeiten und nicht an ökonomischen Erfolgskriterien orientiert. Die rechtlichen Grenzen der Werbefreiheit sind Spiegel der gesellschaftlichen Auffassung; ärztliche Leistungen haben eine andere Qualität als z. B. Waschmittel, über sie ist deshalb – auch und gerade im Interesse der Ärzte – anders zu informieren.

Internet-Darstellung

Das IGeL-Angebot im Internet

Wenn die Praxis über eine Homepage verfügt, sollte aus Marketinggründen das IGeL-Angebot nicht fehlen. Nicht zuletzt wegen der vom Arzt nicht zu kontrollierenden Zugriffsmöglichkeiten (neidende Konkurrenten, gewerbliche Abmahnvereine) müssen die vorstehenden Grundsätze auch hier sorgfältig beachtet werden. Allerdings hat das Bundesverfassungsgericht am 26.08.2003 in Bezug auf die Internetwerbung eines Arztes festgestellt, dass Ärztinnen und Ärzte in der Außendarstellung freier sind, wenn Informationen dem Patienten nicht unaufgefordert mitgeteilt werden, sondern dieser selbst aktiv werden muss, um sie sich zu verschaffen. Anders als bei der persönlichen Ansprache durch Arzt und Praxispersonal oder im Rahmen von Zeitungsanzeigen sucht der Patient im Internet gezielt nach Informationen. Das Kriterium der „Verständlichkeit der Werbung für den Laien" ist deshalb weniger restriktiv auszulegen.

Vorschriften des Heilmittelwerbegesetzes

Bei der fremd- oder fachsprachlichen Beschreibung von Methoden und Behandlungen sind allerdings die Vorschriften des Heilmittelwerbegesetzes zu beachten. Dessen Geltung wird häufig – auch von Rechtsberatern – verkannt, da sich das Gesetz primär an die pharmazeutische Industrie richtet. Es enthält allerdings restriktive Vorschriften bezüglich der ärztlichen Außendarstellung, die von Abmahnvereinen oder Wettbewerbszentralen zunehmend bemüht werden. Vereinfacht dargestellt ist die Verwendung fremdsprachlicher Fachbegriffe, die noch keinen Eingang in den allgemeinen deutschen Sprachgebrauch gefunden haben, untersagt. Eine Darstellung der – wenig stringenten – Rechtsprechung zu diesem Komplex würde den Rahmen dieses Kapitels sprengen. Als Leitlinie für den Arzt gilt: Wenn fremdsprachliche Begriffe in der Außendarstellung verwendet werden, muss eine kurze Erläuterung in deutscher Sprache aufgenommen werden; wenn dies nicht gewünscht oder möglich ist, muss sich der Arzt vor Veröffentlichung beraten und absichern.

Apparative IGeL

Ebenfalls ist Vorsicht bei der Beschreibung eingesetzter medizinisch-technischer Geräte oder dem Link auf die Internetseiten des Hersteller geboten. Apparative IGeL (z. B. Laserbehandlungen) erfolgen häufig mit reklameähnlicher Herausstellung des verwendeten Gerätes oder des Herstellers. Die Rechtsprechung ist in Bezug auf solche Sachverhalte konservativ und verneint in der Regel das sachliche Informationsbedürfnis des Patienten. Der Arzt sollte sich in einem ersten Schritt zur Selbstkontrolle fragen, ob der Patient eine für ihn verwertbare und ihm nutzende Zusatzinformation durch Benennung des Gerätes bzw. des Herstellers erhält. Dies wird häufig nicht der Fall sein. Von einem Link auf die Seiten des Herstellers ist dringend abzuraten, da das Bundesverfassungsgericht ein diesbezügliches Informationsinteresse des Patienten ausdrücklich verneint. Gleiches gilt für die Beschreibung von Arzneimitteln und Verweise auf die Internetpräsenz des pharmazeutischen Unternehmens.

Information durch Praxispersonal

Die genannten Möglichkeiten und Grenzen der schriftlichen Information und Werbung gelten in gleicher Weise bei der persönlichen Ansprache des Patienten in der Praxis. Häufig wird die erste Kontaktperson des Patienten für Fragen der individuellen Gesundheitsleistungen ein nichtärztlicher Mitarbeiter oder eine nichtärztliche Mitarbeiterin der Praxis sein. In einigen Praxen sind auch Anreizsysteme installiert, die den Mitarbeiterinnen Boni bei der Vermittlung von IGeL versprechen.

Mitarbeiterinnen vermitteln IGeL

Der Arzt muss regelmäßig kontrollieren, ob die vorstehenden Grundsätze von seinen Mitarbeiterinnen im Praxisalltag eingehalten werden. Er ist für deren Verhalten verantwortlich. Ihm obliegt nicht nur die sachgerechte und zutreffende Einweisung des Personals, sondern auch die regelmäßige Kontrolle und Überwachung. Falsche oder gar manipulative Informationen durch die Mitarbeiterinnen exkulpieren den Arzt nicht.

Gerade Anreizsysteme, so sinnvoll diese sind, bergen die Gefahr, dass in der täglichen Praxis die Gedanken der ausgewogenen Patienteninformation hinter die wirtschaftlichen Interessen der Mitarbeiterinnen zurück treten. Dies ist allerdings kein Spezifikum der IGeL oder des „Unternehmens Arztpraxis": Jeder, der unmittelbar wirtschaftlich am Erfolg seiner Tätigkeit beteiligt ist, muss sich stets vor Augen führen, dass kurzfristiger Gewinn nicht zwingend auch langfristigen Erfolg bedeuten muss. Dem Arzt als Unternehmer ist dies bewusst, er sollte z. B. alle drei Monate in Besprechungen mit seinem Praxisteam die Art der Information über Selbstzahlerleistungen überprüfen. Falls dennoch im Einzelfall eine falsche oder angreifbare Patienteninformation durch Mitarbeiter oder Mitarbeiterinnen stattfindet, ist der Arzt – trotz der Gewährung „gefahrgeneigter" Anreize – nicht verantwortlich im Sinne des Berufsrechts. Er hat die rechtswidrige Werbung weder veranlasst noch geduldet.

Behandlungsvertrag und Honorarvereinbarung

Der schriftliche
Behandlungsvertrag
bei IGeL

Bei der notwendigen Heilbehandlung versicherter Patienten wird der Arzt selten mit Fragen des schriftlichen Behandlungsvertrages oder der Honorarvereinbarung befasst. Bei IGeL ist dies anders: Der Abschluss schriftlicher Vereinbarungen ist unerlässlich; es handelt sich nicht um einen lästigen Formalismus, sondern insbesondere bei GKV-Patienten um eine elementare rechtliche Notwendigkeit.

Die freie Entscheidung des Patienten zur Inanspruchnahme von individuellen Gesundheitsleistungen muss das Wissen um die Tatsache beinhalten, dass die Leistungen nicht von seiner Krankenkasse erstattet werden. Um jedem Missverständnis und jeder späteren Diskussion vorzubeugen, sollte dies in einem schriftlichen Behandlungsvertrag, einer „Vereinbarung über die Erbringung individueller Gesundheitsleistungen", niedergelegt werden.

Bezüglich des gesetzlich krankenversicherten Patienten ist darüber hinaus die (für Vertragsärzte) zwingende Bestimmung des § 18 Abs. 1 BMV-Ä zu beachten:

> ❗ Der Arzt darf von einem Versicherten eine Vergütung nur fordern, wenn und soweit der Versicherte vor Beginn der Behandlung ausdrücklich verlangt, auf eigene Kosten behandelt zu werden, und dieses dem Vertragsarzt schriftlich bestätigt. (§ 18 Abs. 1 BMV-Ä)

Mit dem Abschluss dieses Behandlungsvertrages „verlassen" Vertragsarzt und Patient das System der gesetzlichen Krankenversicherung (Beschränkung auf notwendige, im EBM aufgenommene Leistungen und Erbringung nach dem Sachleistungsprinzip) und begeben sich in den privatärztlichen Bereich (Geltung der GOÄ). Der Inhalt des Behandlungsvertrages muss sowohl zivilrechtlichen als auch vertragsarztrechtlichen Vorschriften entsprechen. Dies ist teilweise leider sowohl bei den von Kassenärztlichen Vereinigungen veröffentlichten Mustern als auch bei Vorschlägen der Berufsverbände nicht der Fall.

Der Arzt hat nämlich nach § 18 BMV-Ä nur einen unmittelbaren Vergütungsanspruch gegenüber dem Patienten, „wenn und soweit" der Patient der Behandlung zustimmt. Der Patient muss nicht nur pauschal einer Behandlung auf eigene Kosten zustimmen, er muss dies vielmehr auch konkret in Bezug auf die einzelnen zu erbringenden Leistungen. „Wenn" der Patient zustimmt, darf er privatärztlich behandelt werden, dies allerdings nur, „soweit" er auch der Behandlungsleistung im einzelnen zugestimmt hat.

Angabe
voraussichtlicher
Kosten

Voraussichtliche Kosten müssen im Behandlungsvertrag aufgeführt werden

Auch die zivilrechtlichen Grundsätze, insbesondere die Wertungen des Patienten- und Verbraucherschutzes in der Gestalt der wirtschaftlichen

Aufklärungspflicht des Arztes, gebieten, dass der Arzt bereits im Behandlungsvertrag neben der Bezeichnung der zu erbringenden Leistung die voraussichtlichen Kosten angibt. Dies ignorieren zahlreiche „Mustervereinbarungen", obwohl die jüngste Rechtsprechung des Bundesgerichtshofes zu Wahlleistungsvereinbarungen bei stationären Leistungen keine Zweifel daran lässt, dass jeder Patient vor oder mit Abschluss des Behandlungsvertrages wissen muss, welche Kosten auf ihn zu kommen. Da vor einer Behandlung der Schwierigkeitsgrad und Zeitaufwand, mithin der Steigerungsfaktor nach § 5 GOÄ nicht abschließend zu ermitteln ist, empfiehlt sich die Angabe des einfachen oder des mittleren Satzes nebst dem Hinweis, dass die endgültige Gebühr bei besonderen Umständen nach oben oder unten abweichen kann. Ist der Arzt allerdings bereits bei Behandlungsübernahme sicher, dass er nicht zum einfachen Satz abrechnen wird, so ist selbstverständlich schon der beabsichtigte Steigerungsfaktor neben dem Endbetrag anzugeben.

Zusätzlich zur „Vereinbarung über die Erbringung individueller Gesundheitsleistungen" sollte der Arzt einen Honorarvertrag mit dem Patienten schließen. Dies ist bei einer Überschreitung des 3,5-fachen GOÄ-Satzes zwingend erforderlich, auch im Regelfall der Einhaltung des Gebührenrahmens empfiehlt sich dieses. Trotz ausdrücklicher Hinweise auf eine fehlende Erstattungsfähigkeit in der „Vereinbarung über die Inanspruchnahme individueller Gesundheitsleistungen" zeigt die Erfahrung, dass zahlreiche Patienten die Privatliquidationen dennoch ihrer Krankenkasse (ob nun GKV oder PKV) zur Kostenerstattung vorlegen. Dies wird mit der durch das Gesundheitssystemmodernisierungsgesetz 2004 erneut eingeführten Kostenerstattung für GKV-Versicherte voraussichtlich noch zunehmen. Die – zu erwartenden – ablehnenden Äußerungen und Hinweise der Krankenversicherungen führen dann allerdings häufig dazu, dass der Patient seinerseits Einwendungen gegenüber dem Arzt erhebt. Hier schafft nur die vorherige Honorarvereinbarung Rechtssicherheit und vermeidet unproduktiven Schriftverkehr und Diskussionen.

Honorarvertrag

Die Honorarvereinbarung sollte nicht in einem Formular inhaltlich mit dem Behandlungsvertrag verbunden werden. Zwar schreibt § 2 Abs. 2 GOÄ ausdrücklich nur vor, dass Honorarvereinbarungen über einen höheren als den 3,5-fachen Satz in einem isolierten Schriftstück aufzunehmen sind, die Gerichte leiten aber in vergleichbaren Konstellationen aus Überlegungen des Patienten- und Verbraucherschutzes ab, eine zu umfangreiche und eventuell für den Patienten verwirrende Vereinbarung sei unwirksam. Dieses Risiko ist vermeidbar und sollte nicht eingegangen werden.

Behandlungsvertrag und Honorarvereinbarung getrennt behandeln

Analoge Leistungsbewertung und Abrechnung

Individuelle Gesundheitsleistungen sind nach der GOÄ abzurechnen. Dieser Grundsatz ist einfach, in der Praxis sind jedoch immer wieder Probleme und Falschabrechnungen festzustellen. Im Folgenden werden die wichtigsten Fragestellungen geklärt.

Analogziffern

IGeL nach GOÄ
abrechnen

Die analoge Anwendung existierender Leistungsziffern bzw. Leistungsbeschreibungen setzt voraus, dass die erbrachten individuellen Gesundheitsleistungen nach Art und Aufwand der in Bezug genommenen GOÄ-Ziffer entsprechen. Die sich hieraus ergebenden Konsequenzen werden häufig verkannt. Wer z. B. die Ziffer 30 GOÄ (homöopathische Erstanamnese, Mindestdauer 1 Stunde) analog abrechnen möchte, muss nicht nur selbst eine Anamnese (z. B. eine endokrinologische) erheben, er muss vielmehr auch die Mindestzeit beachten und die individuelle Gesundheitsleistung in dem in der GOÄ vorgesehenen zeitlichen Umfang erbringen. Auch bei der analogen Anwendung apparatebezogener Leistungsziffern ist die Frage der Vergleichbarkeit von besonderer Bedeutung, da der GOÄ-Bewertung – jedenfalls nach Auffassung der Rechtsprechung – auch die Anschaffungs- und Betriebskosten des medizinischen Gerätes zugrunde liegen.

Selbstverständlich darf die Analogbewertung nicht zur Umgehung des Zielleistungsprinzips der GOÄ missbraucht werden. Ist eine Leistung Bestandteil einer anderen Leistung des Gebührenverzeichnisses, so ist eine doppelte Abrechnung unzulässig. Umgekehrt wird aber beim Ansatz von Analogziffern auch häufig übersehen, dass weitere, nicht eingeschlossene Leistungen zusätzlich erbracht werden und deshalb auch gesondert abzurechnen sind. Beim Ansatz von Analogziffern gilt nichts anderes, als bei der „üblichen" Abrechnung nach GOÄ.

Das „Auffinden" der richtigen Analogziffer ist häufig nicht einfach. In Zweifelsfällen kann zunächst das Verzeichnis der analogen Bewertungen der Bundesärztekammer helfen, welches jedoch nur wenige Ziffern enthält. Auch die Abrechnungsempfehlungen von Vereinen, Verbänden oder Geräteherstellern sind häufig juristisch geprüft und können herangezogen werden. Da sich die Rechtmäßigkeit solcher Empfehlungen und damit deren Seriosität vom einzelnen Arzt aber nicht immer überprüfen lässt, sollte er keinesfalls blind vertrauen: Er muss die Plausibilität seiner Abrechnung selbst prüfen und im Zweifel rechtfertigen.

Der Medizinrechtler wird teilweise mit der Fragestellung konfrontiert, ob in einer Honorarvereinbarung die Abrechnung einer bestimmten GOÄ–Ziffer für eine – nicht vergleichbare – Leistung frei vereinbart werden kann. Dies ist eindeutig zu verneinen. Es darf nach § 2 GOÄ allein eine von der Gebührenhöhe abweichende Vereinbarung geschlossen werden, also ein höherer Steigerungsfaktor ausgehandelt werden. Eine abweichende Bewertung der Behandlungsleistung, rechtlich also ein Abweichen von der Punktzahl der GOÄ, ist unzulässig. Die GOÄ enthält mit § 6 Abs. 2 Vorschriften zur Analogbewertung, diese sind nicht disponibel. Es muss also stets die tatsächlich gleichartige und gleichwertige, die analoge Leistungsziffer bestimmt, benannt und abgerechnet werden.

Pauschal- oder Paketpreise

Die im Bereich der IGeL häufig festzustellende Abrechnung von Pauschal- oder Paketpreisen ist rechtswidrig. Die GOÄ schreibt eine Abrechnung nach Einzelleistungsziffern und Komplexziffern vor, eine Abrechnung von Pauschalen oder „Leistungspaketen" kennt die GOÄ nicht.

Die von der GOÄ vorgeschriebenen Abrechnungen

Der Arzt muss eine GOÄ-Rechnung über die individuellen Gesundheitsleistungen ausstellen. Ebenso wie er beim „normalen" Privatpatienten keine Pauschalen berechnet, darf dies auch bei IGeL nicht erfolgen: Die Rechnung muss die Leistungsziffer, eine verständliche Beschreibung des Leistungsinhaltes (ggf. unter Angabe der Mindestdauer), die Kennzeichnung als Wunschleistung (dies wird häufig übersehen!), die Gebühren und den Steigerungssatz enthalten.

Bei der Abrechnung von Analogziffern ist darüber hinaus die tatsächlich erbrachte Leistung verständlich zu beschreiben und die als gleichwertig herangezogene Leistung nebst Ziffer und dem Vermerk „entsprechend" oder „analog" zu benennen.

Obwohl vorstehendes in Gänze in § 12 GOÄ geregelt ist, sind erstaunlich viele Abrechnungen fehlerhaft. Im Streitfall führt dies zu einer fehlenden Fälligkeit des Honoraranspruchs. Der Arzt verliert entweder den Honorarrechtsstreit oder er muss nochmals unter Beachtung der Formerfordernisse abrechnen, was lästig und vermeidbar ist.

Die teilweise – z. B. auf Praxisseiten im Internet – zu findende Aussage, es werde Mengenrabatt gewährt oder die eine bestimmt Anzahl überschreitenden Anwendungen oder Therapien würden kostenlos erbracht, ist wettbewerbswidrig. Gleiches gilt für „Saisonangebote" oder „Kennlernangebote". Es ist dem Arzt untersagt, z. B. die ersten drei Anwendungen einer Therapie umsonst zu erbringen. Neben der eindeutigen Rechtswidrigkeit dürfte ein solches Vorgehen auch wirtschaftlich von zweifelhaftem Nutzen sein. Wer eine Teilleistung umsonst erhält, vermutet keinen Altruismus, vielmehr wird er annehmen, dass die Gratisleistung über eine Erhöhung des Preises für die zu vergütenden Leitungen „verdeckt" finanziert wird. Die Folge von Rabatten oder „Kennlernangeboten" kann demnach die Spekulation des Patienten sein, der Arzt verdiene an den Versicherungsleistungen oder anderen Selbstzahlerleistungen unangemessen viel; dies ist in gleicher Weise falsch wie gefährlich.

Rechtswidrige Rabatte und Gratisleistungen

Bei richtigem Verständnis soll eine solche „Preispolitik" durchaus recht-

"Preispolitik" im
Gebührenrahmen
der GOÄ

lich legitime Zwecke verfolgen. Ziel ist die angemessene Berücksichtigung der wirtschaftlichen Leistungsbereitschaft und -fähigkeit des Patienten. Es wäre falsch, wenn eine nützliche und empfehlenswerte Leistung allein aus finanziellen Gründen nicht in Anspruch genommen wird. Dem kann der Arzt legal über einen bewussten Umgang mit dem Gebührenrahmen der GOÄ gerecht werden, dies jedoch ohne das Risiko von Abmahnung und strafbewehrter Unterlassungserklärung. Nach § 12 der Muster-Berufsordnung hat der Arzt beim Abschluss einer Honorarvereinbarung auf die Einkommens- und Vermögensverhältnisse des Patienten Rücksicht zu nehmen. Da er bei IGeL eine Honorarvereinbarung abschließen sollte, steht ihm das erforderliche Instrumentarium zur Verfügung, ohne dass es rechtswidriger "Paket-, Saison- oder Mengenangebote" bedarf.

Abrechnung von Laborleistungen

Im Rahmen individueller Gesundheitsleistungen werden häufig Laborleistungen erbracht. Obwohl die rechtlichen Vorschriften zur Leistungserbringung und Abrechnung in diesem Bereich seit Jahren gelten, nimmt die Anzahl der Strafverfahren gegen Ärzte wegen falscher Abrechnung von Laborleistungen nicht ab. Jedem Arzt kann nur dringend geraten werden, die gesetzlichen Vorgaben strikt zu beachten; Strafverfahren können bis zum Entzug der Approbation führen.

Praxislabor

Das Praxislabor nach Kapitel M I GOÄ kann durch den Arzt selbst abgerechnet werden, wenn er die Leistungen in eigener Praxis erbringt.

Basislabor

Für die Leistungen des Basislabors nach M II gilt die Sonderregelung des § 4 Abs. 2 GOÄ, wonach diese auch dann als eigene Leistung gelten und vom Arzt selbst abgerechnet werden können, wenn sie in einer – rechtmäßig strukturierten – Laborgemeinschaft erbracht wurden, welcher der Arzt angehört. Ebenfalls können die M II Leistungen in einem Krankenhauslabor erbracht werden, wenn dies durch nicht liquidationsberechtigte Ärzte des Hauses erfolgt.

Speziallabor

Das Speziallabor nach M III und M IV GOÄ kann dagegen nicht in einer Laborgemeinschaft erbracht und durch den Arzt selbst abgerechnet werden. Dies ist ein Verstoß gegen die persönliche Leistungserbringungspflicht. Das die Leistungen erbringende Einsendelabor muss diese selbst gegenüber dem Patienten abrechnen; der einsendende Arzt darf diese Leistungen nicht abrechnen. Gegenteilige Hinweise oder Anregungen einiger Laborgemeinschaften sind falsch. Die Staatsanwaltschaften sehen in diesem Bereich auch keinerlei Diskussionsbedarf, da die Rechtslage eindeutig ist. Wer bei der Erbringung individueller Gesundheitsleistungen Analysen des Speziallabors M III und M IV benötigt, sollte Art und Abrechnung der Leistungserbringung rechtlich prüfen und absichern lassen. Wenn in der Vergangenheit Fehler gemacht wurden, ist ebenfalls im Hinblick auf strafrechtliche Ermittlungsverfahren präventivrechtliche Unterstützung dringend anzuraten.

Auch die anzutreffenden Modelle, wonach ein Labor „Sammelrechnungen" ausstellt und der einsendende Arzt die einzelne Leistung (teilweise mit anderem Steigerungssatz) „weiterberechnet", sind zweifelhaft, wenn nicht eindeutig rechtswidrig: Der Arzt müsste auf seiner Rechnung vermerken, dass er nur ihm selbst entstandene Kosten weitergibt, er darf dann aber eben auch keinen höheren Steigerungssatz verlangen. Falls der Arzt tatsächlich nur die Laborrechnung weitergibt, kann dies bei unzweifelhafter Offenlegung der Fremdleistung rechtmäßig sein, es stellt sich dann allerdings die Frage, weshalb der Arzt als Inkassostelle des Labors fungiert.

Man sollte sich folgendes vergegenwärtigen: Kein Arzt käme auf die Idee, die von einem durch Überweisung beauftragten Kollegen, z. B. einem Orthopäden, erbrachten Leistungen als eigene abzurechnen oder dessen Honorar mit seiner eigenen Liquidation einzuziehen. Weshalb der gedankliche Ansatz im Laborbereich teilweise ein anderer ist, hängt mit früheren nicht rechtmäßigen Verhaltensweisen einiger Laborärzte zusammen.

❗ Laborleistungen sind ärztliche Leistungen und vom Leistungserbringer selbst abzurechnen: Allein für das Basislabor gilt die Sonderregelung des § 4 Abs. 2 GOÄ, das Speziallabor erbringt der Laborarzt und rechnet dieses unmittelbar gegenüber dem Patienten ab.

Umsatzsteuer

Ausgelöst durch ein Urteil des Europäischen Gerichtshofes im Jahr 2000 und die Begierlichkeit des Fiskus wird die Umsatzsteuerpflicht auf ärztliche Leistungen derzeit diskutiert und – in verschiedenen gerichtlichen Pilotverfahren – verhandelt.

Wann besteht Umsatzsteuerpflicht?

Das Umsatzsteuergesetz sowie die Umsatzsteuerrichtlinien sehen vor, dass heilkundliche Leistungen nicht mehrwertsteuerpflichtig sind. Nummer 88 UStR definiert Heilkunde wie folgt:

❗ Ausübung der Heilkunde ist Feststellung, Heilung oder Linderung von Krankheiten; auch Leistungen der vorbeugenden Gesundheitspflege gehören zur Heilkunde.

Für nicht indizierte Schönheitsoperationen, reisemedizinische Beratung oder sportmedizinische Betreuung wird bereits von der überwiegenden Anzahl der Oberfinanzdirektionen vertreten, dass diese Leistungen umsatzsteuerpflichtig sind. Für andere individuelle Gesundheitsleistungen, insbesondere solche der Vorsorge- und Präventivmedizin, spricht auf der

Grundlage der jetzigen Gesetzeslage alles dafür, dass keine Umsatzsteuerpflicht besteht.

Eine abschließende rechtliche Klärung der hiermit zusammenhängenden Fragen steht aus, die Ärzteschaft kann dies aber nach der überwiegenden Meinung der Steuerrechtler gelassen abwarten. Die rückwirkende Einführung einer Umsatzsteuerpflicht ist wenig wahrscheinlich und dürfte verfassungsrechtlichen Maßstäben nicht standhalten.

Sorgfältige Dokumentation von IGeL

Angesichts des verbleibenden Restrisikos sollte jeder Arzt allerdings folgendes berücksichtigen: Die berufsrechtliche Pflicht zur ärztlichen Dokumentation gilt selbstverständlich auch für IGeL; die sorgfältige Dokumentation des therapeutischen oder präventiven Zweck kann im Zweifel helfen, den heilkundlichen Schwerpunkt der Leistungen und damit die Umsatzsteuerbefreiung zu belegen.

Teilweise wird von Steuerberatern empfohlen, IGeL bereits jetzt mit Umsatzsteuer und offenem Ausweis derselben in der Liquidation abzurechnen. Dies ist selbstverständlich die sicherste Methode und birgt auch den Vorteile der Vorsteuerabzugsberechtigung, die vereinnahmte Umsatzsteuer ist aber selbstverständlich bei einem solchen Vorgehen auch abzuführen.

Kleinunternehmerregelung

Wer dies überlegt, sollte aber mit einem auf die Beratung von Ärzten spezialisierten Anwalt oder Steuerberater klären, ob nicht von der sogenannten Kleinunternehmerregelung Gebrauch gemacht werden kann. Umsatzsteuerbefreit sind hiernach solche Praxen, deren umsatzsteuerpflichtige Umsätze im Jahr 2003 weinger als 17.500,00 € betragen haben und deren umsatzsteuerpflichtige Umsätze im laufenden Jahr voraussichtlich weniger als 50.000,00 € betragen werden. Insbesondere im Hinblick auf die Prognose – die sich später auch als unzutreffend erweisen kann, ohne dass dies steuerrechtliche Auswirkungen hat – ist Rücksprache mit einem Medizin- und Steuerrechtler sinnvoll.

Ebenfalls wird teilweise vorgeschlagen, das Honorar für IGeL „versteckt" um 16 % zu erhöhen, ohne dies als Umsatzsteuer auszuweisen. Aus den zusätzlichen Umsätzen sollen bei diesem Vorgehen Rücklagen gebildet werden. Häufig vergessen Steuerberater bei dem Vorschlag einer solchen Abrechnungsweise allerdings, die Honorarbemessungsregelungen der GOÄ hinreichend zu berücksichtigen. Diese erlaubt nicht die „pauschale" Erhöhung des Steigerungssatzes um 16 %. Auch ein solches Vorgehen sollte deshalb individuell konzeptioniert und abgesichert werden.

Exkurs: Abgabe von Nahrungsergänzungsmitteln und Medizinprodukten durch den Arzt

Häufig stellt sich im Zusammenhang mit der Erbringung von IGeL die Frage, ob der Arzt zulässigerweise in seiner Praxis Nahrungsergänzungsmittel, insbesondere Vitaminprodukte oder auch andere Medizinprodukte unmittelbar an den Patienten abgeben darf. Nachfolgend werden die Grundprinzipien dargestellt und eine Richtschnur für individuelles Handeln angeboten.

Die Gesamtproblematik des Verkaufes von Produkten in der Arztpraxis ist komplex, sie berührt sowohl gewerbesteuerrechtliche als auch berufsrechtliche Fragestellungen, die von der Rechtsprechung noch nicht abschließend geklärt sind und sich aufgrund der derzeitigen Veränderung im System der gesetzlichen Krankenversicherung im Wandel befinden.

Jüngst haben zwei Oberlandesgerichte divergierende Urteile erlassen, die den derzeitigen Stand der Rechtsprechung deutlich wiederspiegeln. Streitgegenständlich war jeweils, ob ein Arzt in seiner Praxis Diabetes-Teststreifen an die Patienten abgeben darf.

Aktueller Stand der Rechtsprechung

Das Oberlandesgericht Köln hat in seiner Entscheidung vom 22.11.2002 die §§ 3 und 34 der Musterberufsordnung der Ärzte in den Mittelpunkt gestellt. § 3 Abs. 2 der in den Ländern inhaltsgleich umgesetzten MBO hat folgenden Wortlaut:

> ❗ „Dem Arzt ist untersagt, im Zusammenhang mit der Ausübung seiner ärztlichen Tätigkeit Waren und andere Gegenstände abzugeben oder unter seiner Mitwirkung abgeben zu lassen sowie gewerbliche Dienstleistungen zu erbringen oder erbringen zu lassen, soweit nicht die Abgabe des Produktes oder die Dienstleistung wegen ihrer Besonderheiten notwendiger Bestandteil der ärztlichen Therapie sind."

Als maßgeblich erachtete das Gericht die Frage, ob das Produkt nicht auch durch einen Dritten, z. B. einen Apotheker oder einen Mitarbeiter eines Sanitätshauses, sondern gerade durch den Arzt selbst dem Patienten verabreicht werden muss. Es soll nicht ausreichen, dass das Produkt selbst notwendiger Bestandteil der ärztlichen Therapie ist, vielmehr sei es erforderlich, dass gerade die Abgabe durch den Arzt medizinisch geboten ist. Wenn schließlich – wie dies § 34 Abs. 5 der MBO vorschreibt – dem Arzt sogar schon der Verweis an einen bestimmten Anbieter von gesundheitlichen Leistungen oder Produkten untersagt ist, könne es ihm auf der anderen Seite nicht gestattet sein, die betreffenden Produkte selbst zu vertreiben.

Die Diabetes-Teststreifen sah das Gericht nicht als „notwendigen Bestandteil der Therapie" an. Anders hätte es wohl nur bezüglich solcher Produkte entschieden, die unter Aufsicht des Arztes eingenommen oder deren Anwendung im Rahmen einer Schulung durch den Arzt erläutert werden muss.

Das Oberlandesgericht Naumburg hat demgegenüber in seiner Entscheidung vom 03.07.2003 – ebenfalls zur Abgabe von Diabetes-Teststreifen – festgestellt, dass die Abgabe durch den Arzt zulässig sei, da dies im Ergebnis wirtschaftlicher ist als der Bezug über Apotheken. Eine wesentliche Rechtfertigung für die unmittelbare Abgabe sei darüber hinaus die Möglichkeit, dass der Arzt eventuell notwendige Einweisungen und Erläuterungen sogleich in der Praxis vornehmen könne.

Mit dieser Entscheidung folgt das OLG Naumburg der Rechtsprechung des Bundesgerichtshofes zur Abgabe von Hörgeräten, die allerdings durchaus auf Besonderheiten dieses Hilfsmittels und seines Vertriebsweges (zwingend notwendige enge Zusammenarbeit zwischen Arzt und Hörgeräteakustiker) beruht.

Verbot der Abgabe von Nahrungsergänzungsmitteln und Medizinprodukten

Standes- und wettbewerbsrechtlich muss man mangels höchstrichterlicher Rechtsprechung einerseits und eindeutigen Verbotsregelungen in den Berufsordnungen andererseits derzeit davon ausgehen, dass die Abgabe von Nahrungsergänzungsmitteln und Medizinprodukten durch den Arzt in seiner Praxis unzulässig ist.

Gewerbesteuerliche Implikation

Hinzu kommt die gewerbesteuerrechtliche Implikation der so genannten „Einfärbung": Die Abgabe von Produkten ist gewerbliche Tätigkeit; wer dies geschäftsmäßig betreibt, ist gewerbesteuerpflichtig. Die Gewerbesteuerpflicht kann die gesamten Einkünfte, also auch diejenigen aus freiberuflicher ärztlicher Tätigkeit umfassen. Nachdem die allgemeine Gewerbesteuerpflicht für Freiberufler nicht eingeführt wurde, sollte dieses rechtliche und wirtschaftliche Problem nicht unterschätzt werden.

Zusammenfassend kann derzeit jedem Arzt seriös allein geraten werden, nicht selbst Produkte zu vertreiben.

Richtschnur für individuelles Handeln

Dies steht allerdings nicht einer Gestaltung entgegen, wonach eine dritte Person – ggf. in räumlicher Nähe zur Arztpraxis – solche Produkte anbietet. Dies muss in eindeutig von der Arztpraxis abgegrenzten, von der gewerbetreibenden Person selbst unterhaltenen (z. B. angemieteten) Räume geschehen. Der Arzt darf keinerlei unmittelbaren Einfluss auf die gewerbliche Tätigkeit des Dritten haben. Er darf an dem Gewinn der Verkaufstätigkeit nicht unmittelbar beteiligt sein. Einnahmen aus der Vermietung von Gewerberäumen oder unternehmerische Beteiligungen, die denen eines Aktionärs entsprechen, sind allerdings bei umsichtiger Gestaltung zulässig. Ob eine solche Konzeptionierung möglich und sinnvoll ist, kann und sollte im konkreten Einzelfall unter Beteiligung eines medizinrechtlich spezialisierten Rechtsanwaltes und eines Steuerberaters geklärt werden.

Vor durchschaubaren Versuchen der Umgehung, z. B. durch Verkauf in einem der Arztpraxis zuzuordnenden Zimmer und Vorschieben eines „Strohmannes", kann nur nachhaltig gewarnt werden. Sowohl die Ärztekammern als auch die Finanzbehörden prüfen solche Sachverhalte eingehend und sind mit gängigen Umgehungsversuchen vertraut.

Durch die mit dem Gesundheitssystemmodernisierungsgesetz erweiterten Möglichkeiten der Kooperation zwischen Apotheken und Ärzten und der hiermit einhergehenden Lockerung des Empfehlungsverbotes (§ 34 MBO) ist eine weitere Liberalisierung des Berufsrechts nicht ausgeschlossen. Ähnliche Tendenzen lassen sich aufgrund der gesetzlichen Zulassung von Versandapotheken prognostizieren. Der innovative Arzt-Unternehmer sollte diese Entwicklungen aufmerksam verfolgen; derzeit muss rechtlich allerdings eindeutig noch zu einem konservativen Verhalten, d. h. dem Unterlassen der Veräußerung von Nahrungsergänzungsmitteln und Produkten, oder aber der professionellen Ausgestaltung differenzierter Lösungen geraten werden.

Zusammenfassung

Die finanziellen Probleme des deutschen Krankenversicherungssystems, die zunehmenden medizinischen Erkenntnisse und Möglichkeiten und nicht zuletzt die zunehmende Akzeptanz innerhalb der Bevölkerung, medizinische Leistungen selbst zu bezahlen, haben zur Etablierung individueller Gesundheitsleistungen geführt. Es ist bereits jetzt ersichtlich, dass die Sozialpolitik all diese Umstände dahingehend verwendet, immer mehr medizinische Leistungen dem Selbstzahlerbereich zuzuweisen. Man mag dies politisch und medizinisch-ethisch befürworten oder nicht – derjenige Arzt, der keine IGeL anbietet, verzichtet auf zusätzliche Einkommensmöglichkeiten.

Da die Erbringung und Abrechnung von individuellen Gesundheitsleistungen nicht im GKV-System erfolgt, allerdings auch nicht völlig identisch mit der „normalen" Behandlung von Privatpatienten ist, muss der Arzt die rechtlichen Rahmenbedingungen dieses Leistungsbereiches kennen und die – überwiegend im Detail liegenden – Probleme berücksichtigen.

Dieses Kapitel zeigt die wesentlichen Rechtsprobleme auf und liefert Orientierungs- und Lösungshilfen. Wer in Gedanken hinter jedem Abschnitt dieses Kapitels „einen Haken gemacht hat", sollte mit seiner IGeL-Praxis fortfahren und diese ausbauen. Wer in einzelnen Bereichen zweifelt, sollte problembewusst prüfen und ggf. seine Leistungserbringung und Abrechnung modifizieren.

Individuelle Gesundheitsleistungen sind kein „Buch mit sieben Siegeln", sie sind allerdings auch kein rechtsfreier Raum. Dem informierten und problembewussten Arzt bieten sich erhebliche dauerhafte Möglichkeiten; wenn er sie nicht nutzt, werden es andere tun.

5 Drahtseilakt zwischen Ethik und Business

W. G. Gehring · M. Gehring

Einleitung

Ein jeder Arzt lebt die Worte des Gelöbnisses wie sie die Berufsordnung skizziert: „Die Erhaltung und Wiederherstellung der Gesundheit meiner Patienten soll oberstes Gebot meines Handelns sein"

Ist aber die Frage nach der Wirtschaftlichkeit seines Handeln in diesem Kontext unethisch oder verwerflich? Meines Erachtens nicht, da es ärztliches Ziel ist zu praktizieren, was voraussetzt am Markt zu existieren, um den Werten der ärztlichen Ethik gerecht zu werden. Ein Arzt, der im Rahmen seiner Praxistätigkeit nicht wirtschaftlich handelt, wird über kurz oder lang seinen Patienten nicht mehr zur Verfügung stehen, weil er schlicht weg bankrott ist. Die Kernfrage ist somit: Wie lässt sich der Patient für Leistungen seines Arztes motivieren, ohne dass dieser ihm unterstellen kann, er wolle ihm etwas „verkaufen", was keinen medizinischen Sinn macht. Dabei ist es ein berechtigter Ansatz des Arztes, dem Patienten seine Qualifikationen und Behandlungsmethoden näher zu bringen und dem Patienten zu zeigen, dass er etwas für ihn tun kann. Klassische Behandlungsmethoden sollten ebenso angeboten werden, wie auch Selbstzahlerleistungen, primär- oder sekundarpräventive Methoden der Diagnostik und Therapie. Es stellt sich dahingehend die Frage, ob der Arzt sich nicht generell stärker an der WHO Gesundheitsdefinition ausrichten sollte:

Ethik und Wirtschaft im Arztberuf

❗ „Gesundheit ist ein Zustand vollkommenen körperlichen, geistigen und sozialen Wohlbefindens und nicht allein das Fehlen von Krankheit und Gebrechen"

Wichtigster Inhalt dieser Definition ist die Aussage, dass Gesundheit mehr ist, als das Fehlen von Krankheit und Gebrechen! Ärztliche Tätigkeit ist oft nur ausgerichtet auf die Behandlung der Krankheit. Nicht selten erlebt der Arzt, dass Patienten unspezifische Beschwerden – Störungen des Wohlbefindens, der Vitalität, etc. – beklagen und weder ein klinisches Korrelat noch pathologische Laborwerte dafür vorliegen, beziehungsweise irgend welche Medizingeräte-diagnostischen Befunde diese Beschwerden

Das Wohlbefinden des Patienten

erklären. Nach abgeschlossener Diagnostik ohne Befund bleibt die Aussage des Patienten: „Ich fühle mich nicht wohl". Hier nun der Aufruf an alle Ärzte: Auch die Störung des Wohlbefindens sollte Anlass sein zu helfen. Störungen des Wohlbefindens sollten als wichtige – wenn auch nicht fassbare – Störung wahrgenommen und stets behandelt werden.

Die Entscheidung, welche Gesundheitsleistungen der Arzt im Kontext mit Gesundheit, Wohlbefinden, Attraktivität und Vitalität in seiner Praxis anbietet, muss jeder für sich selbst entscheiden. Haben wir uns aber für das Wohl unserer Patienten entschieden, so sollten wir dem Patienten die Auswahl einer geeigneten Gesundheitsleistung abnehmen und ihn über die Vorzüge des gewählten Verfahrens unterrichten, um ihm die Möglichkeit zu geben, sich selber für die Gesundheitsleistung zu entscheiden. Die Auswahl der Gesundheitsleistungen sollte der Arzt dabei stets auf der Grundlage von ärztlicher Ethik und wissenschaftlich gesicherter Daten zur jeweiligen diagnostischen und therapeutischen Methode vornehmen.

Marketing

Ganzheitliches Praxismarketing

Der Begriff des Praxismarketing ist nicht mit dem Begriff Werbung gleich zu setzten. Die Werbung ist ein Instrument eines Teilgebietes des Marketing – nämlich der Kommunikationspolitik. Wichtig ist es, Marketing ganzheitlich zu betrachten, um möglichen Verwechselungen vorzubeugen und die symbiotische Vielseitigkeit der Instrumente nachzuvollziehen. Marketing stellt alle Bereiche der Praxisarbeit dar. Die Organisation der Praxisabläufe, die Betreuung der Patienten, die Führung des Personals wie auch die Gestaltung der Praxisräume – all diese Punkte stellen Ansätze und Wirkungsrichtungen des Marketing dar. Wenn alle Bereiche synergetisch zusammenarbeiten, erfolgt eine ganzheitliche Ausrichtung und Behandlung der Zielgrößen.

> ❗ Nach Meffert ist Marketing die bewusst marktorientierte Führung des gesamten Unternehmens mit Mitteln der aktiven Marktgestaltung.

Wie lässt sich eine aktive Marktgestaltung nun aber konkret darstellen? Das zentrale Anliegen des Praxismarketing ist, den Patienten dazu zu bewegen, die Praxis aus eigener Überzeugung aufzusuchen, um seine spezifischen Wünsche und Erwartungen zu befriedigen. Besucht der Patient die Praxis, so sind seine Wünsche und Erwartungen durch das Praxisteam und den Arzt optimal zu befriedigen. Der Patient wird dadurch im Rahmen von Patientenbindung gebunden und als Werbeträger für die eigene Praxis gewonnen. Ob und in wie weit ihre Praxis von dieser Zielgröße entfernt ist, lässt sich durch eine Ist-Analyse der Markt- und der Patientensituation ermitteln.

Im Rahmen der Patientenanalyse segmentiert man zuerst den heterogenen Gesamtmarkt in homogene Teilmärkte. Die Teilmärkte unseres Klientel sind grundsätzlich der gesetzlich versicherte, der privat versicherte und der nicht versicherte Patient beziehungsweise der Selbstzahler. Diese Teilmärkte kann man auch als Patientengruppen bezeichnen. Über die klassische Segmentierung hinaus, kann man durch Module der Praxissoftware oder Expertensysteme wie auch durch schriftliche Auswertungen eine Segmentierung von Patienten in weitere Subgruppen vornehmen. Eine Computeranalyse – beispielsweise eines medizinischen EUSANA Checks – könnte auf Grundlage der elektronischen Karteikarte, erfasster Anamnesedaten nach selektierten Merkmalen wie der Body-Mass-Index, Gesundheitsrisiken etc. suchen und Patienten dem gemäß gruppieren. Durch diese Analyse stellen sich neue Teilmärkte dar. Patienten mit Übergewicht, Patienten mit Osteoporoserisiko etc. Da jeder Teilmarkt seine Besonderheiten hat, muss man sich auf jeden Teilmarkt spezifisch ausrichten. Diese Ausrichtung wird häufig in der betriebswirtschaftlichen Literatur auch als Verhaltensorientierung bezeichnet. Die Abstimmung der Marketing-Mittel erfolgt synergetisch – unter Berücksichtigung der Verhaltensorientierung – das heißt die Marketing-Mittel werden auf eine Patientengruppe abgestimmt. Um den späteren Erfolg messen zu können, ist es erforderlich den Ist-Zustand aus der Sicht des Patienten zu analysieren. Dieses erfolgt durch die Entwicklung eines Patientenfragebogens. Der Patientenfragebogen bietet zugleich die Chance einer Analyse der Konkurrenz. Mit Abschluss der Ist-Analyse erfolgt die Festlegung der Ziele, die durch das Marketing erreicht werden sollen. Zusätzlich hat das Praxisteam in Meetings ihre zukünftige Positionierung am Markt zu ermitteln sowie ihre Zielgruppen festzulegen. Die notwendige Strategie beziehungsweise das Vorgehenskonzept nutzt zur Erreichung dieser Zielgrößen Marketinginstrumente.

Gesetzlich, privat und nicht versicherter Patient

Im Rahmen eines Konzeptes werden die Instrumente des Marketing-Mix aufeinander abgestimmt, um synergetisch das Ziel zu erreichen. Zum Marketing-Mix gehören die Leistungspolitik, die Preispolitik, die Kommunikationspolitik und die Vertriebspolitik. Die Planung des patientenorientierten Marketing-Mix orientiert sich an operativen, das heißt kurzfristigen und strategischen beziehungsweise langfristigen Strategien. Mögliche Ziele einer Strategie könnten die Steigerung der Selbstzahlerleistungen oder Patientenzufriedenheit sein. Um mögliche Korrekturen der einzelnen Strategien und die Abstimmung der Instrumente zeitnah durchführen zu können, ist es unerlässlich eine Überprüfung der Situation regelmäßig vorzunehmen. Hierzu bietet sich erneut ein Fragebogen an. Dieses Medium wird deshalb gewählt, weil es die Meinung der Patienten (Zielpersonen) optimal aufnimmt und die Abstimmung der Instrumente am besten an der Meinung der Patienten erfolgt. Es erfolgt hierdurch eine Abgleichung des Eigen- und Fremdbildes.

Bevor die Instrumente des Marketing-Mix dargestellt werden, erfolgt

Patientenorientierter Marketing-Mix

zuerst eine Erläuterung des Patientenfragebogens, da der Beginn und die Kontrolle der Marketingprozesse durch ihn bestimmt werden.

Patientenfragebogen

Ein beispielhafter Fragebogen

Der Patientenfragebogen hat die Aufgabe Wünsche, Bewertungen, Eindrücke und Emotionen zu erfassen, um qualitative wie auch quantitative Ziele abzuleiten. Hierzu sind Fragen zu konzipieren, deren Antworten qualitative und quantitative Bewertungen und damit Hinweise zur Neuausrichtung der eigenen Praxis geben. Ein sehr gut konzipierter Fragebogen kann beispielsweise auf der Homepage von Herrn Dr. Frank (www.praxis-dr-frank.de) eingesehen werden. Betrachten Sie die dort gelisteten Fragen als Anhaltspunkt, um ihre persönlichen Fragen zu konzipieren.

Leistungspolitik

Die Leistungspolitik ist das Herz unseres Erfolges – nämlich in erster Linie stellt es uns und unserer Team dar. Der Arzt und sein Team sind die ärztliche Leistung, exakt das was der Patient als Dienstleistung betrachtet.

Die zentralen Fragen der Leistungspolitik sind, ob alle Dienstleistungen angeboten werden, die der Patient erwartet beziehungsweise benötigt, und ob Leistungen abgeschafft werden müssen, weil diese sich nicht mehr rechnen!

Den Erwartungen und Wünschen des Patienten gerecht werden

Leistungspolitik bedeutet somit nicht nur ein Produkt oder eine Dienstleistung auf den Kunden abzustimmen, sondern auch darüber hinaus den Wünschen der Kunden gerecht zu werden. Hierbei hat der Arzt eine Sonderrolle wahrzunehmen. Als Arzt ist es zukünftig nicht nur wichtig zu wissen, welche diagnostischen und therapeutischen Leistungen der Patient auf Grund seiner Krankheit benötigt, sondern auch zu erkennen, was seine Patienten im Rahmen der Primär- oder Sekundärprävention erwarten. Dabei muss jeder Arzt für sich auf der Basis seiner ärztlichen Ethik und der Wirtschaftlichkeit seines Leistungsangebotes entscheiden, ob die eine oder andere Gesundheitsleistung für seine Praxis indiziert ist. Selbstzahlerleistungen dienen dabei nicht nur der Honoraroptimierung des Arztes, sondern werden zunehmend vom Patienten als gesundheitsfördernde Maßnahme erkannt und helfen somit dem Patienten bei der Bedürfnisbefriedigung seines Wunsches nach Wohlfühlen und Vitalität. Das oberste Ziel der Kunden- beziehungsweise Patientenzufriedenheit ist somit nicht nur eine Zielsetzung im Hinblick auf klassische Leistungen, sondern auch im Hinblick auf neue Wünsche der Kunden, die befriedigt werden wollen.

Die Leistungspolitik stellt daher die Instrumente zur Einführung neuer Leistungen, der Veränderung aktueller Leistungen oder die Abschaffung einer bestehenden Leistung dar. Geht man davon aus, dass eine Leistung alle Phasen – im Sinne eines Produktlebenszyklus – durchläuft, so ist dafür Sorge zu tragen, dass zeitnah neue Leistungen dem Patienten angeboten werden. Mit Leistungen sind an dieser Stelle explizit Behandlungsmethoden gemeint, welche im Rahmen des Fortschritts zeitnah einer innovativen Veränderung unterliegen oder sogar von besseren Methoden abgelöst werden (Leistungswechsel). Die Überprüfung des Leistungsangebotes sollte regelmäßig erfolgen. Durch die Ermittlung der Leistungsauslastung lässt sich in Anlehnung an die Amortisation der zugehörigen Kosten – Investitionsaufwand zuzüglich variable Kosten – eine Wirtschaftlichkeit der Leistung errechnen. Rentiert sich eine Leistung nicht, ist aber medizinisch wichtig, so kann man diese weiter anbieten, sollte sich aber bewusst sein, welchen Verlust die Leistung erwirtschaftet. Der Verlust muss durch andere Leistungen kompensiert werden, um wirtschaftlich zu bleiben. Eine Leistungserweiterung wäre die Einführung neuer Leistungen. Eine neue Leistung ist wenn möglich dann einzugliedern, wenn sehr ähnliche „Vorläuferleistungen" noch vorhanden sind, um im Rahmen der Wahlfreiheit Optionen anbieten zu können und um die Patienten an die neue Leistung „zu gewöhnen". Eine Überprüfung der möglichen Nachfrage beziehungsweise der Wirtschaftlichkeit neuer Leistungen hat stets im Kontext mit der individuellen Praxissituation zu erfolgen.

> Überprüfung und Veränderung des Leistungsangebotes

Der Patient von heute nutzt zunehmend das Angebot des Internets, um sich in Bezug auf geeignete diagnostische und therapeutische Methoden seiner Erkrankung zu informieren. Hier ist der Arzt gefragt den Wissensvorsprung der Patienten wieder aufzuholen. Softwareunternehmen bieten dazu dem Arzt Expertensysteme und Repetitorien. Das Wissen um die Krankheit und ihrer Behandlungsmethoden schafft so wieder Vertrauen beim Patienten.

Nicht alle Leistungen muss der Arzt in der eigenen Praxis bereithalten, er sollte sich im Gegenteil auf seine eigene Leistungskraft und Kernkompetenz fokussieren und dem Patienten stetig mit Rat und Hilfe zur Seite stehen. Die Überweisung eines Patienten zu einem Fachkollegen muss hierbei keine Angsttat sein. Sie ist vielmehr ein Zeichen von Stärke, die der Patient zu schätzen weiß. Im Vorfeld der Überweisung sollte der überweisende Arzt seinen Patienten über das weitere Vorgehen des Fachkollegen unterrichten, um so – für seinen Patienten sichtbar – eine kompetente Vorberatung zu bieten. Erfolgt die Behandlung durch einen Fachkollegen, so ist der Patient wohl im Stande, den Erfolg der Heilung zu teilen, denn hätte sein Arzt ihn nicht zum richtigen Fachkollegen überwiesen, so wäre er möglicherweise erst später gesundet oder immer noch krank.

> Fokus auf die Kernkompetenz

Preispolitik

Die Selbstzahlerleistung in die Preispolitik einbinden

Unter Preispolitik werden all die Instrumente subsumiert, die eine Planung und Durchsetzung von Preisen zur Folge haben. Nun mag man grundsätzlich sagen: Welche Bedeutung soll dieses Thema für mich haben? Die Entlohnung meiner Leistungen erfolgt doch durch Verrechnung meiner erarbeiteten Punkte beziehungsweise durch GOÄ-Ziffern. Hierbei wird aber gerne der Bereich der Selbstzahlerleistungen ausgeklammert. Dabei ist die Ermittlung des Honorars einer Gesundheitsleistung eine sehr wichtige Aufgabe. Die Kalkulation des Honorars einer solchen Leistung sollte sich in jedem Fall zwingend an den Vorgaben der Praxisstruktur ausrichten. Hierbei sollten sinngemäß anteilige Gemeinkosten, Kosten die per se vorhanden sind (Personalkosten, Raumkosten, etc.) und Einzelkosten (Material, Strom, zum Beispiel Miete für ein Gerät, das zur Erbringung der Leistung benötigt wird) verursachungsgerecht in das Honorar mit einkalkuliert werden, um durch einen realistischen Gewinnaufschlag – hier Steigerungssatz – nachhaltig Erträge zu erwirtschaften. Kosten beeinflussen die Höhe des Preises, daher ist eine Betrachtung der Minimierung der Kosten auch im Kontext der Preispolitik zwingend erforderlich. Eine Ausrichtung des Preises erfolgt zumindest bei den Selbstzahlerleistungen marktorientiert. Das heißt, die Preise ihrer Kollegen sind das Richtmaß ihres möglichen Absatzpreises. Sollten Sie über dem Preis ihrer Kollegen liegen, so sollte Ihnen bekannt sein, warum ihr Preis der Leistung höher liegt, da Patienten zunehmend geneigt sind, Preise zu hinterfragen. Der Patient nutzt den Preis einer Dienstleistung als Qualitätskriterium, da nur die erlebte Leistung eine qualifizierte Beurteilung zulässt. Daran erkennen Sie wie wichtig es ist, den Preis beziehungsweise den Nutzen der Leistung richtig zu kommunizieren.

Die Preisdifferenzierung stellt ein weiteres Instrument der Preisgestaltung dar, hat für den Arzt aber eine untergeordnete Bedeutung. An dieser Stelle sei auf Kapitel 4 verwiesen „Kalkulation vor Investition", in dem Herr Frielingsdorf diese Thematik näher erläutert. Die Erwähnung dieser Thematik war mir insofern sehr wichtig, um ihre Bedeutung und Einordnung im symbiotischen Gesamtkonzept des Marketing vornehmen zu können.

Kommunikationspolitik

Instrumente der Kommunikationspolitik

Zur Kommunikationspolitik gehören all die Instrumente, die eine für das Produkt förderliche Haltung beim Kunden erzeugen. Welche Instrumente man explizit darunter versteht, ist stets eine Frage der Definition. Auf Grundlage der praktischen Ausrichtung dieses Werkes seien die folgenden Instrumente der Kommunikationspolitik zugeordnet:
* Corporate Identity
* Werbung
* Öffentlichkeitsarbeit/PR

Die Vermittlung von Informationen über die eigene Praxis oder Dienstleistungen an den Kunden verfolgt das Ziel, einen hohen positiven Bekanntheitsgrad beziehungsweise Informationsgrad zu schaffen.

Corporate Identity

Der Begriff des Corporate Identity oder abgekürzt „CI" ist den meisten Ärzten sicherlich geläufig. Unter der „Praxis-Identität" fasst man gewöhnlich die Kommunikationselemente zusammen, die eine Darstellung der Praxis nach innen und nach außen kennzeichnen. Ziel ist somit der Aufbau eines nachhaltigen Images der Praxis, bei den Patienten, den Mitarbeitern und in der Öffentlichkeit. Das Corporate Identity hat somit festzulegen, wie die Praxis im Innen- und Außenverhältnis erscheinen soll. Im Innenverhältnis sollte sich dies in einer praxisspezifischen Unternehmenskultur und im Außenverhältnis in der Darstellung eines bestimmten Images ausdrücken. Um zu wissen, welches Image Ihre Praxis beim Patienten zur Zeit hat, ist es hilfreich, einen neuen Patienten mal mit der Frage zu konfrontieren „Was hat Sie bewegt, zu uns zu kommen?" Aus dieser Aussage lässt sich sehr schnell ersehen, ob Ihre Vorstellung vom Image der Praxis mit der des Patienten übereinstimmt. Eine weitere Möglichkeit wäre, durch Patientenfragebögen die Empfindungen der Patienten in Bezug auf ihre Praxis zu analysieren.

Das Erscheinungsbild der Praxis nach innen und außen

 Corporate Identity

Corporate Identity setzt sich zusammen aus:
- Corporate Design
- Corporate Behavior
- Corporate Communications

unter Berücksichtigung der entwickelten unternehmensspezifischen Identität.

Corporate Design stellt die optische Wahrnehmung der Praxis, unter Berücksichtigung des vorgegebenen Image-Ziels dar. Um als Einheit gemäß des vorgegebenen Images zu erscheinen, ist es erforderlich, sich von an deren Anbietern abzugrenzen. Ein Wiedererkennungswert kann durch ein Logo, eine Farbe oder eine besondere Schrift erzeugt werden. Diese Wiedererkennungswerte erzeugen beim Patienten ein Zuordnung zu ihrer Praxis, wenn diese auf dem Briefbogen, in Broschüren, Anzeigen oder auf der Arzt-Homepage verwendet werden. Darüber hinaus haben die meisten Arztpraxen ein eigenes Corporate Design durch die Berufskleidung des Praxis-Teams, durch die der Patient aufgrund der Farbe und des Kleidungsstils die Begrifflichkeiten Medizin und Kompetenz zuordnet. Sinnvoll ist es zudem, das eigene Logo auf der Berufskleidung anzubringen, um so eine bessere Verknüpfung zu erzielen.

Corporate Design

Corporate Behavior

Corporate Behavior kennzeichnet das Verhalten der Praxis nach innen und außen. Es stellt insbesondere den Stil der Mitarbeiter untereinander und im Außenverhältnis dar. Existiert noch kein eigener Stil oder ist der eigene Stil nicht konform zum gewünschten Image, so muss das Praxisteam für sich Leitlinien erarbeiten, um ihr Handeln beziehungsweise Verhalten daran auszurichten. Das an den Bedürfnisse der Patienten entwickelte Image muss in gelebte Verhaltensmuster umgesetzt werden. Dadurch wird das Imageziel des Corporate Identity nonverbal kommuniziert.

Corporate
Communications

Corporate Communications ist die Abstimmung und Wahl aller kommunikativen Maßnahmen mit der Zielsetzung der Etablierung eines Images. Hierzu zählt explizit die Auswahl der Kommunikationsmöglichkeiten wie auch die Schaffung eines eigenen Image-Slogans im Hinblick auf eine optimale Positionierung des gewünschten Images. Unter Image-Slogan ist eine kurze prägnante Werbeaussage zu verstehen, die beim Patienten eine bestimmte Assoziation wecken soll, aber zugleich auch die Leistung, die man anbietet, mit erwähnt. Ein aktuelles Beispiel wäre die Aussage „Alles was uns verbindet" von der Telekom. Gemeint ist grundsätzlich die Verbindung zweier Menschen durch ein Produkt der Telekom. Aber darüber hinaus strahlt es eine positive Botschaft von Innovation und Zuneigung aus, die sich aufgrund der Kürze der Aussage auch gut merken lässt. Sollten Sie den Slogan anders interpretieren, so entspricht das exakt ihrer persönlichen Empfindung. Sicherlich empfinden Sie die Aussage aber ebenso positiv wie jeder andere auch, und das ist die Schlüsselidee dieser Botschaft. Was halten Sie beispielsweise von der Botschaft Ihrer Praxis:

❗ „Wir helfen Ihnen gerne – wir sind immer für Sie da."

Bitte beachten Sie, dass ein Slogan nicht irreführend, anpreisend oder vergleichend sein darf. Nähere Informationen hierzu erhalten Sie im nachfolgenden Kapitel.

Werbung

Werbung hat die Aufgabe, den Nutzen einer Leistung zu vermitteln, um den Bekanntheitsgrad der Leistung zu erhöhen und den Kunden zur Nachfragehandlung zu bewegen. Werbung kann untergliedert werden in die u.a. Werbemittel.

❗ Werbemittel
    Anzeigen und Inserate
    Verzeichnisse
    Internetpräsentation
    Praxisschild
    Praxisinformationen

Patientenzeitung & Patientenbriefe

Visuelle Wartezimmer-Präsentationssysteme

Die Abgrenzung zwischen zulässiger Information und berufswidriger Werbung wird generalklauselartig in den §§ 27 ff. der (Muster-) Berufsordnung für die deutschen Ärztinnen und Ärzte geregelt. Eine Neufassung dieser Vorschriften zur beruflichen Kommunikation von Ärzten wurde vom 105. Deutschen Ärztetag 2002 verabschiedet. Alle gegenwärtigen Werbemittel werden als gleich zu behandeln eingestuft, wobei aber einzelne Werbemittel dennoch rechtliche Besonderheiten aufweisen.

> Zulässige Information oder berufswidrige Werbung?

Die nachfolgende Darstellung soll den derzeitigen Stand der das Werbeverbot für Ärzte betreffenden Normen und Rechtsprechung reflektieren, ohne jedoch einen Anspruch auf Vollständigkeit, Aktualität, Qualität und Richtigkeit der hier dargebotenen Informationen erheben zu wollen. Die nachfolgenden Inhalte wurden sorgfältig geprüft und nach bestem Wissen erstellt. Es kann aber keine Verantwortung für Schäden übernommen werden, die durch das Vertrauen auf die Informationen oder deren Gebrauch entstehen.

Letztlich kommt es auf die konkrete Ausgestaltung von Form, Inhalt und Umfang des jeweiligen Einzelfalles an, ob es sich um eine zulässige Information oder um eine unzulässige Werbung handelt. Entsprechende Maßnahmen sollten daher stets mit der jeweils zuständigen Ärztekammer oder einem Rechtsanwalt abgestimmt werden.

Auf Grund der Tatsache, dass das Gesetz die möglichen Werbemittel gleich behandelt, lässt sich im Bezug auf die verwendbaren Angaben eine kurze Liste darstellen.

Im Rahmen der Werbemittel sind folgende Angaben als sachlich und somit unbedenklich eingestuft worden:

* Arzt- und Mitarbeiternamen
* Lichtbilder des Arztes und der Mitarbeiter[1]
* Praxisanschrift
* Kommunikationsdaten
* Sprechzeiten
* Facharztbezeichnung
* nach der Weiterbildungsordnung erworbene Bezeichnungen bzw. Qualifikationen
* nach sonstigen öffentlichen-rechtlichen Vorschriften erworbene Qualifikationen
* andere Qualifikationen, die nicht durch eine Ärztekammer verliehen wurden, sind mit einem kennzeichnenden Zusatz zu versehen[2]
* Tätigkeitsschwerpunkte
* Krankenkassenzulassung
* Hausärztliche Versorgung

---

[1] Vgl. OLG Rostock, Urteil vom 06.02.02, Az.: 2 U 33/01
[2] Vgl. BVG, Urteil vom 05.04.2001, Az.: 3 C 25/00

- Bereitschaftsdienst oder Notfallpraxis
- Ankündigung von Kooperationen, gemäß § 22 a MBO
- Belegarzt; Krankenhaus
- Ambulante Operationen

Alle Angaben stehen mit der ärztlichen Tätigkeit in Zusammenhang und müssen der Wahrheit entsprechen. Gemäß § 27 Abs. 4 und 5 sind nach der Weiterbildungsordnung erworbene Bezeichnungen, sonstige durch öffentlich-rechtliche Vorschriften erworbene Qualifikationen, andere Qualifikationen und Tätigkeitsschwerpunkte nur dann anzugeben, wenn diese in einer Tätigkeit nicht nur gelegentlich ausgeübt werden. Die Ärztekammer Niedersachsen hat den Begriff „gelegentlich" mit mehr als 20 % der Gesamtleistung definiert. Tätigkeitsschwerpunkte sind so zu wählen, dass sie nicht mit Qualifikationen verwechselt werden oder Qualifikationen vortäuschen. Die Verwendung des Begriffs „Ambulante Operationen" sowie „Praxisklinik" folgt besonderen Voraussetzungen, die im Einzelfall mit der jeweilig zuständigen Ärztekammer abzustimmen sind. Das Werben mit einem erworbenen Qualitätsmanagement-Zertifikat (z. B. ISO-Zertifikat) ist dann als unkritisch anzusehen, wenn Sie eindeutig aufzeigen, dass Ihr Praxisablauf, das heißt der organisatorische Ablauf, zertifiziert wurde. Auch das Anbringen der Zertifizierungsurkunde in der Praxis ist als zulässig zu betrachten. Eine Formulierung aller Angaben hat stets in einer dem Patienten verständlichen Form zu erfolgen.

Werberecht – Einschränkungen

Gelockerte
Werberestriktionen

Die ärztlichen Werberestriktionen haben an Schärfe verloren! Zeitgeist und Verstand haben die Oberhand gewonnen. Die vergangenen Jahre haben nur all zu oft wenig begreifbare Vorschriften zur Werbung – es gab fast nur Verbote für den Arzt – gekannt. Die Vorschrift zur Bemessung des Praxisschildes war hierbei eine besondere Stilblüte, die die Ärzteschaft lange begleitete und zugleich aufzeigte, was Werbung für den Arzt zu sein hat – nämlich ein nicht zulässiges Element der Darstellung. Typischer Weise musste für die Schaltung von Anzeigen per Printmedium beispielsweise die Bekanntmachung des Urlaubs herhalten, um „standesgerecht werben" zu dürfen. Diese Restriktionen waren schlichtweg veraltet und durch die verschiedensten Urteile und Beschlüsse in den letzten Jahren so stark verwässert worden, dass eine Neufassung der Berufsordnung dringend notwendig war.

Zuletzt erzwangen die Beschlüsse des Bundesverfassungsgerichtes förmlich die ganzheitliche Analyse und Revision dieses Zustandes. Wären nicht einige wagemutige Ärzte bis vor das Bundesverfassungsgericht gezogen und hätten nicht Rechtsanwälte einen Freispruch zum Vorwurf der berufswidrigen Werbung errungen, so hätte sich bis heute noch nichts geändert. In Anbetracht der Situation beschloss der 105. Deutsche Ärztetag am 31. Mai 2002 die maßgebliche Reform des ärztlichen Werberechtes.[3] Mit den Änderungen der Berufordnungen der Länder, auf Grundlage der Musterberufsordnung 2003, sind die Ärztekammern den Ärzten entgegen gekommen.

Das ärztliche Werberecht wurde in einer Generalklausel der Musterberufsordnung § 27 ff. zusammengefasst. Die Generalklausel bringt zum Ausdruck, dass der Arzt aufgrund seines Informationsrechtes in sachlicher Weise sich der Öffentlichkeit präsentieren darf. Die Ärztekammer Niedersachsen, wie auch alle anderen Ärztekammern haben dem gemäß den § 27 ff. der Musterordnung in ihre aktuellen Berufsordnungen übernommen. Zur näheren Differenzierung verwies § 27 der alten Berufsordnung auf Kapital D I Nummer zwei bis sechs, die in der aktuellen Fassung in § 27 ff. eingearbeitet wurden.

Alle Werbeträger, wie zum Bespiel Anzeigen, Inserate, Internet, Homepage, Praxisschild werden zukünftig vom Gesetz gleich behandelt. Eine Unterscheidung der Medien erfolgt nicht mehr.

❗ Neben der neu gefassten Musterberufsordnung hat der Arzt jedoch noch weitere Gesetze in Bezug auf seine Werbemöglichkeiten zu berücksichtigen. Unter anderem sind dies, das Heilmittelwerbegesetz (HWG), das Gesetz gegen den unlauteren Wettbewerb (UWG) und im Internet spezielle weitere Gesetze, wie zum Beispiel das Teledienstgesetz.

Nachfolgend erfolgt die Eingrenzung der Werbemöglichkeiten unter Darstellung der nicht zulässigen Werbeformen.

Eine berufswidrige Werbung ist dem Arzt untersagt. „Berufswidrig ist insbesondere eine anpreisende, irreführende oder vergleichende Werbung." Die Aussage wurde dem § 27 Abs. 3 der Musterberufsordnung entnommen. Die Begrifflichkeit „insbesondere" verweist hierbei auf die exemplarische Darstellung berufswidriger Inhalte, wobei keine Begrenzung weiterer berufswidriger Tatinhalte vorgenommen wurde. Analog gilt daher beispielsweise der Verweis auf die Verbote des Heilmittelwerbegesetzes (HWG). Die zitierte Aussage dient als rechtliche Grundlage der Abgrenzung zwischen zulässiger und unzulässiger Werbung. Es stellt sich daher die Frage, was unter anpreisend, irreführend und vergleichend verstanden werden muss, um zu Wissen, wie man auch heute nicht werben darf.

Berufswidrige Werbeformen

Zur anpreisenden Werbung existiert zwar keine gesetzliche Definition, aber zahlreiche Urteil vergleichen die anpreisende Werbung mit der Image-Werbung.[4] Eine Image-Werbung stellt eine Leistung im Superlativ übertrieben dar. Ebenso als anpreisend eingestuft wird die Werbung, die durch ihren Inhalt keine objektiv nachprüfbare Aussage beinhaltet. Folglich ist die Formulierung „Bahnbrechende ärztliche Leistung" nicht zuläs-

---

[3] Vgl. Beschlussprotokoll des 105. Deutschen Ärztetages, Rostock, Punkt V der Tagesordnung
[4] Vgl. BVerfG, Beschluss vom 19.11.1985, Az.: 1 BvR 934/82

sig. Weitere unzulässige Angaben hat die Ärztekammer Niedersachsen in einer Erläuterung zusammengefasst. Hierzu zählen:

* Die Verbreitung von Flugblättern, Postwurfsendungen, Mailingaktionen
* Plakatierung
* Trikotwerbung, Bandenwerbung
* Angabe von Referenzen
* Unaufgeforderte Wiedereinbestellung ohne medizinische Indikation

Die Begrifflichkeit „irreführend" ist im § 3 des Gesetzes gegen den unlauteren Wettbewerbes wie auch im § 3 des Heilmittelwerbegesetzes aufgeführt. Als irreführende Aussagen einer Werbung sind die Aussagen zu verstehen, die den bestehenden oder potentiellen Patienten in die Irre führen oder ihn täuschen. Aussagen, die diese Eigenschaften haben, lassen sich konzipieren aus unvollständigen oder unklaren Angaben oder durch das Verschweigen von Tatsachen. Dem gemäß ist die Verwendung und Benennung von Qualifikationen, die dem Arzt keine qualifizierte Leistungssteigerung zusichern, unzulässig.

Beispielsweise könnte eine irreführende Aussage wie folgt lauten: „Spezialist für Lasertherapie entfernt Tätowierung."[5]

Ist der Arzt kein Hautarzt und als solcher auch nicht seit vielen Jahren in diesem Bereich tätig, so ist es ihm nicht gestattet sich als Spezialist zu bezeichnen.

Eine vergleichende Werbung ist dem Arzt grundsätzlich verboten, daher wird ihre Verwendung auch nicht näher erläutert. Einer der bekanntesten Fälle könnte die Zeitungsserie „Die 500 besten Ärzte Deutschlands" gewesen sein.[6] Hierbei fehlte es der Aussage an fachlich überprüfbaren Kriterien, so dass ein Vergleich zu anderen Kollegen nicht gerechtfertigt war. Ein weiteres Beispiel einer nicht zulässigen Werbeaussage wäre „Unsere kardiologische Praxis ist besser qualifiziert als die anderer Ärzte".

Unter sonstigen Verboten nennt die Ärztekammer Niedersachsen in ihrer Erläuterung des Werberechtes das Auslegen von Hinweisen auf die eigene Praxis bei Leistungserbringern im Gesundheitswesen wie beispielsweise Apotheken. Ebenso verboten ist die Verwendung von Zeitungsbeilagen, produktbezogene Werbung durch/für Dritte im Wartezimmer sowie das in den Umlauf bringen von Werbegegenständen – außerhalb der Praxis –, die einen Bezug zum Arzt herleiten lassen. Hierzu zählen zum Beispiel Kugelschreiber, T-Shirts mit Werbeaufdruck und Aufkleber. Eine Angabe zur Vergütungshöhe oder die Bewerbung der eigenen Praxis durch Kundgabe der Ergebnisse einer Patientenzufriedenheitsbefragung ist unzulässig.

---

[5] Vgl. BverfG, Beschluss vom 08.01.2002, Az.: 1 BvR 1147/01 und BerufsG f. Heilberufe beim VG Greifswald, Urteil vom 12.02.02, Az.: 8/99
[6] Vgl. BGH, Urteil vom 30.04.1997, Az.: I ZR 196/4 GRUR 1997 und Az.: I ZR 154/95 GRUR 1997

Sollte ein Arzt über seine Imagewerbung hinaus bestimmte medizinisches Verfahren oder eine ärztliche Behandlungsmethoden bei bestehenden oder potentiellen Patienten bewerben wollen (§ 1 Abs. 1 HWG), so sind die Paragraphen des Heilmittelwerbegesetz zu beachten. Exemplarisch sei § 11 des Heilmittelwerbesetzes genannt, der die gegenüber der nichtmedizinischen Bevölkerung – außerhalb der Fachkreise – unzulässigen Werbeinhalte darstellt. Unzulässig sind insbesondere:

* Gutachten, Zeugnisse, wissenschaftlicher oder fachlicher Veröffentlichungen sowie mit Hinweisen darauf, in Bezug zu einem Verfahren oder einer Behandlung.
* Angaben, dass die Verfahren, die Behandlung, der Gegenstand oder andere Mittel ärztlich, zahnärztlich, tierärztlich oder anderweitig fachlich empfohlen, geprüft oder anderweitig angewendet werden.
* Werbemaßnahmen für Verfahren oder Behandlungen bei Wiedergabe von Krankengeschichten sowie mit Hinweisen darauf.
* Werbemaßnahmen für Verfahren oder Behandlungen durch bildliche Darstellung von Personen in der Berufskleidung oder bei der Ausübung der Tätigkeit von Angehörigen der Heilberufe, Verfahren oder Behandlungen.
* Werbemaßnahmen für Verfahren oder Behandlungen durch bildliche Darstellung,
* von Veränderungen des menschlichen Körpers oder seiner Teile durch Krankheit, Leiden oder Körperschäden,
* der Wirkung eines Verfahrens, einer Behandlung durch vergleichende Darstellung des Körperzustandes oder des Aussehens vor und nach der Anwendung,
* des Wirkungsvorganges eines Verfahrens, einer Behandlung am menschlichen Körper oder an seinen Teilen.
* Werbemaßnahmen für Verfahren oder Behandlungen unter Verwendung von fremd- oder fachsprachlichen Bezeichnungen, soweit sie nicht in den allgemeinen deutschen Sprachgebrauch eingegangen sind.
* Werbeaussagen für Verfahren oder Behandlungen, die geeignet sind, Angstgefühle hervorzurufen oder auszunutzen.
* Werbemaßnahmen für Verfahren oder Behandlungen durch Äußerungen Dritter, insbesondere durch Dank-, Anerkennungs- oder Empfehlungsschreiben, oder mit Hinweisen auf solche Äußerungen.

Die Darstellung der rechtlich zulässigen Möglichkeiten – die dem Arzt eine aktive Kommunikation mit dem Patienten ermöglichen – wurden in das Thema Marketing eingearbeitet. Von einer separaten Darstellung der Werbemöglichkeiten wurde bewusst abgesehen, um ihre Symbiose im Kontext anderer Marketinginhalte zum Ausdruck zu bringen. Die nachfolgend dargestellten Beispiele mögen Ihnen als Hilfe dienen, können sie aber leider nicht von der Überprüfung ihrer aktuellen Gültigkeit befreien.

Anzeigen und Inserate

Die Darstellung der sachlichen Daten einer niedergelassenen Arztpraxis ist in Zeitungen erlaubt. Hier runter fallen all die Informationen, die in der Einleitung zum Abschnitt Werbung dargestellt wurden. Gemäß eines Urteils des Bundesverfassungsgerichtes vom 18.02.2002 – Az.: BvR 1644/01 – wurde die Einschränkung des Umfangs und der Häufigkeit von Zeitungsanzeigen aufgehoben. Darüber hinaus dürfen Form, Inhalt oder Häufigkeit nicht übertrieben wirken. Die Vorschriften des Heilmittelwerbegesetzes sind zu beachten.

Einheitliche Anzeigen erhöhen den Wiedererkennungswert

Um Anzeigen optimal zu gestalten, sind einige elementare Grundsätze zu beachten. Die Konzeption einer Anzeige sollte in ihrem Erscheinungsbild auch in späteren Anzeigen wiederkehrend erkennbar sein. Eine Anzeige sollte somit stets gleich oder zumindest sehr ähnlich aussehen und aufgebaut sein. Es ist es sehr wichtig, eine angenehm zu empfindende Schrift und Farbe auszuwählen. Hilfreich ist es die Anzeige farblich einzurahmen und das Logo einzubinden. Eine ansprechende und standesgemäße Farbe ist erfahrungsgemäß die Farbe Blau. Wichtig ist, dass Ihre Anzeige auffällt und das erreicht sie, wenn Ihre Anzeige sich von den anderen Anzeigen absetzt. Darüber hinaus sollte sich der Name des Arztes wie auch die Praxisanschrift vom eigentlichen Aufbau der Anzeige absetzten, um als zentrales Element vom potentiellen Patienten erfasst zu werden. Vorzugsweise sollten mehrere kleine Anzeigen geschaltet werden als einige wenige große – so erreicht man mehr potentielle Patienten. Sollten Sie die Möglichkeit haben, in einer Zeitschrift mehrfach ein und dieselbe Anzeige schalten zu können, so sollte diese immer auf derselben Stelle einer Seite platziert werden. Optimal ist eine Anzeige, die oben rechts geschaltet wird, da diese eher in das Blickfeld des Lesers fällt.

Entwerfen Sie niemals zu umfangreiche Anzeigen. Die Anzeigen sollten kurz und prägnant sein. Weisen Sie verstärkt auf Ihre Internetpräsenz hin. Jede Werbemaßnahme folgt stets der Frage nach Kosten und Leistung, wobei das häufige Schalten von sinnlosen Anzeigen zu vermeiden ist. Die Gewinnung von Neukunden durch dieses Medium ist sehr verschieden. Eine Überprüfung der Kundengewinnung durch diese Werbemaßnahme sollte durch einen Patientenfragebogen überprüft werden. Investieren Sie lieber in eine sehr professionell gestaltete Internetpräsenz, die Sie zwar eine größere einmalige Investition kostet, dann aber tagtäglich von Ihren potentiellen Patienten besucht werden kann.

Verzeichnisse

Die Eintragung von Praxisinformationen in Verzeichnisse ist gemäß § 28 MBO zulässig, soweit die Verzeichnisse bestimmte Voraussetzungen erfüllen. Zu diesen Voraussetzungen zählen, dass die Verzeichnisse für alle Ärzte einen kostenlosen Grundeintrag anbieten müssen. Des Weiteren müssen sich die Eintragungen auf ankündigungsfähige Informationen beschränken und zwischen den durch die Weiterbildungsordnung oder sonstigen öffentlich-rechtlich Vorschriften erworbenen Qualifikationen unterscheiden.

Eine Beschränkung der Häufigkeit, Streuung oder Reichweite von Verzeichnisseinträgen existiert nicht. Die Platzierung von Einträgen muss nicht in Ärzteverzeichnissen erfolgen, sollte aber allen Ärzten gemäß der Vorraussetzungen § 28 MBO – siehe Darstellung zuvor – zugänglich sein.

Wichtig ist, dass der Arzt die Schaltung der Verzeichniseinträge an seinem Corporate Design ausrichtet. Der Arzt sollte alle Mittel ausnutzen, um seinen eigenen Gestaltungsstil zu implementieren. Die Internetpräsentation des Arztes sollte in jedem Fall in den Vordergrund gestellt werden, um potentiellen Patienten im Internet von der Professionalität des Erscheinungsbildes der Praxis und seiner Leistungsangebote zu überzeugen. Hierzu in Bezug auf die Vorteile besonderer Gestaltung sei der Abschnitt „Anzeigen & Inserate" empfohlen, sowie der Abschnitt „Internet" mit den Ausführungen zum Thema Chance der Verlinkung und Nutzung der eigenen Internetpräsentation".

Praxisinformationen in Verzeichnissen in einem eigenen Gestaltungsstil

Internet

Bei der Internetwerbung handelt es sich im Gegensatz zu anderen Werbeformen, um eine passive Darstellungsplattform, wobei stets zu berücksichtigen ist, dass den potenziellen Patienten nichts unaufgefordert aufgedrängt werden darf. Inhalte, die dargestellt werden, müssen daher sachlich gehalten werden.

Zulässige Informationen sind die der Einleitung zum Abschnitt Werbung. Erweitert werden dürfen diese Daten durch Angaben zum Privatleben, wie zum Beispiel Angaben über Hobbys. Diese Daten müssen jedoch vom beruflichen Bereich getrennt werden und als solche auch in Erscheinung treten.[7]

Zulässige Gestaltung einer eigenen Homepage

Gemäß Teledienstgesetz (TDG) und Teledienstdatenschutzgesetz (TDDSG) ist bei geschäftsmäßiger Nutzung der Arzt verpflichtet, seinen Namen, seine gesetzliche Berufsbezeichnung, das Land der Verleihung, seine Anschrift, seine Rufnummer wie auch E-Mail-Adresse sowie Angaben zur zuständigen Ärztekammer und Kassenärztlichen Vereinigung auf der Homepage einsehbar abzubilden. Soweit aufgrund anderer Tätigkeiten – zum Beispiel Gutachtertätigkeiten – eine Umsatzsteueridentifikationsnummer vorliegt, ist diese auch anzugeben.

---

[7] Vgl. BVerfG, Beschluss vom 26.08.03, Az. 1 BvR 1003/02

Mindestangaben

Mindestangaben einer Praxisinformation werden im §en 28 MBO aufgeführt. Inwiefern diese Vorschrift auch auf einen Internetauftritt anzuwenden ist, ist strittig. Daher sollten Sie alle Mindestangaben wie vorgeschrieben abbilden. Hierzu zählt die Bezeichnung der für Sie gültigen Berufsordnung und die Angabe des Ort ihrer Einsehbarkeit. Die anderen Angaben wurden im Rahmen des TDG dargestellt

Eine Homepage als Informationsquelle für den Patienten

Viele Ärzte glauben, dass das Internet ein Medium für die junge Bevölkerung ist, und sind deshalb nicht bereit, in dieses Medium zu investieren! Das ist vordergründig nachvollziehbar, aber nicht richtig. Betrachtet man die Zuwachsraten der Internetanschlüsse, so zeigt sich, dass immer stärker – mit stark wachsender Tendenz – auch die ältere Bevölkerung im Internet vertreten ist. Darüber hinaus fungiert der jüngere Internetnutzer von heute zunehmend als Berater der älteren Bevölkerung. Der Patient sucht das Internet auf, um sich vor und nach dem Arztbesuch anonym umfassend zu seiner Krankheit zu informieren. Der Patient sucht hier seine Patienteninformationen, die er bei seinem Arzt nicht erhält. Für den Arzt ist damit das Internet eine Chance sich zukunftsweisend im Markt gegenüber seinen Fachkollegen zu positionieren und überregional professionell aufzutreten.

Die Erstellungskosten einer Homepage lassen sich maßgeblich durch eigenes Mitwirken minimieren. Um eine informative Homepage zu konzipieren, ist folgendes zu berücksichtigen: Eine Homepage ist eigentlich nichts anderes als die Verbindung zwischen mehreren Blättern eines kleinen Buches. Ein Verständnis für diese Verknüpfungsgedanken erlangt man am schnellsten, wenn man sich einmal kurz mit dem Medium auseinandersetzt. Wichtig ist, dass die Gestaltung ihrer Seiten im Corporate Identity beziehungsweise Corporate Design erfolgen, um dem Besucher einen Wiedererkennungswert zu vermitteln. Ich empfehle Ihnen Ihre Homepage nach folgendem Muster aufzubauen.

Der Aufbau einer guten Homepage

Checkliste

Homepage
- [ ] Startseite
- [ ] Praxisteam
- [ ] Belegärztliche Tätigkeit
- [ ] Weiterbildung & Praxisschwerpunkt
- [ ] Privat- und Selbstzahlerleistungen
- [ ] Sondersprechstunden/Spezialsprechstunden
- [ ] Informationen & Service
- [ ] Lageplan
- [ ] Linkseite

Die Startseite erscheint als erste Seite, wenn der Internetnutzer die Domain, das heißt die Adresse Ihrer Homepage im Browser eingibt. Auf dieser Seite sollten Sie die gemäß Teledienstgesetz aufzuführenden Daten im oberen Bereich ihrer Seite platzieren. Es ist empfehlenswert, Ihr Logo, Ihren Namen, Ihre Facharztbezeichnung sowie Ihre Anschrift und Rufnummern auf jeder Seite an der selben Stelle zu platzieren, um ein einheitliches Bild zu schaffen. Weitere wichtige Daten der Startseite sind die Kassenzulassung, die zuständige Kassenärztliche Vereinigung sowie Hinweise auf eine Notfallversorgung mit Notfallrufnummer.

Startseite

Durch Drücken des Gliederungspunktes – Navigatorpunkte – gelangen Sie zu den jeweiligen Seiten. Der Gliederungspunkt „Startseite" stellt sicher, dass man auch stets wieder zur ersten Seite gelangt.

Diese Seite präsentiert Ihre Person und Ihre Mitarbeiter, die mit Bild, Name und Aufgabengebiet vermerkt werden sollten.

Praxisteam

Hier werden Angaben gemacht zum Belegkrankenhaus wie beispielsweise Anschrift, Telekommunikationsdaten, etc.

Belegärztliche Tätigkeit

Auf dieser Seite stellen Sie Ihre Weiterbildungen sowie Ihre Leistungsschwerpunkte dar. Zur besseren Übersicht bietet es sich an, die Leistungen getrennt nach Diagnostik und Therapie aufzuteilen.

Weiterbildung & Praxisschwerpunkte

Die Darstellung der Privat- und Selbstzahlerleistungen dient der Information Ihrer Patienten über Ihre weiterführende Diagnostik und Therapie im Sinne einer ganzheitlichen Medizin.

Privat- und Selbstzahlerleistungen

Unter Informationen sind weitere allgemeine Hinweise für Patienten dargestellt, wie beispielsweise Artikel zu medizinischen Themen, Abonnement einer Patientenzeitung oder eines Newsletters.

Informationen & Service

Der Lageplan zeigt dem Besucher an Hand eines Bildes ihrer Praxis, eines Kartenausschnittes und einer Anfahrtsbeschreibung den optimalen Weg zu Ihnen.

Lageplan

Auf der Linkseite führen sie mehrere Internetadressen zu speziellen Kategorien auf. Beispielhaft könnten dies die Kategorien „Themen ihres Fachbereiches", „Behörden", „Foren" oder „Allgemeine Gesundheitsinformationen" sein.

Linkseite

In Anlehnung an die mögliche Gliederung ist es Ihnen nun möglich, eine Struktur der jeweiligen Seite auf Papier zu zeichnen. Mit dieser Vorarbeit haben Sie Ihren Beitrag geleistet, so dass Sie Geld sparen und sicher gestellt ist, dass alle wichtigen Punkte erfasst werden. Anschließend lohnt es sich, Geld für eine professionelle Gestaltung zu investieren, damit der Besucher Freude hat, Ihre Homepage zu besuchen und Ihre Informationen zu lesen.

Präsenz in
Suchmaschienen mit
relevanter Domain

Die Anmeldung einer Internetpräsenz in die verschiedensten Suchmaschinen ist zulässig und zu empfehlen. Die Wahl einer Internetadresse (Domain) folgt dem Prioritätsprinzip „Wer zu erst kauft bekommt zu erst". Sie sollten daher schnell eine für Sie relevante Domain schützen. Nicht zulässig sind Domains die anpreisend oder irreführend sind. Beispielsweise www.bester-chirurg-hamburg.de. Die Einbindung weiterer Inhalte auf Ihrer Homepage, wie zum Beispiel allgemeine Gesundheitstipps [8] und die Beschreibung von Behandlungsformen ist zulässig, darf aber den informierenden, sachlichen Charakter nicht verlieren.

Praxisinformationen

Der Auftritt der Praxis
nach innen und
außen

Praxisbroschüren, Flyer, Patientenzeitungen und Visitenkarten dürfen in der Arztpraxis uneingeschränkt ausgelegt werden. In wiefern diese Werbemittel uneingeschränkt als Informationsquelle an anderen Orten ausgelegt werden dürfen, wird nicht einheitlich beantwortet. Das Bundesverfassungsgerichts (Beschluss 08.01.02, Az. 1 BvR 1147/01) hat sich 2002 der Thematik der Verteilung von Krankenhausbroschüren angenommen und zu Gunsten des Krankenhauses entschieden. Wichtig ist stets, dass das Informationsmaterial gemäß § 27 MBO sachlich gehalten wird.[9] Als Grauzone gilt die Verschickung der Praxisbroschüren oder Flyer per Post an Nicht-Patienten, wobei gemäß § 1 UWG dieser Vorgang grundsätzlich zu lässig erscheint. Die Schaltung von Anzeigen sowie die Onlinestellung von Internetpräsentationen erreicht ebenso viele potentielle Patienten, wie zum Beispiel eine Postwurfsendung. Die endgültige Klärung dieses Sachverhaltes wird wahrscheinlich erst wieder vor Gericht geschehen. Zur Zeit lehnen die Ärztekammern eine Verschickung von Werbemitteln noch strikt ab!

Praxisinformationen können gemäß § 27 MBO fakultativ Angaben, wie in der Einleitung des Abschnittes „Werbung" aufgeführt, enthalten. Mindestangaben einer Praxisinformation werden im § 28 MBO aufgeführt. Hierzu gehören die Ärztekammer des Arztes, seine Berufsbezeichnung und die Bezeichnung der für ihn gültigen Berufsordnung und die Angabe des Ortes ihrer Einsehbarkeit. Eine Darstellung der Behandlungsmethoden ist zulässig, soweit sie nicht im Sinne einer Absatzwerbung erfolgen bzw. die Vorschriften des Heilmittelwerbegesetzes (insbesondere § 11 HWG, siehe hierzu auch Kapitel „Werberecht") beachtet werden. Dies gilt natürlich auch für Behandlungsmethoden, die in Ihrer Praxis seit neuestem angeboten werden.

---

[8] Vgl. OLG Köln, Urteil vom 04.05.2001, Az. 6 U 201/00
[9] Vgl. BVerfG, Beschluss vom 04.07.00, Az. 1 BvR 547/99

Praxisschild

Gemäß Musterberufsordnung legt der § 17 Abs. 4 den obligaten Mindest-
inhalt des Praxisschildes fest.

Das Praxisschild
als Werbemittel
gestalten

> **Checkliste**
>
> **Mindestangaben Praxisschild**
> ☐ Name des Arztes
> ☐ (Fach-)Arztbezeichnung
> ☐ Sprechzeiten
> ☐ Gegebenenfalls Zugehörigkeit zu einer Berufsausübungsgemein-
> schaft, gemäß § 22 i.V.m. Kap. D II Nr.8 BO

Im Rahmen des § 22 a ist zu vermerken, dass Organisationsgemeinschaf-
ten nicht angezeigt werden dürfen. Die Fortführung des Namens eines
nicht mehr berufstätigen, ausgeschiedenen oder verstorbenen Partners
einer Gemeinschaftspraxis beziehungsweise Partnerschaft ist unzulässig.

Darüber hinaus darf das Praxisschild weitere fakultative Angaben
wie auch ein Logo[10] enthalten. Weitere Daten, wie sie in der Einleitung
zur Werbung dargestellt wurden, sind zulässig. Die Beschränkungen hinsichtlich der Größe wurden aufgehoben – die Verhältnismäßigkeit ist aber
stets zu wahren. Auch eine mehrfache Anbringung des Praxisschildes ist
zulässig.[11] § 18 Abs. 3 regelt den Inhalt des Praxisschildes bei ausgelagerten Praxisräumen. Eine Anbringung eines Praxisschildes an ausgelagerten
Praxisräumen ist zulässig.

Sollten Sie ihre Möglichkeiten bei der Nutzung des Praxisschildes aus-
schöpfen wollen, so empfehle ich Ihnen unbedingt, professionelle Hilfe
bei der Gestaltung hinzuzuziehen. Der Sinn der Gestaltung ergibt sich aus
der Abstimmung zu Ihrem persönlichen Corporate Design – Farbe, Logo,
Schrift. Ein Patient sollte das Gefühl haben, dass er vom Praxisschild bis
zur Behandlung ein und den selben Stil wahrnimmt, um dieses optische
„Markenzeichen" bei ihm zu verankern. Unablässig ist auch die optimale
Beleuchtung des Praxisschildes, wobei die Wahl des Leuchtstoffkörpers
entscheidend ist für die Wahrnehmung des Schildes bei Nacht.[12]

Patientenzeitung und Patientenbriefe

Auf Grundlage des § 27 MBO haben Sie das Recht, Ihre Patienten in Bezug auf medizinische Fragen zu informieren. Von diesem Recht sollten Sie

---

[10] Vgl. Interpretationsbeschluss der Bundesärztekammer, Kapitel 8.4.5, S. 144
[11] Vgl. LandesBerufsG f. Heilberufe OVG Rheinland-Pfalz, Urteil vom 23.09.1998, Az. LBGH
A 10744/98
[12] Vgl. BerufsG f. Heilberufe VG Mainz, Urteil vom 11.09.02, Az. Kf 346/01

Patientenzeitung/
Patientenbrief
dienen der aktiven
Betreuung der
Patienten

unbedingt Gebrauch machen, da eine aktive Betreuung Ihrer Patienten zu einer starken Patientenbindung führt. Zukunftsweisende Softwarelösungen im Selbstzahlerbereich – siehe beispielhaft EUSANA Konzept für die Arztpraxis – ermöglichen schon heute dem Arzt, durch die Berücksichtigung von Auswahl-Merkmalen – Gesundheit, Sport, Beauty und Anti-Ageing – für den Patienten individuelle Patientenbriefe zu erstellen.

Die Darstellung allgemeiner Gesundheitstipps beziehungsweise die Vorstellung aktueller Forschungsergebnisse hat hierbei sachlich zu erfolgen.

Checkliste

Grundregeln für eine erfolgreiche Form der Patienteninformation

☐ Erstellen Sie zum Leseanreiz einen interessanten Einstieg.

☐ Die Überschrift Ihres Beitrages sollte sich im ersten Satz ihres Textes sinngemäß wiederfinden und einprägsam vermitteln, worum es im Beitrag geht.

☐ Verwenden Sie keine Kursivschrift, keine Großbuchstaben oder Fremdwörter, die der Patient nicht kennt.

☐ Vermeiden Sie negative Begriffe und halten Sie Ihre Darstellung stets populärwissenschaftlich und sachlich.

☐ Überprüfen Sie die Länge ihrer Sätze. Zu lange Sätze sind schwer zu verstehen.

Das Layout ihrer Patientenzeitung sollte emotional, anregend und medizinisch zugleich wirken. Wichtig ist, dass Sie Ihr Corporate Identity in Ihre Praxiszeitung mit einarbeiten. Patienteninteressante Themen sind Ernährung, Sport, Gesundheit, die Vorstellung von Vorsorgeuntersuchungen, Lifestyle, Mode und Informationen zum Wohlbefinden, der Attraktivität und der Vitalität. Durch eine Patientenbefragung lassen sich dazu sehr genau spezielle Praxisprofile entwickeln.

Praxiszeitschrift und Patientenbriefe stellen ein gutes Medium dar, um den Patienten auch über organisatorische Veränderungen zu informieren. Beispielsweise wären dies Änderungen der Sprechzeiten oder die Ankündigung einer Sondersprechstunde beziehungsweise einer Spezialsprechstunde. Auch die Vorstellung neuer Mitarbeiter stärkt die Bindung und Vertrauensbasis zum Patienten.

Sollten Sie in ihrer Patientenzeitung oder ihrem Patientenbrief Informationen zu ihren Behandlungsmethoden aufführen wollen, so beachten Sie bitte die unter Praxisinformationen gegebenen Hinweise.

Bleibt nur noch zu klären, woher Sie Copyrightfreie Texte bekommen, um nicht alle Beiträge selbst schreiben zu müssen. Hierzu bieten sich freie Medizin-Journalisten an, die nach den Wünschen des Auftraggebers Texte erstellen.

Präsentationssysteme

Präsentationssysteme ermöglichen die Darstellung von Behandlungsmethoden, Vorsorgeuntersuchungen sowie Selbstzahlerleistungen auf einem Bildschirm oder einem LCD-Bildschirm im Wartezimmer. Im Rahmen der Gleichstellung aller Werbemittel sieht die Musterberufsordnung für dieses Medium die selben Anforderungen vor, wie auch für alle anderen Medien. Der Einsatz eines solchen Mediums ist damit zulässig. Der Arzt hat jedoch Sorge zu tragen, dass die dargestellten Inhalte sachlichen und nicht anpreisenden sowie irreführenden Ursprungs sind. Zentrale Beachtung hat auch der § 11 Heilmittelwerbegesetz zu finden. Zur Zeit existieren zwei unterschiedliche Präsentationssysteme am Markt. Ein Präsentationssystem nimmt den Rückkauf des eingerichteten Sendeplatzes – Ihr Fernsehgerät und Receiver – vor, um eigenes Filmmaterial (Medizin & Allgemeines) in Ihrem Wartezimmer zu senden. Ein weiteres Präsentationssystem – beispielsweise das der Firma AltaMedica – ist durch Sie ständig individuell zu gestalten, da es sich um eine Software handelt, die sehr benutzerfreundlich ist. Dieses visuelle Präsentationssystem implementiert Ihre Corporate Identity und dient Ihnen für Ihre Präsentation Ihrer Selbstzahlerleistungen. Dieses System ist im Hinblick auf eine professionelle Kommunikation und Gestaltung des zu vermittelnden Inhaltes besonders zu empfehlen: Individualisierbarkeit des gezeigten Inhaltes unter Verwendung Ihres Layouts gestatten die fortlaufende Variabilität der Präsentation und damit die Möglichkeit, diese ständig auf ihre Bedürfnisse anzupassen und diese einheitlich in ihr Corporate Design einzugliedern.

Informationen an den Patienten via Bildschirmpräsentation im Wartezimmer

Public Relations

Unter Public Relations ist der ständige Dialog mit der Öffentlichkeit zu verstehen, welcher das Ziel hat, den Bekanntheitsgrad der angebotenen Leistungen und der Praxis zu erhöhen. Die Festlegung des eigenen Images gemäß Corporate Identity geht dem voraus. In erster Linie erfolgt jedoch keine direkte Bewerbung der eigenen Leistungen in Bezug auf eine spezielle Kundengruppe, sondern vielmehr eine Bewerbung Ihrer Praxis unter Darstellung der Institution an sich. Public Relation ist somit auch, wenn ein Patient durch einen anderen Patienten erfährt, wie gut sein Arzt ist.

Den Bekanntheitsgrad der Praxis und der Leistungen erhöhen

❗ Möglichkeiten der Public Relations in der Arztpraxis
 Praxispräsentation im Internet
 Vorträge zu Fachthemen
 Verbandsarbeit
 Kongressarbeit

Da im Rahmen der Darstellung der Werbung eingehend auf die möglichen Werbemedien eingegangen wurde, wird an dieser Stelle davon abgesehen sie erneut zu erläutern. Die Medienarbeit von Ärzte wird darüber hinaus nicht näher dargestellt, da dieses Thema zu viele rechtliche Besonderheiten aufweist und im Zweifels stets rechtlich geprüft werden muss.

Vertriebspolitik

Der Arzt ist die Leistung, welche der Kunde in der Praxis (Ort des Absatzes) nutzt. Dabei ist wichtig, zu hinterfragen, was der Patient von der Praxis erwartet, damit seine Bedürfnisse befriedigt werden. Die Vertriebspolitik ist bestrebt, einen guten Kontakt zum aktuellen, wie auch potentiellen Patienten zu pflegen. Vertriebspolitik kann auch als die richtige Art der „Lieferung einer Leistung" verstanden werden. Wie schon erwähnt, reduziert sich oftmals die Hauptaufgabe des Arztes auf die Beseitigung von „Krankheit oder Gebrechen" und nicht, was wünschenswert wäre, unter Einbezug des Befindens eines Patienten. Dabei ist es wichtig die Behandlungsbetreuung zu analysieren. Nicht nur die Erbringung der Leistung und Ihre Qualität an sich ist relevant, sondern auch die mit dem Produkt verbundene Betreuung. Hierzu zählt beispielsweise das Ambiente des Wartezimmers, die verkehrsgünstige Lage der Praxis, der Praxis-Service, wie beispielweise der monatliche Patientenbrief beziehungsweise die Betreuung durch das Praxisteam.

Somit hat der Arzt sich und seine Praxis in Wechselwirkung mit dem Patienten – hier gleichbedeutend mit dem Wort Kunden – zu sehen. Wie man mit dem Patienten umgeht, entspricht der Empfindung des Patienten und seiner zukünftigen Zufriedenheit. Er mag zwar durch seinen Arzt gesund geworden sein, ob er die Behandlung aber positiv in Erinnerung behalten wird, liegt am Arzt, seinem Team und vielen weiteren wichtigen Rahmenbedingungen der Praxis.

Gesprächsführung

Unser Handeln setzt sich vornehmlich aus dem, was wir tun, und aus dem, was wir sagen, zusammen. Das, was wir behandelnd machen, ist von den meisten Patienten zwar im Ansatz nachvollziehbar, ersetzt aber niemals das Arzt-Patienten-Gespräch. Der Patient will wissen, was der Arzt mit ihm macht oder was in Zukunft getan werden muss. Der Patient fordert förmlich vom Arzt zu erfahren, was erforderlich ist, nicht was man machen könnte. Im ärztlichen Gespräch sind medizinische Fachtermini zu vermeiden, nur Worte die der Patient versteht, werden zur der gewünschten Compliance führen. Ein Beispiel dafür ist das Wort Osteoporose, was patientenverständlich als Knochenschwund zu bezeichnen ist. Des Weiteren ist es notwendig, dass der Arzt das notwendige Einfühlungsvermögen zeigt, so dass der Patienten Anteilnahme spürt, sowie Geborgenheit vermittelt bekommt. Dieses ist die Grundlage eines starken Arzt-Patienten-Vertrauensverhältnisses. Wichtig ist dabei immer, dass der Patient das Gefühl hat, der Arzt würde seine Situation verstehen. Dieses führt zu Vertrauen und dieses wiederum bewirkt, dass der Patient bereit ist, mehr über sich zu erzählen und anschließend den Anordnungen seines Arztes zu folgen. Dieses Vorgehen hilft auch dem Arzt, eine sichere Diagnose zu stellen und gleichzeitig durch das verbesserte Mitwirken des Patienten den Behandlungserfolg eher zu gewährleisten. Beides hat zur Folge, dass der Patient sich zufrieden fühlt und gerne den Arzt wieder konsultiert. So gewinnt auch der Arzt durch das Verhalten des Patienten, da ein mitwirkender Patient eine wahrnehmbare positive Grundhaltung darstellt. Eine mögliche Belastung des Arzt-Patienten-Verhältnisses – wie beispielsweise bedingt durch einen Behandlungsfehler – auf Grund des vorliegenden guten Patientenverhältnis wird damit gemindert.

Wie entsteht eine gute Kommunikation zwischen Arzt und Patienten? Grundvoraussetzung eines jeden Gespräches sollte ein ruhiger Raum sein, in dem das Gespräch ohne Unterbrechung erfolgen kann. Der Patient sollte an einem Tisch mit dem Arzt sitzen, wobei eine Positionierung gegenüber ohne zu viel Distanz wünschenswert ist. Ansonsten erscheint das Gespräch eben auch aus zu viel Distanz heraus geführt.

Voraussetzungen einer guten Kommunikation

Ist ein Patient zum ersten Mal beim Arzt, ist es wichtig, dass der Arzt über ein paar „aufwärmende Sätze" eine gemeinsame Ebene der Kommunikation schafft und dann das eigentliche Gespräch initiiert: Jetzt hat der Patient das Wort und der Arzt hört zu, ohne zu unterbrechen. Der Patient erhält so das Gefühl, dass ihm jemand gegenüber sitzt, der ihn versteht: Zuhören bedeutet für den Patienten: „Der Arzt versteht mich." Nachdem der Patient ausgesprochen hat, sollte der Arzt Fragen formulieren, die der Patient vielseitig beantworten kann. Es sind im Anfang des Gespräch Fragen zu vermeiden, auf die der Patient nur eine kurze Antwort, ähnlich einem ja oder nein geben kann. Diese Art der Fragen kommen erst zur Anwendung, wenn der Arzt auf Grund differentialdiagnostischer Überlegungen seinem Ziel der ersten Diagnosefindung näher gekommen ist. Grundsätzlich sollten eher kurze und prägnante Sätze mit einfachen und Fachtermini freien Wörtern formuliert werden. Da jeder Patient einzigartig ist, sollte der Arzt sich auch auf die Besonderheiten seiner Patienten im Gespräch einstellen. Hierbei ist nicht gemeint, dass der Arzt den Patienten in seinem Verhalten imitieren soll, sondern er sollte die Sprache des Patienten sprechen, so versteht der Patient ihn. Immer sollte der Arzt sich in die Perspektive des Patienten hineinversetzen, ohne Mitleid an seiner Situation zu empfinden oder sich direkt mit ihm zu identifizieren. Ziel ist es, den Patienten zu verstehen, und aufgrund des Verständnisses, die richtigen Worte zu wählen. Dies gelingt, wenn Sie dem Patienten kontinuierlich mit Interesse zuhören und durch das Nachfassen im Gespräch mehr erfahren. Die Ansprache des Patienten sollte stets persönlich, das heißt mit Namen erfolgen. Während des Gespräches sollten Sie ab und an das Gesagte zusammenfassen, um sicher zustellen, dass Sie dasselbe meinen! Häufig ist eine Aussage nicht so zu verstehen, wie sie im ersten Moment klingt. Nicht selten enthält eine Aussage eine „versteckte Botschaft", die den wahren Kern des Gesagten widerspiegelt. Beschreiben Sie dem Patienten Ihre diagnostischen oder therapeutischen Methoden an Hand von Beispielen oder Bildern. Diese Elemente verdeutlichen sehr stark das gesprochene Wort. Seien Sie verbindlich in ihrer Sprache, verwenden Sie nicht Worte wie „man könnte" oder „ich empfehle Ihnen", schließlich wollen Sie dem Patienten helfen – er erwartet von Ihnen, dass Sie ihm sagen, was für ihn erforderlich ist (❯ *Kapitel 1*).

Wartezimmer und Service

Nicht allein das Gespräch und die Behandlung durch den Arzt wird vom Patienten als Leistung empfunden, sondern auch die mit der Leistung verbundenen Elemente. Zu ihnen gehören exemplarisch das Wartezimmer und der Praxis-Service sowie die Betreuung durch das Praxisteam.

Eine angenehme Atmosphäre im Wartezimmer

Das Wartezimmer sollte dem Patienten eine angenehme, gut temperierte und saubere Atmosphäre bieten, in der er sich wohl fühlt. Die Stühle im Wartezimmer sind so zu wählen, dass ein Patient ohne Probleme eine längere Zeit auf ihnen sitzen kann. Hilfreich kann hierbei sein, einen Wartezimmerstuhl mit in das eigene Sprechzimmer zu nehmen, um zu überprüfen, ab wann das Sitzen unangenehm wird. Sollte das Wartezimmer keine Fenster haben, so sollte sichergestellt sein, dass der Raum dennoch gut belüftet wird. Elektrisches Licht sollte eher indirekt den Raum erfüllen, besonders angenehm erscheinen Deckenfluter. Vom Aufhängen von Praxispostern ist abzusehen, insbesondere von denen, die dazu dienen, den Patienten zu erklären, weshalb in dieser Praxis Gesundheitsleistungen abgerechnet werden. Poster dieser Art habe oft einen bejammernden Grundton, dieser führt wie Verkaufspsychologen festgestellt haben, dazu, dass der Patient seinem Arzt Mitleid schenkt allerdings nicht bereit ist, ein Honorar zu bezahlen. Ärztliche Tätigkeit sollte stets würdevoll verrichtet werden!

Als angenehm werden vom Patienten farbenfrohe, nicht zu überladene Bilder im Wartezimmer empfunden. Die Verwendung von entspannender Musik kann gut sein, ist aber im Einzelfall abzuwägen. Ein Angebot von aktuellen Zeitschriften erleichtert das Warten. Angebotene kostenfreie Getränke werden sehr gerne angenommen, sollten aber den Hygienevorstellungen Ihrer Patienten entsprechen, das heißt von Getränken aus Maxi-Flaschen – auch wenn sie im Kühlschrank stehen – ist abzusehen, besser sind Getränke aus Einzelflaschen und die Verwendung von Plastikbechern, in denen der Patient das Getränk seiner Wahl abfüllen kann. Die Vorstellung des Praxisteams in Form einer hochwertig gerahmten Grafik oder noch besser im Rahmen Ihrer visuellen Wartezimmerpräsentation, ist dem Patienten eine Hilfe, die Gesichter des Praxisteams besser kennen zu lernen und somit im Vorfeld Vertrauen aufzubauen.

Das Erlebnis als Arzt im eigenen Wartezimmer einmal eine halbe Stunde verbracht zu haben, ist meist der erste Anlass zur Umgestaltung dieses so wichtigen Raumes. Dieses Erlebnis schärft maßgeblich den Blick für die Defizite in diesem Bereich (❯ *Kapitel 8*).

Der Patient wird im Regelfall durch die Arzthelferinnen bei seinem Weg zur, in und nach der Praxis betreut. Ihr Auftreten beeinflusst somit elementar das Gesamtempfinden der erlebten Leistung. Die Gesprächsführung und Organisation der Mitarbeiter ist somit von großer Bedeutung. Dabei sind wichtige Verhaltensregeln im Sinne einer guten Patientenbetreuung zu entwickeln und zu etablieren. Ein zentraler Anknüpfungspunkt ist hierbei das Corporate Behavior – die Zieldimension des Praxis-Images unter Verhaltensgesichtspunkten. Fühlt sich ein Patient durch eine Mitarbeiterin schlecht behandelt, ist es sehr gut möglich, dass der Patient die Praxis wechselt, ohne mit der Kernleistung unzufrieden zu sein. Positiv betrachtet stellt die Mitarbeiterin aber auch ein sehr wichtiges Kapital dar: Fühlt sich der Patient durch eine freundliche Betreuung verstanden, so hat er für aufkommende Wartezeiten meist auch Verständnis. Wichtig ist auch die Verabschiedung des Patienten mit Namen. Wenn möglich sollte Ihr Praxisteam allgemeine private Informationen zu einem Patienten in der Praxis-EDV einsehen können, um jeden Patienten individuell zu betreuen. Gerade das Gratulieren zu Geburtstagen ist eine sehr emotionale Geste (❯ *Kapitel 1 und 2*).

Die Betreuung durch das Praxisteam

Um dem Gedanken von Corporate Design beziehungsweise Wiedererkennungswerten gerecht zu werden, sollte das Praxisteam Namenschilder tragen und einheitliche Arbeitskleidung. Die einheitliche Identifikation des Praxisteams mit der Leistung, ist ein wichtiger Hinweis für den Patienten. Um die einheitliche Ausrichtung aller Betreuungselemente zu gewährleisten, sollte das Praxisteam in Besprechungen gemeinsame Ziele der Patientenbetreuung vereinbaren, Arbeitsplätze und Prozesse darauf ausrichten und sich bei der Umsetzung der Ziele gegenseitig unterstützen. Nimmt der Patient ein uneinheitliches oder sogar negatives Bild der Praxis auf, leidet darunter die Bewertung der eigentlichen Behandlungsleistung (❯ *Kapitel 8*).

Das einheitliche Praxisbild

Zusammenfassung

Viele Ärzte betrachten Marketing immer noch als einen großen personellen, finanziellen wie auch zeitlichen Aufwand. Des Weiteren wird angenommen, dass der Patient die Veränderungen durch das Marketing ablehnen könnte und das Praxisteam durch eine Neuausrichtung überlastet würde. Dabei ist von einer Zusatzbelastung eigentlich überhaupt nicht zu sprechen. Der Kernansatz des Marketing ist die Ausrichtung am Patienten, um den Erwartungen der Patienten mehr als gerecht zu werden. Dies erfolgt in erster Linie durch den persönlichen Einsatz des Arztes und seines Praxisteams am Patienten und mit dem Patienten. Es ist die Art zu handeln, die der Patient zu schätzen weiß. Der Arzt und sein Team sind somit der dominante Faktor des Marketings. Es geht somit nicht in erster Linie um die Gewinnung von potentiellen Patienten durch die Nutzung von Werbung, sondern um die Befriedigung der Wünsche der aktuellen Patienten. Dies ist die beste Werbung!

Literatur

1. Meffert H, Bruhn M; Dienstleistungsmarketing, Wiesbaden, Gabler Verlag
2. Kotler P, Bliemel F; Marketing – Management, Stuttgart, Verlag Schäffer-Poeschel
3. Kreyher V; Handbuch Gesundheits- und Medizinmarketing, Heidelberg, Decker
4. Frank M; Praktisches Qualitätsmanagement in der Arztpraxis
5. Latour S; Namen machen Marken, Frankfurt/M., Campus

Internet

AltaMedica GmbH & Co. KG, visuelle Wartezimmerpräsentation, www.altamedica.de

Dr. Frank, Patientenfragebogen, www.praxis-dr-frank.de

EUSANA GmbH, Konzept für die Arztpraxis, www.eusana.de

Via GmbH, Internetprovider für den Arzt, www.via.de

RA Dr. Manfred Andreas, Werberecht für Ärzte, www.arztrecht.org

6 Marktforschung für Praxen und Ärzte

A. Bremer

Einleitung: Die Patienten auch als Kunden begreifen

Kundenpflege und Kundenbindung sind heutzutage als wichtigste Ziele des Marketings erkannt. Diese Einsicht macht vor keinem Industriezweig und vor keinem Bereich der Dienstleistung halt. Jedes Unternehmen und jeder Unternehmer – egal, ob Konzern, Mittelständler, Selbständiger oder Freiberufler – hat ein vitales Interesse daran, seine einmal gewonnenen Kunden zu erhalten.

Wer Kunden an sich binden will, muss wissen, was die Kunden eigentlich erwarten. Nur Kunden, deren Erwartungen zumindest erfüllt werden, sind auch zufriedene Kunden. Und: Zufriedene Kunden kommen wieder. Zufriedene Kunden sind offener, wenn es darum geht, mehr Leistungen in Anspruch zu nehmen. Zufriedene Kunden sind die beste Werbung, denn sie sprechen persönliche Empfehlungen aus.

Kundenwünsche zu erkennen und transparent zu machen gehört zu den primären Aufgaben der Marktforschung. Welche Möglichkeiten sich hier im medizinischen Bereich anbieten, soll in diesem Teil des Buches einmal dargestellt werden. Nach ein paar methodischen Hinweisen steht im Verlauf dieser Abhandlung die praktische Umsetzung einer Untersuchung im Mittelpunkt. Es soll aufgezeigt werden, welche Überlegungen und Schritte nötig sind, eine Untersuchung in Ihrer Praxis oder Klinik umzusetzen.

Es sei an dieser Stelle klargestellt, dass bei allem, was zu diesem Thema diskutiert wird, eine wesentliche Grundvoraussetzung immer erfüllt sein muss, wenn aus Patienten auch Kunden werden sollen: Eine einwandfreie medizinische Leistung des einzelnen Arztes bzw. der Praxis allgemein. Keine noch so intensive Marktforschung, kein noch so cleveres Marketing kann dieses zentrale Leistungsmerkmal ersetzen.

Eine einwandfreie medizinische Leistung ist Grundvoraussetzung

Doch kann ein Patient, der erstmals mit Ihnen in Kontakt tritt, Ihre medizinische Leistungsfähigkeit auch erkennen? Vermitteln Ihre Praxis, Ihre Mitarbeiter und das Umfeld Ihre medizinische Kompetenz? Wird Qualität greifbar? Schaffen Sie Vertrauen? Kommen Patienten gelegentlich nur ein-, zweimal zu Ihnen und sind dann weg, ohne dass die Behandlung eigentlich abgeschlossen war? – Es sind Fragen wie diese, die Sie sich stellen müssen, wenn Sie Patienten als Kunden verstehen wollen.

Der Patient als zufriedener Kunde

Schon mittelfristig wird „Erfolg" für Sie nicht mehr nur bedeuten, einen Patienten „gesund gemacht," „geheilt" zu haben: Er oder sie muss Ihre Praxis auch als „zufriedener Kunde" verlassen. Diese Differenzierung ist wichtig.

> ❗ Aus Sicht des Marketings stellt die reine ärztliche Leistung zunächst einmal nur ein austauschbares Gut dar, das andere ebenso anbieten und leisten können wie Sie.

Lernen Sie daher von Ihren Kunden, damit Sie Ihre Praxis und Ihr Angebot (auch an entsprechenden Zusatzleistungen) auf Ihre „Zielgruppe" abstimmen können. Denn spätestens wenn Sie aktiv Leistungen von der s. g. IGeL- oder Sonderleistungsliste anbieten, begeben Sie sich in einen Markt, in dem Sie denken und handeln müssen, wie jeder freie Unternehmer. Ein Trend, der sich schon in Kürze auch auf die Kernbereiche der ärztlichen und zahnärztlichen Leistungen erstrecken wird: Ihre tägliche Arbeit in der Praxis. Diese Entwicklung zwingt Sie, noch stärker unternehmerisch tätig zu sein, als dies vielleicht bisher für den Arztberuf üblich war.

Marktforschung in der Medizin heute

Im Folgenden finden Sie einen kurzen Abriss über die Haupteinsatzgebiete der Marktforschung in der praktischen Anwendung heute sowie einen Ausblick auf konkrete Beispiele für einzelne Praxen.

Aktuelle Marktforschung in der Medizin

Wenn heute über Marktforschung in der Medizin gesprochen wird, so sind es in erster Linie die Pharmaunternehmen, die hier aktiv sind. Sie befragen Ärzte und weiteres medizinisches Personal z. B. zu Fragen der Handhabung neuer Produkte oder ermitteln Reaktionen auf Neuvorstellungen von Medikamenten. Gelegentlich werden auch Patienten zu Ihren Erfahrungen mit bestimmten Medikamenten/Wirkstoffen befragt. Diese Untersuchungen dienen in erster Linie der Verbesserung der Kommunikation (Auslobung) des Produktes. Sie haben also nichts mit den Testreihen zu tun, die vor Markteinführung neuer Präparate durchgeführt werden. In diesem Umfeld ist die Marktforschung in erster Linie als Instrument für Kommunikationsleistungen zu verstehen.

Die Kassenärztlichen- bzw. Kassenzahnärztlichen-Vereinigungen haben auch bereits Umfragen durchgeführt. Wie meistens bei Verbänden stehen bei diesen Untersuchungen politische Ziele im Vordergrund, die Einstellung der Bevölkerung zu bestimmten aktuellen Themen wird erhoben, um eine entsprechende Verbandsarbeit leisten zu können. Es handelt sich bei diesen Erhebungen also meist um Fragen der Akzeptanz von geplanten Maßnahmen. Ebenso wird selbstverständlich auch die Meinung der Mitglieder zu diesen Themen ermittelt. Die Marktforschung ist in diesem Umfeld ein Tool der Lobby-Arbeit.

Es wird interessant sein zu sehen, ob die zukünftig von KV und KZV geforderten Überprüfungen der ärztlichen Leistung (Zertifizierungen) auch Inhalte abdecken werden, die in die Bereiche der empirischen Marktforschung reichen. Andere Dienstleistungsbereiche kennen die kontinuierliche Ermittlung der Kundenzufriedenheit bereits als integralen Bestandteil der ISO-Zertifizierung.

Zunehmend befragen Kliniken Ihre Patienten nach deren Zufriedenheit mit dem Aufenthalt. Auf diese Weise sollen Schwachstellen in Randbereichen der medizinischen Versorgung festgestellt werden. Inhaltlich gibt es häufig durchaus Ähnlichkeiten mit solchen Befragungen, die man gelegentlich auf Hotelzimmern findet. Die Intensität und Ernsthaftigkeit mit der diese Erhebungen durchgeführt werden, variiert nicht nur von Klinik zu Klinik, sondern häufig auch von Abteilung zu Abteilung innerhalb einer Klinik. Was letztlich aus solchen Erhebungen wird, hängt sehr stark davon ab, wie sehr die Klinikleitung hinter der Erhebung steht: Ist die Befragung nur zur „Beruhigung" von Investoren oder eines Verwaltungsrates gedacht (im Sinne von „Die tun was"), oder sollen tatsächlich Schwachstellen erkannt werden, damit eine bessere Patienten-Zufriedenheit erreicht wird?

Ermittlung der Patientenzufriedenheit

In einem solchen Umfeld reicht die Bandbreite der Marktforschung von einer „Alibi-Maßnahme" zur Rechtfertigung bis zu echtem Controlling von erbrachter Leistung, strategischer Ausrichtung und eingeleiteten Maßnahmen.

Es wird also schon viel Marktforschung im medizinischen Sektor betrieben. Wir wollen über die Qualität dieser Marktforschung hier gar nicht diskutieren. Vieles davon ist immer noch „selbstgestrickt" und kann den Anforderungen an seriöse Forschung kaum gerecht werden.

Eine Marktforschung, die den Patienten als Kunden begreift

Die Erkenntnisinteressen dieser Studien sind meist sehr breit und allgemein angelegt. Was aber bislang an Forschungszielen fehlt, was Ihnen, den Ärzten und Zahnärzten, bei Ihrer Praxisführung und der Ausrichtung auf die Zukunft helfen kann, ist eine Forschung, die den Patienten auch als Kunden begreift, dessen Wünsche und Bedürfnisse vor Ort zufriedengestellt werden müssen. Dies ist eine Forschung, die konkret, praxisnah und maßnahmenorientiert Hilfestellungen für die einzelne Praxis liefert.

🛈 Bei aller Unsicherheit darüber, welche Veränderungen die geplanten (und zukünftigen) Reformen im Gesundheitswesen noch bringen werden, so muss es doch das Ziel Ihrer Marketingaktivitäten sein, Kunden an Ihre Praxis zu binden, den Mehrwert der gebotenen Leistungen (z. B. IGeL) verständlich zu machen und so letztlich Ihre Praxis zukunftssicher aufzustellen.

Diesen Zielen ist selbstverständlich auch die Marktforschung untergeordnet. Im Bereich der Medizin gilt für die Marktforschung, was für sie in anderen Bereichen auch gilt: Eine klare Maßnahmenorientierung ist unabdingbar, um einen sinnvollen Einsatz zu erreichen. Ein Unternehmer, der nicht bereit ist, ggf. auch bestimmte Maßnahmen aus den Ergebnissen einer Untersuchung abzuleiten, braucht die Marktforschung erst gar nicht durchzuführen. Das wäre Geldverschwendung. Wer jedoch das Ziel hat, sich weiterzuentwickeln, wer bereit ist, Althergebrachtes zu überdenken und Veränderungen zuzulassen, der sollte sich dem Urteil seiner Kunden stellen. Wir werden im weiteren Verlauf dieses Kapitels am Beispiel einer Zufriedenheits-Untersuchung aufzeigen, dass die Instrumente der Marktforschung sich sehr gut eignen, um Praxen Wege aufzuzeigen, wie sie in Zukunft weiter erfolgreich am Markt bestehen können.

Es sei an dieser Stelle jedoch auch klar gesagt, dass die Marktforschung nur Entscheidungshilfen liefert. Ob und welche Maßnahmen letztlich umgesetzt werden, das können nur Sie als Unternehmer entscheiden.

Ihre Kunden sind Ihre Patienten, Ihr Angebot ist eine Dienstleistung, Ihr Ziel ist es, Ihre Kunden zufrieden zu stellen, damit Ihr wirtschaftlicher Erfolg gesichert bleibt oder sich verbessert. Unternehmerische Ziele, bei denen die Marktforschung helfen kann.

Der erste Schritt: Strukturen erkennen und analysieren

In diesem Kapitel möchten wir Ihnen einmal darstellen, mit welch einfachen Analysen Sie schon erste Erkenntnisse über die Patienten/Kunden gewinnen. Auch wenn manche der gewonnenen Daten nur das bestätigen, „was man doch immer schon wusste", so kann es in vielen Fällen doch sehr aufschlussreich sein, einen unverfälschten Blick auf die Strukturen im Patientenstamm zu werfen. Und das Beste daran, Sie können diese Analyse auch alleine vornehmen, ohne einen externen Berater an Ihrer Seite.

Erfassung objektiver Daten des Kunden über EDV

Im Laufe der Zeit entwickelt jeder von uns einen Eindruck über die Menschen, mit denen wir es im täglichen Geschäft zu tun haben. Diese Eindrücke sind durch viele Faktoren gefiltert und müssen nicht unbedingt der Realität entsprechen. Wenn man also wissen will, wer die Kunden sind, mit denen man es zu tun hat, kann es nicht schaden, sich auf objektive Daten zu stützen. Eine solche Analyse der Kunden- (Patienten-) Strukturen ist in der Regel mit sehr einfachen Mitteln über die EDV durchzuführen. Auf Grund der enormen Vielzahl an verwendeten Praxis-Software-Paketen und -Versionen können wir an dieser Stelle keine Anleitung geben, wie Sie Daten aus Ihren EDV-Systemen holen. Wir möchten Ihnen vielmehr einige Fragen aufzeigen, die Sie anhand Ihrer Daten überprüfen können.

Wir gehen bei unserer Betrachtung von einer „üblichen" Praxis mit Kassenzulassung aus. Die aufgeworfenen Fragen lassen sich jedoch auch 1:1 auf Praxen mit anderen Konstellationen übertragen. Ebenso lassen sie sich auf Abteilungen in Kliniken, bzw. auf die Klinik als Einheit anwenden. Wir konzentrieren uns hier nur auf Patienten, wenn wir die Rolle des „Kunden" beleuchten, da unser Schwerpunkt eben auf der einzelnen Praxis liegt. Aus Sicht einer Klinik sind z. B. auch die niedergelassenen Ärzte als Kunden zu verstehen und entsprechend bei Marketing-Maßnahmen zu berücksichtigen.

Eine der einfachsten Fragen, die die meisten Praxisinhaber auch leicht beantworten können, ist die nach dem Verhältnis von GKV- zu PKV-Patienten. Da dies für die Abrechnung relevant ist, ist dieses Merkmal für die einzelnen Kunden hinterlegt. Eine einfache Zählung bringt die Daten ans Licht.

Das Verhältnis von GKV- zu PKV-Patienten

Die so gewonnenen Werte haben alleine noch keine hohe Aussagekraft. Sie werden erst interessant, wenn man sie in einen Kontext stellen kann. Hier bieten sich zwei Möglichkeiten an:

1. Sie vergleichen Ihre Daten über einen gewissen Zeithorizont hinweg, um Veränderungen von einem Zeitpunkt zum anderen registrieren zu können (z. B. auf Quartalsebene) – und/oder 2. Sie versuchen Kollegen davon zu überzeugen diese Analyse ebenfalls durchzuführen und Sie tauschen dann die Ergebnisse aus, um so Vergleichswerte zu haben (eine Art „Betriebsvergleich"). Sicherlich ist darauf zu achten, dass der Vergleich „statthaft" ist: Stimmen Lage (Region, Umfeld) und Fachrichtung der Praxis überein? Das Gegenüberstellen von Daten aus unterschiedlichen Quellen ist ein sehr gutes Instrument, um die eigene Leistungsfähigkeit besser beurteilen zu können. Im Marketing spricht man dabei vom Benchmarking.

Benchmarking

> ❗ Benchmarking hilft bei der Formulierung von realistischen Zielen, da man sehen kann, was andere unter vergleichbaren Bedingungen erreicht haben.

Da häufig eine gewisse Scheu besteht, einem Kollegen so direkt eigene Daten zu offenbaren, kann man eine neutrale Stelle „zwischenschalten", die die Daten anonymisiert aufbereitet. So erhalten alle Teilnehmer relevante Vergleichszahlen, ohne dass den Kollegen klar ist, welcher Wert aus welcher Praxis stammt. Solche Aufgaben gehören zum Leistungsspektrum von Marktforschungsinstituten, die dann selbstverständlich ebenfalls für die Einhaltung des Datenschutzes verantwortlich sind. Sie erstellen auch die entsprechenden Dokumentationen für die Vergleiche, sei es als Zeitreihenvergleich oder als Vergleich über verschiedene Praxen hinweg. Ob es sich lohnt, ein externes Institut einzuschalten, hängt davon ab, welchen Wert Sie dieser Art von Analyse beimessen wollen und wie die Bereitschaft der Kollegen zum offenen Datenaustausch ausgeprägt ist.

Welche Daten sollte man sich nun näher betrachten? Die nachfolgenden Merkmale sind eine Auswahl aus den Daten, die eigentlich über jeden Patienten vorhanden sein müssten. Bei einem Vergleich der Daten für Ihre

Auswahl der zugrundeliegenden Daten

Praxis könnten Sie diese Merkmale z. B. nach Kassen- und Privatpatienten differenzieren. Sie erkennen nach dieser Analyse, ob sich die beiden Gruppen in wesentlichen Merkmalen unterscheiden, und können prüfen, warum Sie offenbar von bestimmten Gruppen einen stärkeren Zuspruch erfahren als von anderen. Wenn Sie z. B. große Unterschiede bei der Anzahl von Abrechnungen von Quartal zu Quartal haben, so könnten Sie die Analyse auch auf dieser Ebene durchführen, um zu ermitteln, woher (von welchem Segment) die Schwankungen stammen.

Checkliste

Patientendaten (Auswahl)
- ☐ Anzahl der Patienten z. B. pro Monat, Quartal, Jahr …
- ☐ Demografische Basisdaten (Alter, Geschlecht, Familienstand, Berufstätigkeit)
- ☐ Sind Familienangehörige ebenfalls Patienten in der Praxis?
- ☐ Aus welchen Regionen / Stadtteilen kommen die Patienten?
- ☐ Wie häufig erscheinen Patienten in der Praxis – auch ohne die Behandlung (erfolgreich) abgeschlossen zu haben? („Dauerpatienten" vs. „Einmal-Patient"?) Gerade hier ist eine Differenzierung nach demografischen Merkmalen sicher interessant.
- ☐ Wer nimmt Zusatzleistungen in Anspruch? Welche? Wie häufig?

Bei einer Verknüpfung mit betriebswirtschaftlichen Daten, wird deutlich, wo Sie Ihre Deckungsbeiträge erwirtschaften. Es wird transparent (und quantifizierbar), welchen „Wert" welches Kundensegment oder welche Behandlung für Ihre Praxis hat.

Den größten Aussagewert erhalten Sie, wie bereits angedeutet, wenn Sie die Daten mit denen anderer Praxen vergleichen können. Doch auch in der Einzelbetrachtung Ihrer Daten werden Sie sicherlich einige interessante Punkte feststellen. Ob sich daraus ein direkter Handlungsbedarf ergibt, hängt in erster Linie von der Diskrepanz Ihrer Erwartungen und den objektiven Daten ab.

In der Regel dient dieser Analyse-Schritt primär dazu, ein sicheres Gefühl für die Strukturen im Patientenstamm zu erhalten.

Wenn Patienten auch Kunden werden: Zufriedenheit ist entscheidend

Der Arzt als Dienstleister

Neben der einwandfreien medizinischen Leistung als einigermaßen objektives Maß, ist die Zufriedenheit Ihrer Patienten die wichtigste Dimension, die mittelfristig Ihren Erfolg als Arzt definieren wird.

Wir haben es weiter oben bereits einmal angedeutet: Die medizinische Leistung, die Sie Ihren Patienten anbieten, stellt in der Regel kein einmaliges und unverwechselbares Merkmal dar. Gleiches (oder Ähnliches) können andere ebenfalls leisten. Sie sind ein Dienstleister unter vielen. Welche Faktoren sprechen nun für Sie, wenn ein Patient einen Arzt Ihrer Fachrichtung benötigt? Vielleicht kommt ein Großteil Ihrer Patienten, weil Sie eine sehr gut erreichbare Lage haben oder günstige Parkmöglichkeiten, ein angenehmes Wartezimmer, freundliche Mitarbeiter – oder weil Sie so gut und ausführlich beraten. Was auch immer es ist, das Ihre Patienten zu zufriedenen Kunden macht, Sie sollten es wissen!

Definition von „Zufriedenheit"

Bevor wir nun weiter mit dem Begriff der „Zufriedenheit" operieren, soll dieser zunächst einmal näher definiert werden. Wenn wir im Zusammenhang mit Patienten oder Kunden von Zufriedenheit sprechen, müssen wir uns darüber klar sein, dass dies immer eine rein subjektive Zufriedenheit ist.

🛈 Die „Wahrheit" ist nur das, was der Patient empfindet / wahrnimmt.

Basis für unsere Analysen der Patienten-Zufriedenheit ist das „Konfirmations-Diskonfirmations-Paradigma", der Abgleich von Erwartungen/ Wünschen der Patienten mit der erlebten/wahrgenommenen Wirklichkeit in der Praxis vor Ort. Dies lässt sich in einer Formel so veranschaulichen: Die Variable „L" steht für die vom Kunden/Patienten wahrgenommene Leistung, die Variable „E" für die Erwartungen des Einzelnen beim Besuch der Praxis.

Basis der Patienten-zufriedenheit

Wenn nun nach dem Besuch und dem Abgleich von empfunder Leistung und eingebrachter Erwartung $L > E$ ist, so entsteht eine höhere Zufriedenheit, weil die Erwartungen übertroffen wurden. Ist $L = E$, wurden also die Erwartungen erfüllt, so ändert sich an dem Status nichts. Wenn jedoch $L < E$ ist, wird entsprechend eine geringere Zufriedenheit die Folge sein.

In letzterem Fall entsteht ein Problem: Werden Erwartungen wiederholt nicht erfüllt, so ist die Wahrscheinlichkeit groß, dass Kunden abwandern. Doch selbst wenn sie nicht abwandern (z. B. wegen fehlender Alternativen), so wird die Beziehung zu Ihnen doch schwieriger. Versuche, auf diese Gruppe der „Enttäuschten" einzuwirken, sie zur Annahme weiterer Leistungen zu bewegen, sind meist sehr mühsam und langwierig – und daher auch renditeschwach.

Die erbrachte Leistung einer Praxis ist eine subjektive Größe, die jeder Kunde – und jeder Mitarbeiter der Praxis – unterschiedlich wahrnimmt. Die Diskrepanzen in der Wahrnehmung bergen somit ein großes Potential für Missverständnisse zwischen Ihnen, Ihren Mitarbeitern und Ihren Kunden.

Zufriedenheit bei Kunden erreichen zu wollen stellt keinen Selbstzweck dar. Das Streben nach Kundenzufriedenheit hat vielmehr einen ganz handfesten Hintergrund: Untersuchungen aus anderen Dienstleistungsbereichen belegen z. B., dass hohe Zufriedenheit dazu führt, dass Kunden deutlich aufgeschlossener sind, wenn es darum geht, weitere Leistungen in Anspruch zu nehmen. Sie sind loyal zu dem Anbieter und sind bereit, ihn auch in ihrem persönlichen Umfeld zu empfehlen.

Insgesamt zeigt sich, dass der Umgang mit dieser zufriedenen Kundengruppe wesentlich einfacher ist. Sie erweisen sich als flexibler (z. B. bei Problemen mit Terminen) und sind auch eher bereit, einen „schlechten Tag" zu verzeihen.

Dennoch: Auch zufriedene Stammkunden sind keine sichere Bank. Ihre Anforderungen wollen erkannt und erfüllt werden.

🛈 Ernstgenommene Kundenzufriedenheit ist ein kontinuierlicher Prozess, keine einmalige Aktion. Es ist die Integration der Kundenorientierung als Maßstab für die Abläufe der täglichen Arbeit.

Praxis für die Praxis: Das Messen von Zufriedenheit

In diesem Abschnitt möchten wir beispielhaft aufzeigen, wie eine Zufriedenheits-Analyse für eine Praxis oder eine Klinik realisiert werden kann. Die Techniken und Regeln, die für solch eine Untersuchung gelten, unterscheiden sich nicht von denen, die in anderen Branchen relevant sind.

Bevor wir in die praktische Umsetzung einsteigen, noch ein methodischer Hinweis: Es genügt für eine seriöse Zufriedenheits-Analyse nicht, Kunden einfach nur nach ihrer Zufriedenheit (allgemein oder mit verschiedenen Aspekten) zu befragen.

Bevor eine solche Bewertung stattfindet, muss eine zweite Dimension ermittelt werden: Die Bedeutung (Wichtigkeit), die die verschiedenen Aspekte für den einzelnen Befragten bei der Beurteilung Ihrer Praxis haben. Erst dann wird es möglich, die gewonnen Daten sinnvoll zu interpretieren.

In der Regel erfolgt dies mit Hilfe von Punkten, die auf die Aspekte verteilt werden (explizite Methode). Dabei gilt, je mehr Punkte ein Aspekt erhält, desto wichtiger ist er den Befragten. Es ist jedoch auch möglich, über statistische Verfahren die Bedeutung der einzelnen Vorgaben an der Gesamtbeurteilung zu errechnen (implizite Methode).

Beide Verfahren haben sich in der Vergangenheit als vollkommen praktikabel erwiesen und sind bewährte Instrumente. Aus Sicht des Befragten ist es positiv, dass bei einem impliziten Vorgehen die Befragungsdauer kürzer gehalten werden kann. Andererseits ist die explizite Abfrage für die Befragten ein sehr plausibler Schritt: So können sie Ihnen sagen, was für sie wichtig ist, worauf sie persönlich besonderen Wert legen.

Die nachfolgend beschriebene Umsetzung ist als allgemeines Beispiel (Muster) für eine Zufriedenheits-Untersuchung in einer Praxis oder Klinik zu verstehen. Es handelt sich hier nicht um eine Beschreibung der von der IfA-Marktforschung und dem 5 Medical Network entwickelten Zertifizierung von Praxen durch die Patienten. Die Umsetzung dieser Zertifizierung unterliegt noch einmal deutlich strengeren Standards und erlaubt auch inhaltlich weniger Spielraum. Dies ist zwingend notwendig, um eine Vergleichbarkeit der untersuchten Praxen zu gewährleisten. Das Grundkonzept, den Patienten als einzig relevanten Maßstab für die Beurteilung von Qualität zu sehen, ist jedoch bei beiden Untersuchungsansätzen identisch.

Praktische Umsetzung einer Befragung

Zunächst ist die Frage zu klären, ob man alle Patienten ansprechen möchte, die in den Unterlagen geführt werden, oder ob eine Stichprobe gebildet werden soll. Die Erfahrung zeigt, dass Letzteres praktikabler ist. Wir gehen in diesem Beispiel also davon aus, dass eine Stichprobe gezogen wird. In diesem Fall legt man ein Zufallsintervall über die Patienten z. B. der letzten 12, 24 oder 36 Monate, um die gewünschte Anzahl an Adressen zu generieren. Als Faustformel für die benötigte Anzahl kann gelten, dass man die doppelte „Einsatz-Stichprobe" anschreiben muss, die man später für die Auswertung zu Grunde legen möchte. Als Mindestanzahl für eine Auswertung sehen wir 100 vollständige Interviews an (je mehr, desto besser: Daten-Validität!!). Das heißt, es müssen mindestens 200 Adressen aus dem Patientenstamm gezogen werden. Bei Kliniken können sich auch andere Konstellationen ergeben, wenn z. B. Daten zu einzelnen Abteilungen analysiert werden sollen.

Zielpersonen auswählen

Je mehr Fälle für eine Analyse zur Verfügung stehen, desto eher wird es auch möglich, Segmente innerhalb des Patientenstamms zu identifizieren, die besonders zufrieden/unzufrieden sind.

Wenn die Zielpersonen ausgewählt sind, ist zu überlegen, wie die Kontaktaufnahme zu ihnen erfolgen soll. Grundsätzlich gibt es ein großes Spektrum an Möglichkeiten, wie Patienten befragt werden können: Schriftlich, telefonisch, persönlich oder über das Internet.

Kontaktaufnahme

Wir empfehlen bei Kundenzufriedenheits-Untersuchungen den schriftlichen Ansatz mit postalischer Verteilung: Der Vorteil dieser Methode ist, dass die Befragten die Untersuchung in aller Ruhe zu Hause ausfüllen können und die Anonymität leicht zu wahren ist.

Zum Ablauf: Ihre Patienten erhalten von Ihnen einen Brief mit einem Anschreiben, das den Sinn der Untersuchung näher erläutert und um aktive Mitarbeit bittet. Außerdem beigefügt ist natürlich der eigentliche Fragebogen, der von den Patienten auszufüllen ist. Weiterhin enthalten ist ein Rückumschlag. Alternativ kann neben der Verteilung per Post auch über eine persönliche Ausgabe der Unterlagen in der Praxis nachgedacht werden. In

Befragung per Fragebogen

letzterem Fall würde man allerdings nur die aktuellen Patienten erreichen. Was ehemalige Patienten (Ex-Kunden) denken, würde bei dieser Methode nicht erfasst. Man spart sich allerdings die Portokosten.

In dem Anschreiben wird auf den Datenschutz hingewiesen, der durch Einschaltung eines Marktforschungsinstituts gewährleistet wird. Das durchführende Institut wird vorgestellt, eine Telefon-Nummer und ein Ansprechpartner für Rückfragen werden angegeben. Das Anschreiben sollte auf jeden Fall mit dem offiziellen Briefkopf Ihrer Praxis versehen sein.

Der beigefügte Rückumschlag ist voradressiert an das Institut. Das Porto kann übernommen werden („Gebühr zahlt Empfänger"), um die Bereitschaft zur Teilnahme zu steigern.

Die ausgefüllten Fragebogen werden bei dem Marktforschungsinstitut gesammelt, erfasst und ausgewertet. Es wird ein Berichtsband erstellt, (möglichst mit anonymen Vergleichs-/Benchmarkwerten). In der Regel können Sie vereinbaren, dass Sie eine tabellarische Auswertung erhalten und eine Zusammenfassung der wichtigsten Ergebnisse in Form von Schaubildern. Optional werden die Ergebnisse auch noch zwischen dem Projektleiter und Ihnen in einem persönlichen Gespräch erörtert.

Befragung per Internet oder Telefon Neben dem hier vorgestellten Ansatz eines vom Patienten auszufüllenden Fragebogens, sind auch Mischformen verschiedener Ansätze denkbar. Z. B. eine Kombination mit einer parallelen Abfrage über das Internet. Patienten erhalten dann ein Passwort, um auf Ihrer Internetseite (oder der des Marktforschungsinstituts) die Fragen zu beantworten. Ob dieses Vorgehen sinnvoll ist, hängt sicher auch mit der Altersstruktur der Befragten zusammen. Es kann sogar sein, dass bei einem Patientenstamm mit überwiegend älteren Menschen, eine telefonische Befragung sinnvoller ist, um diese Gruppe nicht mit einem Fragebogen, den sie selber ausfüllen soll, zu überfordern. Diese Entscheidungen sollten Sie in Zusammenarbeit mit dem Marktforschungsinstitut treffen, nachdem Ihre Patientendaten analysiert wurden (siehe Kapitel „Der erste Schritt: Strukturen erkennen und analysieren").

Viele Entscheidungen bei der Durchführung einer solchen Studie werden auch von ganz praktischen Erwägungen geleitet: Je mehr Patienten Sie befragen möchten und je mehr Leistung das Institut für Sie erbringen soll, desto höher werden die damit verbundenen Kosten. Lassen Sie sich für Ihre Entscheidung einfach ein individuelles Angebot machen, bei dem verschiedenen Alternativen kalkuliert wurden. So erhalten Sie eine klare Vorstellung und können abwägen, welche Leistung Sie selber erbringen möchten, und welche das Institut erbringen soll.

Die Inhalte der Befragung

Nach all der Methodik und Technik sollen die möglichen Inhalte einer Zufriedenheits-Untersuchung nun einmal betrachtet werden. Die verschiedenen Aspekte, die in die Untersuchung eingehen, teilen sich in zwei große Bereiche: Faktoren, die extern, außerhalb der unmittelbaren Praxis liegen, und interne Faktoren, die Aspekte innerhalb der Praxis betreffen.

Wie bereits weiter oben gesagt, wird für alle abgefragten Aspekte neben der Zufriedenheit die Bedeutung/Wichtigkeit für den einzelnen Patienten ermittelt. Die Zufriedenheit wird über ein Notensystem (wie Schulnoten) erhoben, die Wichtigkeit über ein Punktesystem (je mehr Punkte, desto wichtiger).

Handelt es sich bei der Untersuchung nicht um eine Zertifizierung, so können die Inhalte selbstverständlich individuell angepasst werden

Hier nun einige Beispiele für eine Abfrage:

Externe und interne Aspekte der Befragung

Checkliste

Mögliche Inhalte der Befragung
- [ ] Telefonische Erreichbarkeit, Beantwortung von Fragen am Telefon
- [ ] Internetseite mit relevanten Informationen
- [ ] Gestaltung der Sprechzeiten, Möglichkeit, Termine zu erhalten
- [ ] Einhaltung von Terminen
- [ ] Erreichbarkeit der Praxis, Parkmöglichkeiten (gibt es in der Praxis oder auf der Internetseite entsprechende Hinweise – auch zum ÖPNV?)
- [ ] Zugang zur Praxis (Aufzug, breite Treppen)
- [ ] Freundlichkeit der Mitarbeiter in der Praxis (ggf. weitere Aufgliederung)
- [ ] Effizienz der Anmeldung/„Empfang"
- [ ] Gestaltung des Wartezimmers (auch: ausreichend Sitzmöglichkeiten, Beleuchtung, Garderobe, etc.)
- [ ] Angebot im Wartezimmer (Aktualität der ausgelegten Zeitungen/Zeitschriften, Möglichkeit Getränke zu erhalten, etc.)
- [ ] Sauberkeit (Zugang zur Praxis, Anmeldung, Wartezimmer, Sanitär-Räume, Behandlungszimmer)
- [ ] Gestaltung der Behandlungszimmer (hell, freundlich, modern,...)
- [ ] Ausreichend Zeit, dem behandelnden Arzt die Probleme zu schildern und zu besprechen
- [ ] Zufriedenheit mit der ärztlichen Beratungsleistung
- [ ] Verständliche Erläuterung des Befundes, Möglichkeit von Rückfragen
- [ ] Klare Hinweise auf alternative Behandlungsmethoden
- [ ] Deutliche Hinweise auf günstigere Medikamente
- [ ] Verständliche Erläuterung der erbrachten Leistungen

Cluster-Bildung

Aus den o. g. Faktoren können Gruppen (Cluster) gebildet werden. Z. B. „Kommunikation" oder „Mitarbeiter" oder „Einrichtung". Auf dieser aggregierten Basis wird ebenfalls die Zufriedenheit der Patienten in den Clustern dargestellt. Die Liste der abgefragten Aspekte wird zwischen Praxis und Institut abgestimmt, damit ggf. spezifische Schwerpunkte gesetzt oder bestimmte Bereiche, die nicht relevant sind, ausgeklammert werden.

Zusätzlich wird eine Gesamtzufriedenheit (Note) ermittelt. So lassen sich schnell die besonders kritischen Aspekte in einem Vergleich mit dieser Note ersehen. Je nach Fallzahl lassen sich hier auch eine weitere Differenzierungen innerhalb der Segmente des Patientenstamms vornehmen.

Interpretation und Umsetzung der Ergebnisse

Interpretation von
Ergebnissen und
Umsetzung von
Maßnahmen

Falls Sie es zusätzlich vereinbart haben, wird das Institut Ihnen eine Zusammenfassung der wichtigsten Ergebnisse liefern, die dann auch entsprechende Kommentare enthält. So wird es Ihnen erleichtert, die Ergebnisse in einen Kontext einzuordnen und zu bewerten.

Zentrales Element der Interpretation wird die Bedeutung sein, die die Patienten den abgefragten Aspekten zuordnen. Wenn Sie die Bedeutung der Aspekte kennen, wird es für Sie möglich, solche Faktoren, die möglicherweise nicht so positiv bewertet wurden, nach einer Reihenfolge anzugehen, die der Priorität Ihrer Patienten entspricht: Die sehr wichtigen Problembereiche vor den weniger wichtigen.

Sie sollten jedoch keinen sklavischen Zwang aus den Ergebnissen ableiten: Eine solche Untersuchung soll Sie als Unternehmer nicht entmündigen, sie soll Ihnen vielmehr eine Hilfestellung bieten, damit Sie Ihre Entscheidungen auf der Grundlage relevanter Daten treffen können. Es liegt kein Automatismus vor, der ein bestimmtes Handeln diktiert.

❗ Welche Maßnahmen als Konsequenz aus einer Untersuchung gezogen werden, entscheiden nur Sie allein.

Die Interpretation der Ergebnisse und die Umsetzung von Maßnahmen ist also in erster Linie Ihre Aufgabe und auch Ihre Verantwortung. Sie sollten es jedoch nicht versäumen, die Ergebnisse, die Ursachen für die Wahrnehmung der Patienten und mögliche Konsequenzen daraus, mit Ihren Mitarbeitern zu diskutieren. Sie sind es, die letztlich als Schnittstelle zu den Patienten Ihre Einstellung vorleben müssen.

Häufig entsteht bei diesen Gesprächen eine Situation, in der einzelne Mitarbeiter das Gefühl haben, bestimmte Ergebnisse quasi „rechtfertigen" zu müssen. Machen Sie allen Beteiligten klar, dass es bei diesen Gesprächen nicht um irgendeine Art der Schuldzuweisung geht, vielmehr sollen gemeinsam Wege gesucht werden, wie mögliche Schwachpunkte für die Patienten verbessert werden können. Auf Wunsch kann ein solches Gespräch auch von einem Mitarbeiter des Marktforschungsinstituts moderiert werden, der auch eine Präsentation der Ergebnisse für die Mitarbeiter übernehmen kann. Die Erkenntnisse aus solchen Untersuchungen können auch für Personal-Trainer sehr wertvolle Hinweise auf Schwerpunkte sein, die in den Abläufen untersucht werden sollten.

Gegenüber den befragten Kundengruppen hat es sich in der Vergangenheit durchaus als sehr vorteilhaft erwiesen, mit den Ergebnissen offensiv umzugehen und den Befragten (hier also Ihren Patienten) ein Feedback zu geben und evtl. aufzuzeigen, welche Maßnahmen nun konkret umgesetzt werden. Das zeigt Ihren Kunden, wie ernst Sie ihre Zufriedenheit nehmen und sich auch dafür einsetzen. Es spricht also sehr viel für eine „Veröffentlichung" der Ergebnisse in der Praxis (Infotafel, o. ä.), über einen Patientenbrief oder auf Ihrer Internetseite. Es ergeben sich für Sie also eine ganze Reihe an Kommunikationsmöglichkeiten aus einer solchen Untersuchung, die Sie nicht ungenutzt lassen sollten.

Feedback an den Patienten

Mitarbeiter-Zufriedenheit

Mitarbeiter-Befragungen: Wir werfen einen kurzen Blick auf dieses Instrument, das in vielen Branchen inzwischen einen vergleichbaren – oder gar höheren Stellenwert – einnimmt, als die Kunden-Befragung, zu deren Ergänzung es gedacht war. Es soll nur auf einige Aspekte eingegangen werden.

Anonyme Mitarbeiter-Befragungen

Warum sollten Sie Ihre Mitarbeiter befragen? Was ist zu beachten?

Mitarbeiter-Befragungen sind oft eine heikle Angelegenheit, weil die Mitarbeiter meist eine „Schere im Kopf" haben, die dafür sorgt, dass nur positive Äußerungen gemacht werden – und weil es Geschäftsführer/Inhaber gibt, die Mitarbeiter wegen deren offener Worte zur Rede stellen. Diese Dynamik sorgt dafür, dass Mitarbeiter-Befragungen mit sehr viel Fingerspitzengefühl durchgeführt werden müssen.

Je weniger Mitarbeiter in einer Praxis oder einer Abteilung beschäftigt sind, desto mehr Aufmerksamkeit muss der Befragung gewidmet werden. Das verlangt auch schon der Datenschutz. Ein einzelner Mitarbeiter darf in den Ergebnissen nicht identifizierbar sein. Nur wenn die Mitarbeiter dies wissen und auch sicher sind, dass dieser Schutz eingehalten wird, kann man damit rechnen, auch ehrliche, offene Antworten zu erhalten.

Nun mag sich mancher fragen, warum er sich überhaupt so viel Mühe machen sollte. Eigentlich liegt die Antwort auf der Hand: Ihre Mitarbeiter sind die erste Schnittstelle zu Ihren Kunden. An dieser Schnittstelle wird bereits die Grundstimmung für die Beziehung zu den Kunden gelegt. In vielen Untersuchungen in den unterschiedlichsten Unternehmen aus der Dienstleistungsbranche ist ein Ergebnis immer wieder bestätigt worden:

❶ Zufriedene Mitarbeiter schaffen zufriedene Kunden.

Doch nicht nur das, zufriedene Mitarbeiter sind auch produktiver, sie sind weniger häufig krank und sie machen weniger Fehler.

Mitarbeiter-Zufriedenheit stellt also kein Ziel an sich dar, sondern ist ebenfalls, wie Kunden-Zufriedenheit, ein Mittel, um den wirtschaftlichen Erfolg einer Praxis längerfristig zu sichern.

Räumen Sie Ihren Mitarbeitern eine Möglichkeit ein, Ihnen Feedback zur aktuellen Situation zu geben, sowohl was die Praxis betrifft (denn Mitarbeiter haben oft ein sehr feines Gespür, wenn etwas nicht so läuft, wie es sein sollte), als auch was die persönliche Situation der Mitarbeiter betrifft. So können Sie nicht nur demonstrieren, dass Sie Ihre Mitarbeiter ernst nehmen – Sie erfahren auch sicher manches, was Sie vorher nicht wussten. Auf diese Weise werden von den Mitarbeitern sehr exakt Unzulänglichkeiten in den Abwicklungsprozessen der Praxis aufgedeckt, die Ihnen meist gar nicht auffallen.

Häufig sind die Punkte, die zu einer „Unzufriedenheit" bei einzelnen Mitarbeitern führen, in Details versteckt, die sich leicht beheben lassen. Wenn Mitarbeiter feststellen, dass Probleme tatsächlich angepackt werden, erreichen Sie eine deutlich erhöhte Einsatzbereitschaft.

All dies gilt für eine „kleine" Praxis ebenso, wie für eine große Klinik (hier müssen Sie nur zusätzlich noch den Betriebsrat für eine Mitarbeiter-Befragung gewinnen!).

Im Idealfall wird ein Marktforschungsinstitut eingeschaltet, um die Befragung der Mitarbeiter durchzuführen. Je nach Anzahl der Mitarbeiter kann eine Methode gewählt werden, die einen möglichst geringen Aufwand nach sich zieht. Durch das Institut ist gewährleistet, dass auch kritische Äußerungen der Mitarbeiter anonym und ohne Folgen für den Mitarbeiter bleiben.

Sie erhalten vom Institut eine Zusammenfassung der Ergebnisse, die Sie gemeinsam durchsprechen. Das Institut kann auch als „Moderator" zwischen Mitarbeiter und Praxisleitung treten, wenn alle Beteiligten an einem persönlichen Gespräch interessiert sind.

Ein letzter wichtiger Hinweis: Kein Mitarbeiter sollte zu einer Teilnahme an einer Befragung „gezwungen" werden. Vorbehalte einzelner Mitarbeiter können am besten über die Zeit abgebaut werden, wenn alle Beteiligten merken, dass die Befragung ein Instrument ist, um das allgemeine Umfeld zu verbessern, und auch nur dann etwas verändert wird, wenn es angesprochen wird – ohne Nachteile für den einzelnen Mitarbeiter.

Der „Test-Patient" als Nagelprobe

Dieser Ansatz der Marktforschung gewinnt in letzter Zeit zunehmend Bedeutung im medizinischen Bereich: Der „Test-Patient" zur Überprüfung der Leistungen einer Praxis oder Abteilung/Station. Die Grundidee entstammt den bekannten Methoden des „Mystery-Shoppings", das ja in vielen Branchen durchaus üblich ist.

Als Initiatoren einer Test-Patienten Aktion kommen neben Praxen und Kliniken auch Krankenversicherungsunternehmen oder die Kassen-(zahn)ärztlichen Vereinigungen in Frage. Ziel einer solchen Aktion ist es beispielsweise, durch den Einsatz von Test-Patienten, gezielt zu prüfen, ob die gewünschten Leistungen auch tatsächlich erbracht werden, ob die Abläufe so funktionieren wie sie sollen oder ob Sand im Getriebe ist.

Für eine Praxis stellt dieses Vorgehen eine Art Selbstkontrolle oder auch Feinjustierung dar. Hier werden die Besuche der anonymen Tester dazu genutzt Fragen zu klären, wie:

- Werden auch vermeintliche „Problem-Patienten" freundlich behandelt?
- Wie wird mit reklamierenden Patienten umgegangen?
- Wie gut funktioniert die telefonische Terminabstimmung?
- Funktioniert der aktive Verkauf von Zusatzleistungen über das Personal (werden verständliche Hinweise, Erklärungen, etc. gegeben)?
- Sowie weitere Fragestellungen, die sich auch aus den Ergebnissen der Zufriedenheits-Untersuchungen als relevant herausgestellt haben können.

Der Einsatz solcher Test-Patienten will sorgfältig geplant und vorbereitet sein. Die Aufgabenstellungen, die bei jedem Besuch zur Anwendung kommen sollen, müssen mit dem Tester sorgfältig besprochen worden sein, damit das Verhalten darauf abgestimmt wird. Hier ist kein Platz für unerfahrene Tester. Die Gefahr ist zu groß, dass der Tester durch ein falsches Verhalten die Reaktionen der Mitarbeiter in eine bestimmte Richtung steuert. Auch wenn wir weiter oben oft darauf hingewiesen haben, dass man viele Dinge alleine durchführen kann, die Test-Patienten Aktion gehört in die Hände von erfahrenen Marktforschern und Testern, die sich damit auskennen!

Notwendige Hilfe erfahrener Marktforscher

Der Ansatz ist im medizinischen Bereich noch nicht sehr verbreitet, wird aber in den nächsten Jahren sicher an Bedeutung gewinnen. Ob und in wie weit der Ansatz auch für Sie und Ihr Arbeitsumfeld schon relevant ist, müssen Sie prüfen und abwägen.

Zusammenfassung

Aktives Marketing und die damit verbundene Notwendigkeit, mehr über seine Kunden wissen zu müssen, werden in den medizinischen Sektor in absehbarer Zeit eindringen und zu den Dingen gehören, mit denen Sie sich – wie jeder andere Unternehmer – auseinander setzen müssen. Die Marktforschung ist ein Teilaspekt, der Ihnen helfen kann, Ihre Entscheidungen nicht nur aus dem Bauch heraus treffen zu müssen, sondern auf der Basis gesicherter Daten.

Zentrales Element einer stärkeren Marketing-Orientierung im Bereich der niedergelassenen Ärzte (und natürlich gilt dies auch wieder für Kliniken) ist das Verständnis, dass Patienten keine Selbstverständlichkeit sind, sondern Kunden, die sich entschieden haben, Ihre Leistungen in Anspruch zu nehmen. Eine zur Zeit gute Praxisauslastung ist sicher eine schöne Sache. Im Zuge der weiteren Entwicklungen in der Gesundheitspolitik wird man sehen, was das alleine wert ist. Eine bessere Ausschöpfung des vorhandenen Potentials z. B. durch das aktive Anbieten von Zusatzleistungen (IGeL) ermöglicht es Ihnen, die Abhängigkeiten von den politischen Entwicklungen etwas zu reduzieren.

Für viele sind die Schritte, die nötig werden, um die Kundenorientierung als strategisches Element in der täglichen Arbeit zu verankern, völliges Neuland. Das ist nicht ungewöhnlich und sah noch vor wenigen Jahren in anderen Dienstleistungsbranchen nicht anders aus. Sie sollten daher nicht zögern, sich an entsprechende Profis zu wenden, die Ihnen beratend zur Seite stehen können.

Literatur

1. Herrmann A, Homburg C (Hrsg.) (2000) Marktforschung, Gabler
2. Homburg C (Hrsg.) (2003) Kundenzufriedenheit, Gabler
3. Papmehl A (Hrsg.) (1998) Absolute Customer Care, Signum
4. Pepels W (Hrsg.) (1999) Moderne Marktfoschungspraxis, Luchterhand
5. Moll D (2001) Servicekultur in Deutschland, Absatzwirtschaft 7/2001

7 Qualitätsmanagement für Arztpraxen

K. Letter

Einleitung

Die gegenwärtig geführte politische Diskussion, Gesundheitsreformen, Patienten, die immer mehr auf Service und Qualität achten und ihre Rechte einfordern, Ärztekammern und kassenärztliche Vereinigungen: Vieles stürzt zur Zeit auf die Praxisinhaber ein. In solchen Zeiten wird der Ruf nach Qualität und deren Sicherung immer lauter.

Mit diesem Beitrag möchten wir einen kurzen Überblick über das Thema Qualitätsmanagement geben. Es sollen die kontroversen Dimensionen kurz aufgezeigt und einige grundsätzliche Ziele und Vorteile von Qualitätsmanagement-Systemen (QMS) beleuchtet werden. Sehr viel Literatur hat sich mittlerweile mit Qualitätssystemen, Qualitätsmanagement-Systemen, der Bewertung solcher und den Folgen daraus befasst. Am Ende finden Sie eine Auswahl von uns empfohlener Literatur und auch eine Auswahl geeigneter Internetadressen zu diesen Themen.

> Oberflächlich praktiziertes Qualitätsmanagement

Durch unsere Tätigkeiten in sehr vielen Praxen und Kliniken im deutschsprachigen Raum haben wir immer wieder festgestellt, dass Qualitätsmanagement thematisiert wird, sich aber nur sehr wenige Praxisinhaber tatsächlich auch intensiv mit Qualitätsmanagement auseinander setzen. Häufig erleben wir den puren Aktionismus. Es werden teure Berater eingesetzt, Handbücher gekauft oder erstellt, man bedient sich der Vorlagen der Kassenärztlichen Vereinigungen oder anderer Institutionen, lässt Handbücher durch Praxismitarbeiterinnen abschreiben und glaubt dann ein Qualitätsmanagement-System installiert zu haben.

❶ Ein Appell an alle Praxisinhaber, die sich mit dem Thema Qualitätsmanagement auseinander setzen wollen: Machen Sie erst einen kleinen Schritt und fangen mit einfachen, umsetzbaren Managementaufgaben an.

Im weiteren Verlauf dieses Kapitels finden Sie ein Beispiel zum Punkt Zeitmanagement. Gerade das Zeitmanagement ist die Ursache von viel Patienten- und Mitarbeiterunzufriedenheiten, deshalb werden wir zu diesem

Aspekt etwas ausführlicher und exemplarisch für alle anderen Themen eines Qualitätsmanagement-Systems widmen.

> ❗ Ein dokumentiertes Qualitätsmanagement muss auch tatsächlich gelebt werden.

Schritt für Schritt zum Qualitätsmanagement

Wenn Sie zum Beispiel das Zeitmanagement implementiert haben, dokumentieren Sie dies und gehen dann den nächsten Schritt, z. B. die Stellenbeschreibungen oder Checklisten an. Zu den Checklisten finden Sie im weiteren Verlauf einige Beispiele. So können Sie allmählich Ihre Praxis Stück für Stück in der Qualität steigern. Alles andere bedeutet für Ihr Personal eine erhebliche Herausforderung, für Sie ein Zeitaufwand, der exorbitant ist, und nicht zuletzt für die Patienten eine Umstellung, die genau das Gegenteil bewirken kann, was Sie für Ihre Praxis erreichen möchten.

Die politische Dimension

Qualitätssicherung von Gesundheitssystemen

Vor dem Hintergrund einer weltweiten Auseinandersetzung über die Finanzierbarkeit und die Qualität von Gesundheitssystemen stellt sich zunehmend die Frage der Qualitätssicherung. Die Bundesärztekammer und die Kassenärztliche Bundesvereinigung (BÄK, KBV) unterstützen und fördern wissenschaftlich begründete und in der Praxis umsetzbare Qualitätsmanagement-Systeme in der Medizin. Als Hintergründe werden dabei gesehen:

- Transparenz- und Qualitätsförderung im Rahmen einer möglichst ergebnisorientierten Versorgung der Patienten
- Die ärztliche Aus,- Weiter- und Fortbildung und deren Hilfen
- Die Qualitätssicherung und das Qualitätsmanagement
- Minimierung von Behandlungsrisiken
- Erhöhung der Rentabilität

Die Gesundheitsministerkonferenz von 1999 hat vorgeschlagen, dass alle Einrichtungen des Gesundheitswesens die Qualität ihrer Leistungen in jährlichen Qualitätsberichten darlegen und veröffentlichen sollen.

Die Bundesgesetzgebung hat in der Novellierung des SGB (§ 135a) alle Vertragsärzte und zugelassenen Krankenhäuser verpflichtet, sich an einrichtungsübergreifenden Maßnahmen zur Qualitätssicherung zu beteiligen. Ausnahme bilden bis jetzt die ambulant tätigen Vertragsärzte.

Welches Qualitätsmanagement-System ist zu wählen?

Die unterschiedlichen Qualitätsmanagement-Systeme

Diese Frage lässt sich nicht allgemein gültig beantworten. Zur Zeit existieren ca. 130 verschiedene Systeme, es werden fast täglich mehr. Im Wesentlichen richten sich alle Managementsysteme in irgendeiner Form nach der

DIN EN ISO 9000–2000ff. aus. Die Kassenärztliche Vereinigung bevorzugt vermehrt das KVWL-Praxis-Qualitätsmanagement-Modell (KPQ-Modell). Diese beiden Modelle stellen wir nachfolgend kurz vor. Weitere Modelle sind u. a. das EFQM-Modell (European Foundation of Qualitiy Management), ein Konzept, welches die Selbstbeurteilung in den Fokus stellt, um daraus Ziele, Maßnahmen und Prozesse abzuleiten, welche dann wieder die Grundlage weiterer Selbst- bzw. Reifegradbeurteilungen bilden (1).

DIN EN ISO 9000–2000

Die DIN EN ISO 9000–2000 sieht in der Prozessgestaltung das Kernstück des Qualitätsmanagement-Systems. Sie fragt nicht nach den Funktionen einzelner Abteilungen, sondern nach dem Funktionieren des Gesamtprozesses. Um diese Anforderungen an ein modernes QM mit Leben zu erfüllen, werden zu den genannten Punkten Ziele in Verbindung mit einer Leistungsmessung gefordert. Die Punkte sind:
* Verantwortung der Leitung
* Management der Mittel
* Prozessmanagement/Produkt-, Dienstleistungsrealisierung
* Messung und Analyse

Das KPQ-Modell

Die **Kassenärztliche Vereinigung** erprobt derzeit durch vertragsärztliche Praxen das KVWL-Praxis-Qualitätsmanagement-Modell (KPQ-Modell), dabei handelt es sich um ein modulares Qualitätsmanagement Konzept. Es enthält eine Kombination von Konzeptionen existierender Elemente, wie z. B. Struktursicherung und Ergebnisqualitätssicherung, im vertragsärztlichen Bereich.

Die Vertragsarztpraxis wird nach der Auditierung der individuellen Kernprozesse der Praxis dokumentiert. Der Nachweis der Qualitätsmanagement Fähigkeiten wird durch das KPQ-Zertifikat sichergestellt. Als weiterer Nachweis müssen 10 Kernprozesse der Praxis mit Bezug zu folgenden Themen dargestellt werden:
* Patienten (Diagnostik, Therapie, Terminverwaltung, Telefon)
* Mitarbeiter- und Personalführung
* Administration und Delegationen
* Abläufe nach Checklisten
* Verfahrensweisen
Ebenso muss eine Kurzdarstellung der Qualitätspolitik dargelegt werden. Das KPQ Qualitätsmanagement-Modell ist absolut adaptierbar. Mittlerweile wird durch die öffentliche Diskussion zur leistungsbezogenen Finanzierung von Interessenvertretern, Kostenträgern, Kassen und auch Beratungsunternehmen eine Lawine angestoßen, welche die Qualitätsstandarts,

-sicherung und den Weg der richtigen Zertifizierung und Akkreditierung zum Inhalt hat.

An dieser Stelle sei erwähnt, dass gerade die o. a. Beteiligten in erheblichem Umfang an diesen Ansätzen eigene Beratungsumsätze sehen.

> ❗ Wenn Sie einen Berater für Ihr Qualitätsmanagement hinzuziehen, lassen Sie sich zunächst die Erfahrung und die Qualität dieser Berater nachweisen.

Qualitätsmanagement (QM) in der medizinischen Praxis

Qualität des Arbeitsprozesses und des Arbeitsergebnisses wahren oder erhöhen

Qualitätssicherung und Qualitätsverbesserung der ärztlichen Tätigkeit gehören seit jeher zu den Grundlagen einer bedarfsgerechten und wirtschaftlichen Patientenversorgung auf sehr hohem Niveau.

Qualitätsmanagement in einer Arztpraxis hat zum Ziel, die Qualität des Arbeitsprozesses und des Arbeitsergebnisses zu wahren oder zu erhöhen. Dies kann allerdings nur verwirklicht werden, wenn Probleme frühzeitig identifiziert, hinreichend analysiert sowie praktikable Verbesserungsvorschläge schnell und zügig erarbeitet und auch angewendet werden.

Eine wichtige Aufgabe des Qualitätsmanagements, im Gesundheitswesen besteht darin, die strukturellen Voraussetzungen für eine hohe Qualität in der Patientenbetreuung zu schaffen und zu erhalten.

Die Messung und die Darlegung der Qualität hat zwei wichtige Aspekte: Sie dient dem Erkennen von Verbesserungsbedarf und dem Nachweis des erreichten Qualitäts-Niveau gegenüber Dritten.

Bei der Qualitätsdarlegung ist zwischen Qualitätskontrollaspekten und nach den Qualitätsmanagementaspekten zu unterscheiden.

Qualitätskontroll-Maßnahmen legen ihren Schwerpunkt auf die Überprüfung der Struktur. Prozess- und Ergebnisqualität sind in der Regel externe Anforderungen an die Arztpraxis oder Klinik.

Ziele eines Qualitätsmanagements

Entwicklung eines positiven Praxisleitbilds

Jede Praxis, die sich mit Qualitätsmanagement befasst oder vorhat sich damit zu befassen, sollte als oberstes Ziel haben, das **Vertrauen in die medizinische und wirtschaftliche Leistungsfähigkeit der Praxis** gegenüber den Patienten darzustellen, aufzubauen und ggf. zurückzugewinnen.

Der Hauptansatzpunkt dafür ist die Entwicklung eines **Praxisleitbildes (Praxis-Philosophie)**, in dem sich die Praxis glaubhaft, im praktischen Handeln nachvollziehbar auseinandersetzt und sich hier entsprechend positioniert. Die Transparenz und die Informationen sind eine sichtbare Dienstleistungsmentalität, deren zentrale Stellgrößen zur Vertrauensprofilierung dienen.

Das Endergebnis ist eine starke Vertrauensposition gegenüber den beiden Interessengruppen, die durch nichts zu ersetzen ist.

Konstruktive und vertrauensvolle Zusammenarbeit bei den Praxisprozessen leisten einen Beitrag zur Patientenmotivation und führen damit nachhaltig zu einer verbesserten **medizinischen** und **wirtschaftlichen Ergebnisqualität.**

Bei der **Optimierung von Praxisprozessen** entscheidet der Erfolg des Qualitätsmanagement-Systems insgesamt. Auf der Grundlage des Leitbildes der Praxisziele sollten alle Tätigkeiten auf dem Prüfstand stehen. Es geht um eine Entlastung des Arztes von administrativen medizinischen Tätigkeiten durch das Personal.

Wichtig dabei ist eine kritische **Prozessanalyse,** bei der die Aufgabenverteilungen, Zuständigkeiten, Qualifizierung des Personals sowie die Mitarbeitermotivation, das Outsourcing einzelner diverser Leistungen sowie die Organisation der Dokumentation überprüft werden.

Effiziente und organisierte Prozesse, die durch ein Qualitätsmanagement-System stetig verbessert werden, stärken wiederum das **Vertrauenspotenzial** und führen dadurch unmittelbar zu einer Optimierung der **Ergebnisqualität.**

❗ Den Patienten interessiert einzig und alleine die Ergebnisqualität.

Allerdings müssen diese Ziele auf der Grundlage des Praxisleitbilds regelmäßig gemessen werden. Der Arzt und seine Mitarbeiterinnen erhalten wertvolle und sehr wichtige betriebswirtschaftliche und medizinische **Informationen.** Das Qualitätsmanagement ist ein fortlaufend dynamischer Prozess, bei dem man sich **nicht** mit dem einmal erreichten Qualitätsstandard zufrieden gibt. Um sich weiterzuentwickeln, muss man kontinuierlich das Qualitätsmanagment-System verbessern und ergänzen.

Stetige Optimierung des Qualitäts-management-Sytems

❗ Qualitätsmanagement bedeutet große Verantwortung, der Arzt übernimmt damit eine „Vorbildfunktion".

Qualitätsgrundsätze und messbare Qualitätsziele müssen erarbeitet werden und mit den Helferinnen (Mitarbeiterinnen) kommuniziert werden. Zur Unterstützung des Arztes wird eine qualifizierte Helferin zur Qualitätsmanagementbeauftragten benannt. Wenn die Helferin die Leitung dieser Vorbildfunktion nicht ernst oder nur halbherzig wahrnimmt, ist das Qualitätsmanagement von vornherein zum Scheitern verurteilt. Qualitätsaufzeichnungen weisen das installierte gelebte System regelmäßig auf Stärken und Schwächen hin.

Vorteile des Qualitätsmanagements

Patienten-
Mitarbeiter- und
Ergebnisorientierung

Die Schwerpunkte des Qualitätsmanagements liegen auf den Prinzipien Patienten-, Mitarbeiter- und Ergebnisorientierung. Die Verbesserungspotenziale liegen in den Prozessen!

Durch die neue angelegte Gesundheitsreform und die Reformen, welche noch folgen werden, entsteht bei den meisten Patienten eine starke Verunsicherung: „Zwei-Klassen-Medizin" oder die Ärzte als „Eurogeier."

Beispiel

Wichtige und konkrete Gründe für den Aufbau eines Qualitätsmanagements in einer Arztpraxis oder Klinik
Die Patienten/Kunden
Der Patient/Kunde erwartet informiert zu werden, damit er selbst frei entscheiden kann. Der Patient/Kunde hinterfragt häufiger und viel intensiver die Leistungen und die Ergebnisse der Behandlung/Therapie der Praxis.

Der Leistungsträger (Praxis)
Durch ein professionell praktiziertes Qualitätsmanagement in der Praxis erhöht sich die Zufriedenheit der Mitarbeiter. Dadurch werden automatisch die Eigeninitiative und die verstärkte Verantwortung gefördert.
Fehler können viel schneller erkannt und behoben werden. Voraussetzung ist ein professionelles und sehr zielgerichtetes Handeln aller Mitarbeiter. Die Erkenntnis daraus ist, dass man aus Fehlern lernen muss.

Die Praxisleitung
Durch die Praxisleitung werden Kostendämpfung und Rationalisierung bei gleicher oder viel besserer Qualität erreicht.
Das Qualitätsmanagement ist ein Instrument zur Steigerung der Wirtschaftlichkeit der Praxis. Professionell erstellte Praxisabläufe (Checklisten) erhöhen die Arbeitsentlastung aller Praxismitarbeiter, dies steigert die Arbeitszufriedenheit und kommt dadurch dem Patienten zugute.

Finanzsysteme: Bevölkerung, Behörden, Versicherungen
Finanzsysteme, die budgetiert, fallorientiert und leistungsorientiert sind, können, wenn sie nicht mit der Qualitätssicherung verbunden sind, sich qualitätsmindernd auswirken.
Gesicherte Qualität öffnet den Weg für mehr Wettbewerb im Gesundheitswesen und damit für Erfolge.

Die Außenwirkung
Ein offizielles (zertifiziertes) Testat kann das Vertrauen der Patienten in die Leistungsfähigkeit der Praxis/Klinik erhöhen.

Der Unabhängige Auditor
Die Überprüfung des installierten Qualitätsmanagement-Systems durch ei-

nen unabhängigen Auditor kann eine Bestätigung/Anerkennung des bisher eingeschlagenen Weges bedeuten und sollte daher konstruktive Kritik und Verbesserungsvorschläge beinhalten.

Die Kontinuität
Die Gewissheit, dass das Qualitätsmanagement-System jährlich auf dem Prüfstand gestellt wird, sorgt für eine kontinuierliche Pflege und Weiterentwicklung. Allerdings sollte dies nicht der einzige „Motivator" sein, ansonsten stimmt etwas mit Ihrem Qualitätsmanagement-System nicht.

Messung, Analyse und Verbesserung
In einem installierten Qualitätsmanagement-System ist es wichtig, kontinuierlich Stärken und Schwächen zu analysieren. Selbstverständlich erfolgt vorab eine grundsätzliche Erhebung aller praxisrelevanter Daten, Fakten und Gegebenheiten. Diese dienen als Grundlage aller weiterer Auswertungen. Erkannte Schwachstellen müssen abgestellt und behoben werden.

Der Plan
Die Verbesserungsmaßnahmen sind zu planen (es muss genau aufgeführt werden, wer macht was bis wann, unter Einsatz welcher Ressourcen?).
Es empfiehlt sich, probeweise die Einführung der Verbesserungsmaßnahme auszuprobieren.
Anschließend sollte eine Überprüfung der Wirksamkeit der Verbesserungsmaßnahme und ggf. eine Modifikation stattfinden.
Was konkret gemessen wird, ist abhängig von den formulierten Praxiszielen und den erstellten Checklisten. Ggf. müssen diese Listen erneut umgestellt werden. Im Wesentlichen geht es hier natürlich um die Verbesserung der Patientenzufriedenheit. Ebenso sollten hier zusammenhängend die Qualität einzelner Prozesse, wie z. B. Mitarbeiterzufriedenheit und nicht zuletzt die Wirtschaftlichkeit der Praxisentwicklung, auf dem Prüfstand stehen.

Qualitätsmanagement ist kein Allheilmittel
Ein Qualitätsmanagement bewältigt dadurch aber nicht alle Praxisprobleme. Die meisten Probleme ergeben sich derzeit durch die Versorgungsstruktur, die eine Arztpraxis kaum ändern kann. Ein Misserfolg kann durch Überforderung oder mangelnde Qualifikation von Personal, Praxisinhaber, Projektgruppen aber auch externer Berater entstehen.

Zusammenfassend ergeben sich drei Aspekte eines Praxis-Qualitätsmanagements (▶ Abb. 7–1):
Vertrauen als Grundvoraussetzung effektiven ärztlichen Handelns!
Optimierte Praxisprozesse ermöglichen strikte Patientenfokussierung!
Ergebnisqualität systematisch sichern und verbessern!

Abb. 7–1

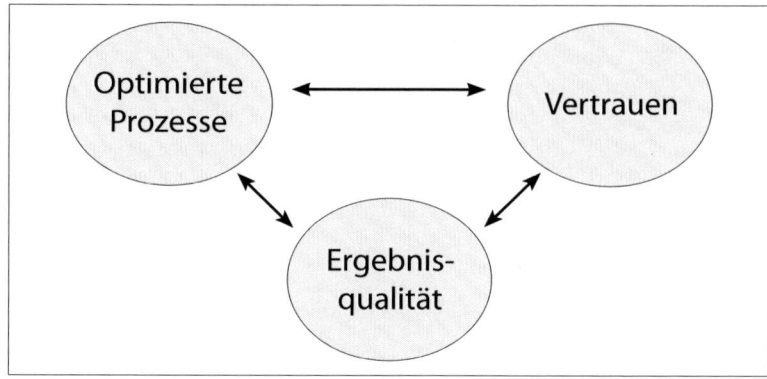

Die drei Aspekte des Qualitätsmanagements

Die Schulung/Training

Wie wird das Qualitäts-
management in die
Praxis eingeführt?

Am Anfang steht die Entscheidung eines Praxisinhabers, ein Qualitätsmanagement-System zu installieren und dafür Ressourcen zur Verfügung zu
stellen. Dies sind in erheblichem Umfang neben monetären auch Personalressourcen. Die ausgewählten Mitarbeiter oder sogar das ganze Praxisteam arbeiten in Qualitätszirkeln oder Projektgruppen, es werden QM-
Beauftragte ernannt oder auch externe Berater zu Hilfe geholt. Nach der
Entscheidung für ein System steht die Überlegung an, ob das System mit
den internen personellen Ressourcen aufgebaut wird oder externe Hilfe
eingekauft wird. Soweit es die Personalressourcen zulassen, ist ein interner Weg mit ggf. externer Unterstützung vorzuziehen, denn dann wird der
Qualitätsgedanke von innen heraus gelebt und erarbeitet. Der Vorteil liegt
in der Unabhängigkeit von externen Beratungseinrichtungen. Der Nachteil ist der Faktor Zeit, da dies ein langer Entwicklungsprozess ist.

Schulungen und
Trainings für das
gesamte Praxisteam

Was alles in Schulung oder Training erlernt werden muss oder soll, zeigt
der folgende Abschnitt. Es existieren mittlerweile eine Fülle von Angeboten für diese Schulungen und Trainings, als Beispiel seien hier die Angebote der Kassenärztlichen Vereinigungen oder des BdA, Berufsverband der
Arzt- und Tierarzthelferinnen, exemplarisch genannt.

Beispiel

Diverse Schulungsinhalte zum Qualitätsmanagement in der Arztpraxis
- Zeitmanagement
- Qualitätsmanagement in der Arztpraxis/Klinik
- Leitlinien der Praxis/Klinik (speziell für den Arzt)
- Gesetzliche Regelungen (Betrifft Arzt sowie Helferin, jeweils spezifisch)
- Führungsseminar für Ärzte

- Qualitätsmanagement-Systeme/Zertifizierung
- Qualitätsmanagement Handbuch
- Interne Audits
- Praxismarketing
- Kommunikation (Arzt und Helferin)
- Patientenbefragungen
- Gesprächsführungen

Das Qualitätsmanagement-System ist eine große Chance im sozialen und Gesundheitsbereich. Nachweisbar werden durch diese große Herausforderung folgende Nutzen in den Bereichen erzielt:

- Mitarbeiterzufriedenheit/Motivation
- Kundenzufriedenheit (Patientenzufriedenheit)
- Vermeidung von Fehlern
- Vermeidung von Fehlerkosten
- Effizientes Gestaltung von Arbeitsabläufen durch diverse Checklisten

Bei der Möglichkeit und der Auswahl von diversen Beratungsangeboten sowie Literatur zum Qualitätsmanagement wird immer empfohlen und darauf hingewiesen, dass es außerordentlich wichtig ist, sich vom Anbieter die wissenschaftlichen, theoretischen und praktischen Grundlagen detailliert und ganz genau darlegen zu lassen.

Nutzen durch erfolgtes QM

Das Qualitätsmanagement-Handbuch

Ein wesentlicher Bestandteil von Qualitätsmanagement ist die Dokumentation. Egal ob ein System nach DIN EN ISO 9000–2000, EFQM (Modell der europäischen Qualitätsvereinigung) oder einem System der Kassenärztlichen Vereinigung KPQ gewählt wird, in allen ist ein Handbuch obligat.

Die schriftliche Dokumentation durch ein Handbuch

Das Handbuch wird vorbereitend zur Zertifizierung gefertigt und ist insbesondere für den Praxisinhaber, die Mitarbeiterinnen und alle Praxisbeteiligten als verbindlich zu sehen.

Zur Zeit sind keine verbindlichen Regeln mit der KV oder anderen in Rede stehenden Trägern über endgültige Voraussetzungen und Zulassungen zur Zertifizierung für Arztpraxen vereinbart. Nach Erfahrung dauert der Prozess eines Qualitätsmanagements – egal ob nach ISO Norm 9000–2000 oder den anderen Systemen – zwischen einem halben und zwei Jahren bis zur endgültigen Zertifizierung. Es werden nach jedem erfassten Teilbereich Audits von Nöten sein, welche die erfassten Abläufe spiegeln und auf gesetzliche und praktikable Aspekte überprüfen.

Mit dem Praxisinhaber und den Mitarbeiterinnen werden Schritt für Schritt die zu erfüllenden Anforderungen, um der jeweiligen Norm zu genügen, erarbeitet.

Im Folgenden ist ein möglicher Standart für den Inhalt eines Qualitäts-management-Handbuches aufgeführt:

Beispiel

Qualitätsmanagement-Handbuch

1	**Anwendungsbereich**
1.1	Allgemeines
1.2	Anwendung
2	**Normative und gesetzliche Verweisung**
2.1	Erklärung der notwendigen medizinischen Begriffe
3	**Qualitätsmanagement-System**
3.1	Allgemeine Praxisanforderungen, z. B. Vollmachten
3.2	Dokumentationsanforderungen, z. B. Checklisten
4	**Verantwortung und Leitung**
4.1	Verpflichtung der Leitung
4.2	Patientenorientierung
4.3	Qualitätspolitik
4.4	Praxisplanung; -organsiation; - ablauf
4.5	Verantwortung des Praxisinhabers
4.6	Verantwortung der Helferinnen
4.7	Befugnis und Kommunikation
4.8	Praxis Managementbewertung
5	**Management von Ressourcen**
5.1	Bereitstellung von Ressourcen
5.2	Personelle Ressourcen
5.3	Infrastruktur
5.4	Arbeitsumgebung
5.5	Arbeitsplatzbeschreibungen
6	**Praxisrealisierung**
6.1	Planung und Durchführung der gesetzlichen Leistungen
6.2	Planung und Durchführung der Komfort- und Sonderleistungen
6.3	Patientenbezogene Prozesse
6.4	Entwicklung der Praxis
6.5	Beschaffung von Material
6.6	Sonstige Dienstleistungen
6.7	Lenkung von Überwachungssystemen
6.8	Dokumentation
7	**Messung, Analyse und Verbesserung**
7.1	Allgemeines

Dieses Verzeichnis kann nur exemplarisch gelten, da in jeder Praxis individuelle Ansätze zum Tragen kommen werden.

Die Checklisten

Eines der wesentlichen Merkmale eines Qualitätsmanagement-Systems ist das Verifizieren der einzelnen Prozesse und Abläufe. Insbesondere unter dem Aspekt des Controllings haben sich hier Checklisten außerordentlich bewährt. Selbst wenn zur Zeit kein QM-System eingeführt werden soll, kann nur jedem Praxisinhaber empfohlen werden, sich Checklisten für die wichtigsten Bereiche zu erarbeiten.

Um die Effizienz solcher Checklisten zu zeigen, werden wir diese Technik im Folgenden auch im Checklistenformat darstellen:

Controlling mit Hilfe von Checklisten

Vorteile der Checklisten-Technik

* Zeit- und Kostenersparnis: Durch die gespeicherte Erfahrung wird Zeit gewonnen, z. B. bei der Einarbeitung von neuem Personal.
* Rasche Beseitigung von Schwachstellen: Checklisten reduzieren die Fehlerquote.
* Sicherung von Qualitätsstandards: Die geforderte Qualitätssicherung bei der täglichen Praxisarbeit wird erreicht.
* Sicherung des Praxis-„Know-how“: Kein Verlust von wertvollem Praxis-Wissen, z. B. bei Personalwechsel.
* Steigerung der Effektivität: Wirtschaftlicher Gewinn durch rationelles Arbeiten.
* Kontinuierliche Verbesserung der Arbeitsabläufe: Stetige Qualitätssteigerung der Dienstleistung durch Controlling, mit Hilfe von Prüflisten, Trainingsinstrument für neue Mitarbeiter.
* Notwendige Dokumentation bei Rechtsstreitigkeiten und Regressansprüchen: Zur Prophylaxe bei möglichen Haftpflichtfällen.
* Praxismarketing: Wettbewerbsvorteil, höhere Patientenzufriedenheit.

Beispiel

Wie erstelle ich eine Checkliste?
* Idee zur Checkliste
* Vorstellung des Gesamtablaufes
* Ablaufskizze

- Zerlegung in Teilaufgaben
- Feingliederung der Arbeitsschritte
- Probelauf
- Korrektur
- fertige Checkliste

Arbeiten mit Checklisten
- Liste erstellen, welche kontrollbedürftigen Bereiche bestehen
- Kontrollintervalle (stündlich, zweimal täglich, monatlich) festlegen
- Zuständigkeit/Verantwortlichkeit klären
- Einarbeitung neuer oder ungelernter Mitarbeiter „Schritt für Schritt" nach vorliegender Checkliste durch geübtes Personal
- Selbstständiges Arbeiten der Checklisten-Kopie, Liste mit Namenskürzel abzeichnen, bei Auszubildenden Gegenzeichnung durch zuständigen „Paten"
- Checklisten-Originale in Klarsichthüllen schützen und in einem Ordner zentral deponieren

❗ Wichtiger Hinweis
Checklisten „leben", daher müssen regelmäßig alle Listen überprüft werden! Überflüssiges muss gestrichen werden und Neues muss aktualisiert werden.

Beispiele für Checklisten:

Checkliste

Morgen Checkliste
- ☐ AB (Anrufbeantworter) ausschalten
- ☐ Alle Geräte anstellen, zum Beispiel: Das Ultraschallgerät
- ☐ Alle Zimmer lüften
- ☐ Sprechzimmer vorbereiten (Liegenpapier/Mundspatel/Pflaster)
- ☐ PCs alle anschalten
- ☐ Pflanzen gießen (je nach Bedarf)
- ☐ Kontrolle der Toilette ggf. wenn nötig auffüllen:
  - o Handtücher
  - o Desinfektionsspray
  - o Handwaschmittel
  - o Einmalhandtücher
  - o Raumspray
  - o Toilettenpapier
- ☐ Kontrolle Wartezimmer:
  - o Zeitschriften ordnen
  - o saubere Gläser und Mineralwasser bereitstellen für die Patienten

Checkliste

Tages Checkliste

☐ Karteikarten entsprechend einsortieren bzw. zuordnen
☐ Ablage einsortieren
☐ Hausbesuchskarten vorbereiten
☐ Tagesprotokoll erledigen, Tagesnotizen aus Kalender erledigen
☐ Rückrufe vorbereiten für den Arzt
☐ Befundmappen anlegen für die neuen Check-ups des Tages
☐ Karteikarten für kommenden Tag heraussuchen und vorbereiten
☐ Post vorbereiten
☐ Post erledigen
☐ Unterschriftenmappe zum Arzt
☐ Zwischendurch Kontrolle Wartezimmer
    o Stühle und Zeitschriften ordnen
    o Lüften
    o Schmutzige Gläser entfernen
    o Neue Mineralwasserflasche austauschen

Checkliste

Abend Checkliste

☐ AB (Anrufbeantworter) einschalten
☐ Datensicherung (PC)
☐ PCs runter fahren
☐ Kontrolle: Fenster geschlossen?
☐ Post mitnehmen
☐ Alle Geräte ausschalten
☐ Tür-, Haupt-, Lichtschalter ausschalten
☐ Eingangstüre doppelt verschließen

Checkliste

Wochen Checkliste

☐ Mahnungen schreiben
☐ Kolloquium
☐ Auszubildende Aufgabenverteilung
☐ Arbeitsplan für die nächste Woche besprechen
☐ Hausbesuchskoffer kontrollieren
☐ Liegen frisch beziehen

Checkliste

Monatliche Checkliste

☐ Formularbedarf überprüfen und evtl. neu bestellen
☐ Schreibmaterial kontrollieren und evtl. bestellen
☐ Geburtstagskarten schreiben

☐ Materialbestellung
☐ Privatrechnungen schreiben
☐ Recall-Maßnahmen durchführen
Verantwortliche Mitarbeiterin oder Vertretung:

....

....

Datum:

....

....

Kontrolle/Namenszeichen (Kürzel)

❶ Für jeden Check wird eine eigene Checkliste angefertigt!

Nach Erledigung der Aufgaben wird die Checkliste der Erstkraft, der Qualitätsmanagementbeauftragten oder dem Arzt vorgelegt. So entsteht ein wirkungsvolles Controlling!

Anschließend wird diese Checkliste in dem vorgesehen Ordner abgeheftet!

Mehr Zeit für das Wesentliche: den Patienten

Eine der größten Herausforderungen in einer Arztpraxis ist immer wieder das Zeitmanagement, daher an dieser Stelle ein Beispiel für Zeitmanagement.

Effektives Zeitmanagement als wichtiger Baustein eines QMS

Hochdotierte Manager haben in ihrer Karriere sehr viele Zeitmanagement Seminare besucht. Für die Berufsgruppe der Ärzte meist eine der letzten Weiterbildungen, welche in Angriff genommen werden. Der oft von Bürokratismus und Kompetenzgerangel gekennzeichnete Praxisalltag, die bittere Erfahrung, manchmal an die Grenzen der medizinischen Leistungsfähigkeit zu stoßen, Zeitdruck, verzweifelte Patienten, das Auf und Ab in der Gesundheitspolitik und ökonomische Zwänge – all dies zieht zunächst eine Steigerung des persönlichen Einsatzes nach sich. Dies führt in Einzelfällen bis zum Burn-out-Syndrom – jenes Gefühl des Ausgebranntseins und der inneren Leere, wenn das Zeitmanagement einer Praxis erhebliche Mängel aufweist. Einer der wichtigsten Bausteine im Qualitätsmanagement hilft auch dem Burn-out-Syndrom vorzubeugen. Ein effektives Zeitmanagement stellt die Bedürfnisse der Praxis, der Patienten, der Mitarbeiterinnen und des Arztes in den Mittelpunkt.

Zielmanagement

Persönliche Ziele werden zu Beginn vom Arzt festgelegt

Der erste Schritt effektiven Zeitmanagements besteht in der Festlegung persönlicher Ziele, die der Arzt für die wichtigsten hält. Dabei kann es sein, dass er bei der Prioritätensetzung der Ziele Änderungen vornimmt. Wer gerade in die Praxis eingestiegen ist, für den stehen die beruflichen Ziele im Vordergrund. Wer es beruflich „geschafft" hat, schiebt eher den gesundheitlichen Aspekt oder den Privatbereich nach vorne. Wichtig ist, der Arzt muss sich seiner Ziele bewusst werden und sie schriftlich fixieren und sich selbst gegenüber die Verpflichtung eingehen, konsequent an der Zielerreichung zu arbeiten. Wer sich konkrete Ziele setzt, wird feststellen, dass sich sein Leben wie automatisch an diesen Zielen orientiert. Denn bei einer genauen Zielplanung richten sich alle Aktivitäten auf diese Ziele aus. Und dann kann man sich die Frage stellen, was muss ich tun, um die Ziele der Praxis und auch die persönlichen Ziele zu erreichen?

Nicht gegen die Zeit – mit der Zeit

„Richtiges" Zeitmanagement ist mithin vor allem eine Sache der persönlichen Einstellung. „Zeit" darf nicht als „Feind" betrachtet, sondern sollte als Verbündeter begrüßt werden. Eine einfache Überlegung kann zu dieser Einsicht führen: Jeder Tag ist 1.440 Minuten lang; der Nachteil, daran lässt sich nicht rütteln, die Zeit ist nicht dehnbar und keine Zeitmanagementtechnik der Welt ändert etwas an dieser Tatsache. Der Vorteil, wir wissen, dass uns genau dieses Zeitkontingent zur Verfügung gestellt wird. Somit ist Zeit planbar. Es kommt nun ganz auf uns an, wie wir das „Geschenk" Zeit nutzen, das jeden Tag aufs Neue als „Betriebskapital" bereit liegt. „Heute will ich meine 1.440 Minuten nutzen, um ..." Machen wir uns also die Zeit zu unserem Verbündeten, indem wir sie planmäßig und zielorientiert auskosten.

Gut geplantes Zeitmanagement

Zeitprobleme in der Praxis

Neben den allgemeinen Zeitproblemen, die in Praxen auftreten, gibt es die Bereich Aufgabenhäufung, Überlastung und mangelhaftes Delegieren. Ein wichtiger Aspekt, insbesondere unter dem Aspekt der Qualität ist die Pünktlichkeit. Es kann nicht sein, dass Patienten um 8.00 Uhr zum Gespräch oder zur Untersuchung durch den Arzt einbestellt werden, dieser dann aber erst um 8.15 Uhr oder gar noch später in der Praxis eintrifft. Allen Ärzten sei hier der Hinweis erlaubt:

Ein Wirtschaftsboss, der Besprechungen oder Termine vereinbart, wird peinlichst genau darauf achten, dass diese insbesondere auch von ihm selbst eingehalten werden. Dieses persönliche Vorleben ist ein wesentlicher Bestandteil einer Vorbildfunktion, der Qualität des Arztes selbst und der Qualität der Praxis.

Je mehr ein Patient in Zukunft zum Kunden wird, um so mehr werden die Ärzte es spüren, wie peinlich genau auf die Pünktlichkeit geachtet wird.

Häufige Zeitprobleme in der Praxis

Der Erfolg eines Qualitätsmanagements wird sich an dieser Stelle messen lassen.

❗ Der Arzt ist das personifizierte Vorbild für die Pünktlichkeit in einer Praxis!

Prioritätensetzung und Zielformulierung

Die ABCD-Methode

Für Praxen ist es zunächst einmal sinnvoll, eine konkrete Zielformulierung auszuarbeiten und dann Prioritäten zu setzen. Daraus können dann die beruflichen – und auch privaten – Jahres-, Monats-, Wochen- und Tagesziele abgeleitet werden. Und mit der **ABCD-Methode** lassen sich Prioritäten bestimmen. Dabei werden anfallende Aufgaben in vier Kategorien unterteilt: Unter A-Zielen und A-Aufgaben versteht man die wichtigsten und zugleich dringlichsten Ziele und Aufgaben. Mit der Kategorie „B" sind Aktivitäten und Ziele gemeint, die wichtig sind, mit „C" die weniger wichtigen Ziele und Aufgaben – letztere können auch delegiert werden. Unter „D" schließlich fallen die Aufgaben, die unwichtig sind und sofort durch den Papierkorb entsorgt werden können.

Die ALPEN-Methode

Erfahrungsgemäß ist es gerade die Tagesplanung, die die größten Zeitprobleme bereitet. Aber anhand der konkreten Zielsetzungen lassen sich nun Maßnahmen beschreiben, die zur Zielerreichung führen – für den beruflichen Bereich kann die **ALPEN-Methode** genutzt werden, um den Tagesablauf zu ordnen und die Aktivitäten zu rationalisieren, indem die Leitungskraft Aufgaben bündelt. Dabei bedeutet **ALPEN**:
- Aufgaben zusammenstellen,
- Länge der Tätigkeit schätzen,
- Pufferzeit für Unvorhergesehenes reservieren,
- Entscheidungen über Prioritäten, Kürzungen und Delegieren treffen,
- Nachkontrolle und Überprüfung, ob die Ziele tatsächlich erreicht werden konnten.

Ärzte müssen sich von einem übertriebenen Perfektionismus verabschieden. Ärzte sind es von ihrem Berufsethos her gewohnt, alle Aufgaben hundertprozentig zu erledigen. Das Problem: Diese Einstellung, die im Umgang mit Patienten natürlich ihre Berechtigung hat, übertragen Ärzte auch auf andere Aufgabengebiete, bis hin zu administrativen Aufgaben und B-, C- und D-Aufgaben. Die Ärzte müssen lernen, „loszulassen" und damit zufrieden zu sein, dass etwa Verwaltungsaufgaben zurückgestellt, nicht zu hundert Prozent erledigt oder delegiert werden können.

Aufgaben gekonnt delegieren

Zu den erfolgreichsten Arbeitstechniken und Zeitmanagementmethoden gehört, die Zusammenarbeit mit dem Personal zu optimieren – und damit das planvolle Delegieren. Durch das Delegieren von Aufgaben werden Ärzte von Routinearbeiten entlastet und gewinnen Zeit, sich ihren eigentlichen Zielen und wichtigen Tätigkeiten zu widmen.

Durch die bereits genannte ABCD-Methode erhalten die Ärzte ersten Aufschluss darüber, welche C-Aufgaben – eventuell auch B-Aufgaben – sie nicht selbst erledigen müssen, sondern an Mitarbeiterinnen delegieren können. Voraussetzung dazu ist die Fähigkeit, Verantwortung aus der Hand zu geben und der Mitarbeiterin zuzutrauen, Aufgaben eigenständig bearbeiten zu können. Denn die Mitarbeiterin, die eine Aufgabe übertragen bekommt, wird sie um so besser erfüllen, desto mehr Eigenverantwortung ihr zugestanden wird. Da nicht jeder ohne Unterstützung dazu in der Lage ist, bietet sich folgende Vorgehensweise an:

Das Delegieren von Aufgaben entlastet den Arzt und verbessert das Zeitproblem

- Bei jeder Tätigkeit fragt sich der Arzt selbstkritisch: „Muss ich sie unbedingt selbst ausführen oder kann sie nicht auch von einer Mitarbeiterin übernommen werden?"
- Die Aufgabe wird so konkret wie möglich delegiert: „Was soll Wer Warum Wie und Womit tun? Und: Bis Wann soll die Aufgabe erledigt sein?"
- Der Arzt stellt den „Delegierungs-Reifegrad" jeder Mitarbeiterin fest und erfährt so, welche Aufgaben er wem übertragen kann. Mitarbeiterinnen, die Probleme mit delegierten Aufgaben haben, übergibt er zunächst einmal kleinere Aufgaben, an denen sie wachsen können. Nach und nach delegiert er dann auch komplexere Aufgabenstellungen.
- Der Arzt überprüft die Ergebnisse und entscheidet, ob man der Mitarbeiterin demnächst auch schwierigere Tätigkeiten übertragen kann.

Wo wird die Zeit verloren?

Der Arzt sollte:
- Feststellen, welche seine größten Zeitfresser sind. Dabei ist eine Unterscheidung zwischen Zeitfressern sinnvoll, die der Arzt selbst zu verantworten hat, und Zeitfressern, die durch andere verursacht werden (⊙ *Tabelle 7-1*). Die Analyse bietet erste Anhaltspunkte, an welchen Stellschrauben angesetzt werden muss, um Zeit zu sparen. Um konkret festlegen zu können, welche die größten Zeitfresser sind, kann eine Störquellenanalyse durchgeführt werden. Der Arzt notiert dazu eine Woche lang, welche Zeitdiebe ihm immer wieder begegnen. Diese Notizen helfen ihm dabei zu überlegen, wie er die Zeitfresser bekämpfen kann (⊙ *Tabelle 7-2*).

„Zeitfresser" ermitteln

- Ähnliche Aktivitäten bündeln und im Block bearbeiten. Dazu gehört jede Art von Korrespondenz, aber auch die Lektüre von Fachliteratur, Briefen und E-Mails. Der Arzt liest nur notwendige Korrespondenz, Zeitschriften oder Bücher, verschafft sich anhand der Textüberschriften und der Einleitung einen Überblick und entscheidet dann, ob er den Text vollständig lesen muss. Kriterium dabei: „Enthält der Text Informationen, die wichtig sind für meine Zielerreichung?"

- Den Schreibtisch so organisieren, dass wichtige Dinge sofort griffbereit sind.
- Geplant telefonieren: Auch hier bietet sich eine „Blockbildung" an – die Telefonate werden allesamt hintereinander geführt.

Wer weiß, wo seine größten „Zeitverluste" sind, hat die Möglichkeit, sich darauf einzustellen und auf Zeitverlust-Fang zu gehen. Zu den bedeutendsten Zeitfressern gehören das Telefon, unerwartete Termine, Besprechungen und der Papierkram.

⬛ Tabelle 7-1
Wo geht wertvolle Zeit verloren?

Individuell verursacht	Durch andere verursacht
- Keine Zeitplanung und fehlende Übersicht über alle Aufgaben und Aktivitäten	- Permanente nicht planbare Unterbrechungen
- Keine Prioritätensetzung	- Überorganisation (Bürokratismus)
- Fehlende Abgrenzung der Verantwortlichkeiten für Bereiche und Aufgaben	- Fehlender Informationsfluss und unklare Kommunikation (z. B. zwischen Ärzten sowie zwischen Erstkräften und Mitarbeiterinnen)
- Zu viel Routinearbeiten	- Zu viel Doppelarbeit
- Immer Zeit für jeden haben (nicht „Nein" sagen können)	- Zu viele Fehler anderer
- Arbeiten werden begonnen, bevor andere abgeschlossen sind	- Keine Koordination zwischen Arbeitsabläufen und Aufgaben
- Schlechte Besprechungsvorbereitung	- Zu viele Besprechungen, Meetings, etc.
- Zu lange Telefonate	- Zu viel Lesestoff
- Fehlende zeitsparende Arbeitsmittel (Diktiergerät, Kopierer ...)	- Mitarbeiterinnen sind oft nicht erreichbar
- Überfüllter Schreibtisch	- Zu wenig Mitarbeiterinnen (Überlastung)
- Fehlende Selbstdisziplin	
- Zu wenig Delegieren	

Den Arbeitstag rationalisieren

In dem recht üppig gefüllten Korb mit Zeitmanagementtechniken gibt es einige, die für Ärzte in ganz besonderem Maße hilfreich sind, weil mit ihnen der Arbeitstag rationalisiert und mehr Zeit für das Wesentliche – die Erreichung der A-Ziele – gewonnen werden kann.

Störungsfreie Zonen schaffen

Störungsfreie Zone schaffen: Die Ärzte brauchen jeden Tag eine festgelegte „Stille Stunde", in der sie ungestört sind, Aufgaben erledigen, für die Ruhe nötig ist. Zudem ist es wichtig, Platz zu schaffen für Pausen. Pausen

◼ Tabelle 7-2

Beispiel für eine Störquellenanalyse

Zeit	Potenzielle Störquellen			Maßnahmen
von/bis	Telefonate Eigene/a Fremde/b	Patienten Angemeldet/a Unangemeldet/b	Besprechungen Angemeldet/a Unangemeldet/b	Zeit sparen durch
08.00-10.00		Patienten gemäß Terminvergabe		Selber pünktlich sein
10.00-10.30		b) Kollege Dr. Müller		Kollegengespräche frühzeitig beenden, „Nein" sagen lernen
10.45-10.50	b) Privat			Zeit für Privattelefonate minimieren
11.00-11.15		a) Privat Patientin Fr. Müller		
11.15-12.00		Patienten gemäß Terminvergabe		
12.00-12.30			b) Besprechung mit dem Personal	Bitte/Forderung, Besprechungen frühzeitig anzukündigen, Einhalten des Zeitrahmens

sind keineswegs Zeitverschwendung, sondern notwendige Regenerations-
phasen, in denen der leere Leistungs-Akku aufgeladen wird.

❗ Nein sagen gegenüber dem Personal, aber auch gegenüber unerwarteten
Besuchern, müssen die Ärzte lernen.

Gesprächsvorbereitung: Wenn ein wichtiges Gespräch – etwa mit einem   Wichtige Gespräche
Patienten, oft auch mit einer Mitarbeiterin – ansteht, können die Ärzte   vorbereiten
durch eine gezielte Vorbereitung für eine stringente Gesprächsführung
sorgen.

„Aufschieben" vermeiden: Wichtige Dinge mit hoher Priorität werden so-   Keine Aufgaben
fort angegangen und nicht aufgeschoben. Die Ärzte können dabei das „Pa-   aufschieben
reto-Prinzip" anwenden, welches besagt, dass 20 % der richtig eingesetzten
Zeit ein 80 %es Ergebnis einbringen – beispielsweise bewirken 20 % der
Besprechungen mit den Mitarbeiterinnen 80 % der wichtigen Entscheidungen in der Praxis. In welchem Bereich 20 % Mitteleinsatz 80 % des gewünschten Erfolges nach sich ziehen, muss genau analysiert werden, wie
jede Form von Aufschieben in diesem Bereich strikt vermieden werden
kann.

Konsequenz zeigen

_____   Konsequente
                                                                  Zeitmanagement-
Zeitmanagementtechniken führen dann zum gewünschten Ergebnis, wenn technik
die Einstellung zum Phänomen „Zeit" stimmt – sie also als Verbündete bei

der Zielerreichung betrachtet wird – und die Techniken, für deren Einsatz sich die Ärzte entschieden haben, regelmäßig, konsequent und mit Methode verfolgt werden.

> **Praxis-Tipp**
>
> **Konsequente Zeitplanung**
> * Die Zeit als „Verbündeten" bei der Zielerreichung definieren.
> * Bei der Zeitplanung alle Lebensbereiche beachten und diese in Balance bringen.
> * Stets prüfen, wofür die Zeit verwendet wird und Konzentration auf das Wesentliche durch konsequentes Zielmanagement und Prioritätensetzung.
> * Zeitverluste analysieren und ausschalten und so den Arbeitsalltag rationalisieren.
> * Zusammenarbeit mit Personal optimieren und Aufgaben so weit wie möglich delegieren.
> * Jeden Tag 5–10 Minuten Zeit für die schriftliche Zeitplanung nehmen und den nächsten Tag planen.

Ergebnis: Die gewonnene Zeit für das Wichtigste verwenden – für das Gespräch und die Betreuung des Patienten.

Literatur

1. BÄK, KBV (1998) gemeinsame Stellungnahme zum Qualitätsmanagement im Gesundheitswesen
2. Berth R (ed) (2002) Top in Training und Beratung Prof. Walter Simon Seite 63-87, München, Verlag Reinhardt
3. Bundesministerium für Gesundheit (1999) Qualitätsmanagement in der Arztpraxis. BMG-Schriftenreihe Band 111. Baden-Baden, Nomos Verlag
4. Gerlach FM (2001) Qualitätsförderung in Praxis und Klinik. Eine Chance für die Medizin, Stuttgart, Thieme Verlag
5. Hindinger B (1995) Qualitätsmanagement im Gesundheitswesen: aktueller Ratgeber, Köln, TÜV Verlag-Loseblatt Sammlung
6. Egner U, Gerwinn H, Schliehe F (2000) Das Qualitätssicherungsprogramm der gesetzlichen Rentenversicherung in der medizinischen Rehabilitation. Instrument und Verfahren Januar 2000. DRV-Schriftenreihe Band 18, Frankfurt/ M, Verband deutscher Rentenversicherungsträger
7. Simon W Prof. (2002) Managementkonzepte von A bis Z, Offenbach, Gabal Verlag
8. Zentralstelle der deutschen Ärzteschaft zur Qualitätssicherung in der Medizin, GbR (ÄZQ) Gemeinsame Einrichtung der Bundesärztekammer und der kassenärztlichen Vereinigung (2002)

Internet

Unternehmen Arztpraxis – So verbessern Sie die Abläufe in Ihrer Praxis
  http://www.gsb.de
Qualitätsmanagement für die ärztl. Praxis
  http://www.qm-arztpraxis.de
Qualitätsmanagement für die Arztpraxis
  http://www.qmg.de

8 Praxis und Architektur

M. Lingen-Zanker

Der Mensch und seine Sinne

Der Mensch hat nicht nur den Geist und seinen Körper geschenkt bekommen, sondern auch seine Sinne. Wenn ich über Architektur, Gebäude und Innenarchitektur referiere, dann möchte ich die Menschen ansprechen, die in diesen Räumen leben, arbeiten, praktizieren und heilen wollen. Wir verbringen die meiste Zeit unseres Lebens in geschlossenen Räumen. Somit prägt uns dieses Umfeld. Räume können schützen, uns begleiten, unterstützen oder uns auch behindern und somit unser Handeln und Praktizieren erschweren. Wir unterschätzen diesen räumlichen Einfluss. Die vier Wände erzählen über ihren Einwohner eine Geschichte. Nimmt uns die knappe Zeit die Gelegenheit, überhaupt noch unruhige, unsensible Stimmungen in unserem Arbeitsfeld wahrzunehmen? Der Patient und Kunde möchte und muss Ihnen vertrauen. Er möchte sich wohlfühlen, um zu gesunden. Das Umfeld, die Räumlichkeiten Ihrer Praxis bilden den Sockel für einen entspannten und zufriedenen Klienten.

Geschlossene Räume prägen unser Leben

Testen Sie Ihr Umfeld: Der erste Eindruck

Ist Ihr Praxisschild wirklich sauber oder sollte es einmal gereinigt werden? Ist die Hauswand in Ordnung oder braucht sie einen neuen Anstrich? Finden Sie Ihr Schild einladend oder sollte es einen anderen Hintergrund erhalten? Besitzt es Wiedererkennungswert oder benötigt es ein eigenes Logo?

Praxisschild

Testen Sie Ihr Umfeld: Der zweite Eindruck

Gerade der Empfangsbereich der Praxis sollte Harmonie und Kompetenz vermitteln. Ist die Eingangsmatte eine Stolperfalle und dreckig oder ist sie in den Boden eingelassen und sauber? Ist es laut im Empfangsbereich, so fehlen textile Materialien, die den Schall schlucken! Ist die Luft verbraucht oder riecht es frisch und luftig? Ist der Hintergrund des Empfangs unruhig,

Empfangsbereich

die Arzthelferin hektisch oder schauen sie auf eine angenehme Schrankfront, geordnete Regale und eine freundliche Arzthelferin?

Testen Sie Ihr Umfeld: Der dritte Eindruck

Garderobe

Sind der Empfang und der Weg zur Garderobe gut ausgeleuchtet oder haben Sie Probleme, den Weg dorthin zu finden? Ist die Garderobe ausreichend groß, ist die Aufhängung auch nicht zu hoch – auch für Kinder?

WC

Das WC der Praxis muss hygienisch sauber, ordentlich und mit ausreichend Toilettenpapier sowie frischen Handtüchern ausgestattet sein. Ein frischer Duft, angenehmes Licht und eine schöne, moderne Gestaltung dieses intimen und doch so bedeutenden Bereichs lassen den Patienten sich wohlfühlen.

Testen Sie Ihr Umfeld: Der vierte Eindruck

Wartebereich

Der Wartebereich Ihrer Praxis muss großzügig eingeplant werden, denn hier verbringen Ihre Patienten die meiste Zeit. Bequeme Stühle sollten mit ausreichendem Abstand aufgestellt werden, einzelne Bilder verschönern die Atmosphäre des Raumes. Eine kleine Kinderecke verkürzt auch jungen Patienten das Warten.

Wenn Sie vorhaben sich zu orientieren, um sich zu verbessern und einer Veränderung offen gegenüber zu stehen, dann sollten Sie alle Beteiligten, wie Ihre Helfer, Assistenten, Kollegen und auch die Patienten befragen und in Ihre Überlegungen zu Veränderungen mit einbeziehen.

Testen Sie Ihr Umfeld: Der fünfte Eindruck

Der Behandlungsraum

Der Behandlungsraum darf nicht überheizt und auch nicht zu kühl sein. Er muss mehrmals täglich gelüftet werden.

Der Stuhl für den Patienten am Schreibtisch des Arztes sollte ein bequemer, angenehm gepolsterter Stuhl/Armlehnsessel sein, prüfen Sie persönlich den Komfort der in der Praxis vorhandenen Stühle für Ihre Patienten.

Achten Sie auf einen großzügigen und aufgeräumten, wohlgeordneten Schreibtisch. Auf der Liege im Behandlungsraum muss der Patient entspannt liegen können. Um dem Patienten das Gefühl zu geben die Hauptperson zu sein, sollte Ruhe im Raum herrschen und die Behandlung nicht durch Dritte gestört werden. Die Türen der Behandlungsräume benötigen daher eine gute Isolierung.

Der Mensch ist auf der Suche nach Ruhe, Vertrauen und Kompetenz

Eine gut konzipierte und durchgeplante Praxis kann schon vor der Behandlung oder Untersuchung durch eine gute Raumkonzeption, durch passende Formen, durch ein angenehmes Beleuchtungssystem, aber auch durch die richtige Stimmung, wie z. B. Farbgebung oder das Raumklima, dem Klienten das Wohlgefühl geben, in der richtigen Praxis und am richtigen Platz zu sein. Ruhe vermitteln und Wohlbehagen schenken sollte Voraussetzung Ihrer Praxis sein!

Der Umbau – der Neubau – die Erweiterung

In der heutigen Zeit haben wir Möglichkeiten, rechtzeitig eine gute und sinnvolle Konzeption, durch eine kompetente Führungshand, erstellen zu lassen. Der Kostenplan sollte abgesprochen und festgelegt werden.

Die Arbeitsabläufe

Checkliste

- ☐ Das Raumvolumen, der erste Eindruck
- ☐ Die Lichtverhältnisse
- ☐ Die Akustik
- ☐ Der Eingang
- ☐ Der Empfang
- ☐ Der Wartebereich
- ☐ Die Sanitäreinrichtungen
- ☐ Die Behandlungsräume
- ☐ Die Sonderbereiche
- ☐ Die Ruheräume
- ☐ Der Sichtschutz
- ☐ Die Selbstkontrolle

Praxis-Tipp

Schreiben Sie sich auf:
- was Sie gut finden und was Sie weniger gut finden
- was Sie auf keinen Fall mehr haben möchten
- was Sie unbedingt brauchen
- was Sie verändern möchten

Das gleiche sollten auch Ihre Kollegen oder auch Mitarbeiter niederschreiben. Gut formulierte und kurze Informations- und Fragebögen für Ihre Patienten in einer geschickten Verpackung werden Ihnen bei Ihrer Entscheidung helfen. Bevor ich eine Praxis umplane, neu plane oder einrichte, verbringe ich, falls es möglich ist, am liebsten einige Stunden als Patientin in der alten Praxis. Meine Eindrücke werden dann mit den allgemeinen Informationen bewertet und ausgearbeitet.

Mit einer von Ihnen erstellten Informationstabelle und Fragebögen, die von den Patienten ausgefüllt wurden, können Sie Material und Hilfestellung einen Umbau, Neubau oder Erweiterungsbau Ihrer Praxis betreffend unter www.mldesign.de abrufen oder per E-Mail (info@mldesign.de) anfordern.

Bei einem Neubau gibt es einen festen Bauplan mit Einzugstermin. Sie werden keine direkten Belästigungen erfahren. Bei einem Umbau müssen die Zeiten absolut eingehalten und genauesten abgestimmt werden, damit Ihnen kein zeitlicher und finanzieller Schaden entsteht. Dies bedeutet, dass eine sehr gut organisierte und detaillierte Arbeits- und Zeitplanung erfolgen muss. Zunächst jedoch sollte ein Investitionsplan erstellt werden.

Der finanzielle Rahmen

◨ Tabelle 8–1
Investitionsplan Arztpraxis – Beispiel Allgemeinmedizin[1]

Medizinisch-technische Geräte, Gerät zur Wärmebehandlung mit Zubehör	
Kurzwelle, Dezimeterwelle, Mikrowelle	6.000,– €
Inhalationsgerät	2.800,– €
Reizstromgerät mit Zubehör	6.000,– €
EKG-Gerät mit Dreifachschreiber/Zubehör	7.200,– €
Ultraschallgerät	19.000,– €
Lungenfunktionsgerät	4.200,– €
Röntgenbildbetrachter	1.200,– €
Blutdruckmessgerät	300,– €
Präsenz-Labor	5.000,– €
Mikroskop	1.400,– €
Sonstige med. techn. Geräte	3.000,– €
Med. techn. Geräte insgesamt	**55.100,– €**
Einrichtung	
Wartezimmer	3.500,– €
Rezeption	14.000,– €
Sprechzimmer mit Vollausstattung	8.100,– €

[1]Aus unserer mehr als 15 jährigen Praxiserfahrung von mldesign & pact.

▢ Tabelle 8–1 (Fortsetzung)

Untersuchungsräume – Zweier Kabinenaufteilung	1.800,– €
Therapieräume – Dreier Kabinenaufteilung	2.100,– €
Laborraum	2.300,– €
Sozialraum	2.600,– €
Sonstige Einrichtungsgegenstände	5.000,– €
Kleinmaterial und Praxiszubehör	3.000,– €
Einrichtung insgesamt	**38.600,– €**
Umbaukosten Durchschnittliches Praxisinventar	16.300,– €
Gesamtinvestitionen	**ab 130.000,– €**

Das Raumkonzept

Auch wenn Ihre Zeit knapp bemessen ist – „time is money" – haben Sie die Chance, im Vorfeld dafür Sorge zu tragen, dass der Patient dies nicht bemerkt, weil Sie durch ein funktionales und atmosphärisches Raumkonzept vorgesorgt haben.

    In eine bestehende Praxis, die sehr klein ist, mit 2 Behandlungsräumen und einer Abstellküche sollen beispielsweise 3 Behandlungsräume eingeplant werden, Wartebereich, Empfang, Dusche, Küche, Stauraum.

    Großzügige Praxen werden oft unsensibel eingerichtet, der Wohlfühleffekt wird vernachlässigt. Die Räume, die Anforderung, die Proportionen und die Aufgaben müssen genau festgelegt und untersucht werden. Zuerst einmal werden Achsen festgelegt um Bereiche zu erkennen. Die Bewegungsabläufe werden graphisch festgehalten. In welchen Bereichen bewegt sich der Patient, in welchen Bereichen der Arzt/Helfer. Nach Besprechung und sinnvollen Erwägungen werden Zonen und Bereiche festgelegt.

In diesem Fall sollte eine Praxis konzipiert und geschaffen werden, die Harmonie und Ruhe ausstrahlen soll. So entstand die erste Feng Shui Praxis in Europa. Erst nach diesen Schritten – Achsen, Bewegungsbereichen und Raumzonen – wurden die Daten über den Standort der Praxis, das Geburtsjahr des behandelnden Arztes wie auch dessen Mitarbeiter erfragt und miteinbegracht wie auch berücksichtigt. Besonders Farbnuancen der Räume wurden im zweiten Schritt nach Feng Shui kontrolliert. Die Himmelsrichtungen, die Lichtverhältnisse und der Eingang halfen bei den endgültigen Entscheidungen für die Raumbeschreibung. Nur somit konnte eine wirksame und praktikable Lösung entwickelt und umgesetzt werden. Zum Abschluss wurde noch ein eigens entwickeltes Lichtleitsystem für die Informationen in Praxisräumen, speziell nun auf diese Praxis entwickelt und eingebaut.

Ein funktionales und atmosphärisches Raumkonzept

Gestaltung nach Feng Shui Prinzipien

Licht- und Akustiksignale

Durch Licht- und Akustiksignale können einwandfrei und gezielt gesteuerte Informationen ruhig und individuell in alle Bereiche transportiert werden. Dadurch werden unnötige Störungen während der Behandlung vermieden.

❗ Sensibilisieren Sie sich selber, für Ihre erfolgreiche Praxis! Der Patient wird es Ihnen danken.

9 Ärzte-Marketing im Internet

O. Brandt

Grundsätzliches zum kommerziellen Internet

Das Medium Internet ist aus unserem modernen Alltag nicht mehr weg-
zudenken. Neben den klassischen Medien Print, Radio und Fernsehen hat
sich das Internet in seiner heutigen, www-basierten Variante in knapp nur
einem Jahrzehnt in fast allen Gesellschaftsschichten als Informationsme-
dium etabliert.

    Nun, nachdem der erste „Internethype" ein schnelles Ende gefunden
hat, gilt es wieder, die wahren Stärken des Internets hervorzuheben: Kos-
tengünstig, schnell und unkompliziert, Informationen zur jeder Zeit für
jedermann zur Verfügung zu stellen. Und wenn möglich an jedem Ort der
Welt. Bequemer lassen sich umfassende Informationen weder beschaffen
noch verbreiten.

    Tatsache ist, dass sich bereits heute viele Patienten vor einer Behand-
lung Informationen über das Internet einholen. Zum Beispiel alternative
Behandlungsmethoden suchen, in unabhängigen Patientenforen diskutieren und Preise vergleichen, sofern dies im medizinischen Bereich möglich
ist.

    Zu diesem Schluss kommt man auch durch Ergebnisse einer Umfrage
der Agentur Q-Marks Online Research GmbH in Hannover unter 600 In-
ternet-Nutzern. Von den 600 Befragten beteiligten sich 465 an der Umfrage. 219 davon gaben an, sich für Internet-Angebote zum Thema Gesundheit zu interessieren. Diese 219 wurden zu ihren Surf-Gewohnheiten in
Sachen Gesundheit im Allgemeinen und zu Wünschen und Erwartungen
an Arzt-Websites im Speziellen befragt.

Zu den beliebtesten Gesundheitsadressen im Internet gehören demnach
Webauftritte von Gesundheitssendungen aus Rundfunk und Fernsehen
(55,7 % haben diese Seiten besucht) sowie Gesundheitsportale (54,3 %).

    27,9 % der Befragten hatten zum Zeitpunkt der Umfrage bereits min-
destens eine Arzt-Website besucht. Von diesen Nutzern von Arzt-Angebo-
ten im Internet gaben laut Q-Marks 85 % an, die Homepage eines ihnen
bis dahin unbekannten Arztes besucht zu haben. 37,7 % von ihnen nann-

*Das etablierte
Medium Internet*

ten die Suche nach einem neuen Arzt explizit als Grund für den Besuch der Website im Netz.

Auskunft über Öffnungszeiten und Behandlungsmethoden

Hinweise auf Arzt-Websites hatten die Surfer dabei zum größten Teil über Suchmaschinen (67,2 %), durch einen Link auf einem Gesundheitsportal (42,6 %) oder durch Tipps von Freunden und Bekannten bekommen. Die Besucher von Arzt-Websites recherchierten dort vor allem nach der exakten Adresse (59 %), Behandlungsmethoden (52,5 %) und Praxisprofil (57,4 %), nach Informationen zu Krankheitsbildern sowie zu Öffnungszeiten (je 50,8 %).

Als besonders wichtig für eine Arzt-Website stuften die 219 Befragten Informationen zu Öffnungszeiten, über Behandlungsmethoden und Links zu anderen Seiten im Internet ein. Aber auch interaktive Elemente wie Terminabsprachen online und Rezepte online wurden als relativ wichtig eingestuft. (Quelle: Ärzte Zeitung Online).

Die folgenden Ausführungen erläutern in einzelnen Schritten, welche Maßnahmen für einen erfolgreichen Internetauftritt erforderlich sind.

Beispiel

Die 3 Planungsphasen eines Internetauftritts
1. Phase
Kontaktaufnahme
In der Regel bedeutet dies eine Internet-Adresse und eine Art Baustellenschild mit dem Hinweis: „Unsere Seite befindet sich noch im Aufbau!" sowie kurze Angaben zur Adresse und Telefonnummer der Praxis.
2. Phase
Kontaktaufnahme + **Selbstdarstellung**
Jetzt wird die Praxis zusätzlich mit einer kurzen Leistungsbeschreibung sowie eine Vorstellung der Mitarbeiter präsentiert.
3. Phase
Kontaktaufnahme + Selbstdarstellung + **Interaktivität**
Der Besucher der Website bekommt nun die Möglichkeit, nach Eingabe von individuellen Daten spezifische Informationen zu erhalten.

Ein erfolgreicher Internetauftritt

Wie kommt man in die 3. Phase? Was sind die Dinge, die letztlich den Internetauftritt erfolgreich machen?

- Eine professionell gestaltete Internetseite mit klaren Navigationsstrukturen verstärkt den Kompetenzeindruck des Arztes.
- Visitenkarten, Briefbögen oder Patienteninformationen mit Angabe der Internetadresse wirken sich positiv auf das moderne Image eines Arztes aus.
- Die fortwährende Kontrolle und Optimierung der Einträge in den Suchmaschinen erhöht die Besucherfrequenz der Homepage.
- Eine regelmäßige, inhaltliche Pflege und Aktualisierung der Seiten garantiert wiederkehrende Besucher.

* Interaktive Elemente wie z. B. Online-Termine, Routenplaner, Video-Sequenzen, FAQ (Häufig gestellte Fragen und Antworten) bieten umfassende Informationsmöglichkeiten für den Patienten.

Welche Vorteile ergeben sich aus einer Homepage für eine Arztpraxis?

Zukünftige Patienten können sich unabhängig über das oftmals umfangreiche Leistungsspektrum der Praxis informieren. Zusatzqualifikationen der Ärzte können dargestellt werden. Lukrative Zielgruppen – Privatpatienten und Selbstzahler – erwarten von ihrem Arzt einen zeitgemäßen Auftritt im Internet. Patienten mit höherem Bildungs- und Einkommensniveau nutzen diesen Weg, um einen Arzt zu finden, der die gewünschte Qualifikation aufweist oder spezielle Sonderleistungen anbietet. Sie bedienen sich oftmals einer Suchmaschine oder eines Verzeichnisses im Internet.

Neue Patienten gewinnen

Der Arzt stellt sich seinen Patienten als **moderner Dienstleister** dar. Eine Praxishomepage bietet optimale Möglichkeiten, um den Patienten einen Zusatznutzen anzubieten. Informationen können zum Download bereitgestellt werden, kurzfristige Hinweise per E-Mail sind aktueller als über jedes andere Medium. Zeitgemäße Tools auf der Homepage, wie interaktive Routenplaner für die Anfahrt oder Online-Terminkalender bzw. Terminerinnerung per E-Mail dokumentieren dem Patienten gegenüber Kompetenz und Aufgeschlossenheit. Die Praxis wird aufgewertet, und man verschafft der Praxis auf diese Weise einen deutlichen **Wettbewerbsvorteil.**

Patienten halten

Personalkosten sind bekanntermaßen ein Schwergewicht in der Kostenrechnung. Mitarbeiterinnen und Mitarbeiter können entlastet werden, damit mehr Zeit für Dinge bleibt, die man nicht automatisieren kann. Wegbeschreibungen, Rezeptbestellungen bei Dauermedikation und auch Terminvereinbarungen können zu einem nicht unwesentlichen Teil über die Praxishomepage erfolgen.

Kosten sparen

Auch für den **Dialog mit Kolleginnen und Kollegen** ist eine Website ein hervorragendes Medium. Fachärzte können ihre Qualifikationen und Behandlungsmethoden darstellen und die Homepage zu einer Kommunikationsplattform machen.

Zuweisende Kollegen ansprechen

Was sind die typischen Fehler, die einen Erfolg im Internet verhindern?

„Wir sind in über 200 Suchmaschinen eingetragen" – Dieser Satz ist sehr oft zu hören. Allerdings wird aus Unkenntnis oft falsch eingetragen. Wie das?

Suchmaschinen im Internet durchsuchen Millionen von Webseiten weltweit. Zur Indizierung nehmen diese in der Regel Stichwörter und Beschreibungssätze der Internetseiten in Ihre Datenbank auf.

Diese Stichwörter sind auf der Internetseite für den Besucher nicht sichtbar. Die Bezeichnung hierfür lautet „Meta-Tags".

> **Beispiel**
>
> Ein typisches Beispiel für einen **unvorteilhaften** Eintrag in solche Meta-Tags lautet:
> Stichwörter: „Augenarzt, Dr. Müller, München"
> Beschreibung: Dr. Müller – Augenarzt.

Was ist daran falsch?

Grundsätzlich sind diese Stichwörter und Beschreibungen möglich. Es ist jedoch zu bedenken, dass es landesweit Hunderte von Augenärzten, Augenarztpraxen etc. gibt.

Somit ist es schwer, überhaupt unter die ersten 100 Treffer einer Suchmaschine zu kommen. Wenn man „Dr. Müller in München" als Suchbegriff eingibt, findet man den Eintrag sicherlich im oberen Bereich der Suchmaschinen wieder. Allerdings werden Suchmaschinen häufig genutzt, wenn der Besucher den passenden Facharzt im Einzugsgebiet noch nicht namentlich kennt. Dies würde bedeuten, dass bei einer Suchanfrage wie z. B. „Laserchirurgie in München" die Homepage von Dr. Müller nicht im oberen Bereich der Trefferlisten auffindbar wäre.

Wie kann man das verbessern?

Alleinstellungs-
merkmale als
Meta-Tags indizieren

Indem man Meta-Tags besser auf die Alleinstellungsmerkmale des Arztes abstimmt (i. d. R. mit dem Ort sowie der Fachspezifikationen) z. B. „Augenarzt in München, Dr. Müller München, Augen, Laser, Chirurgie, Augenlaser, Fehlsichtigkeit, LASIK."

Außerdem ist zu beachten, dass oft nur die ersten 8–10 Stichwörter in Suchmaschinen abgespeichert werden. Auch wird die Beschreibung oft indiziert.

> **Beispiel**
>
> Eine **bessere** Beschreibung wäre:
> „Augenarzt Dr. Müller, spezialisiert auf Refraktive Chirurgie. Schwerpunkt ist die LASIK, sowie weitere Augen-Laserbehandlungen von Kurzsichtigkeit, Weitsichtigkeit und Hornhautverkrümmung".

Eine weitere Möglichkeit, eine Internetseite im Einzugsgebiet bekannt zu machen, besteht darin, die eigenen Patienten auf die Internetseite hinzuweisen. Auf diese Weise können zufriedene Patienten ihre Praxis auch an Freunde und Bekannte sehr einfach weiterempfehlen.

Während in den Anfängen des Internets kleine Animationen, Melodien, Navigationsknöpfe und animierte „E-Mail-Briefkästen" bei Hobby-Webdesignern „in" waren, hat sich das Bild gewandelt. Generell ist es heute wichtig, eine klare Optik, übersichtliche, selbsterklärende Navigationen und kurze Ladezeiten zu haben.

Professionelle Optik

Anspruchsvolle, schnelle Optik mit einfachen HTML-Mitteln sind grafischen Spielereien oder Melodien vorzuziehen.

Beispielhaft für die Anwendung dieser Regeln sind Webseiten wie Yahoo, Spiegel, AOL, T-Online etc., die von vielen Internetbesuchern häufig frequentiert werden. Daher gilt die Optik dieser Seiten als zeitgemäß.

Ferner ist es wichtig, dass die Startseite schnell geladen ist. Nimmt man an, der durchschnittliche Besucher hat „noch" ein 56 kbit-Modem und erreicht eine durchschnittliche Geschwindigkeit von 4,5 KB in der Sekunde, so dauert der Bildaufbau etwa 18 Sekunden, bis er überhaupt die Startseite geladen hat. Es gibt noch immer Startseiten mit großen Grafiken, hüpfenden Logos und Melodien, so dass diese Startseite heutzutage zum einen unbeabsichtigt „lustig" und zudem oft 80 KB und größer ist. Als Faustregel gilt eine Startseitengröße von < 40 KB. Auch die Annahme, dass in Zukunft immer mehr Internet-User einen Breitbandzugang haben, sollte eher dazu führen, dass moderne „schlanke" Startseiten noch schneller für den Besucher aufgebaut werden.

Kurze Ladezeiten der Internetseiten

Barrierefreie Webseiten sind für Blinde und Menschen mit Sehbehinderung lesbar und nutzbar. Seit dem Inkrafttreten des Bundesbehindertengleichstellungsgesetzes ist Barrierefreiheit nicht mehr nur eine nette Geste, sondern für öffentliche Anbieter Pflicht. Seit dem 1. August 2002 müssen alle Seiten, die von Bundesbehörden ins Netz gestellt werden, bestimmten Kriterien an die Barrierefreiheit genügen.

Barrierefreie Webseiten

Für Ärzte, Heilpraktiker oder Therapeuten gilt dieses Gesetz zwar nicht, da der eigene Patientenkreis aber zumeist auch Blinde/Sehbehinderte umfasst, sollte man auf jeden Fall berücksichtigen, entsprechend alternative, barrierefreie Versionen anzubieten.

Übersichtliche, klar definierte Internetseiten sollten thematisch strukturiert sein und den Besucher schnell zum Ziel führen. Wie in einem Katalog ist es wichtig, dass der Kunde über die Navigation schnell das Gewünschte findet.

Übersichtliche Navigation

So wie in einem Katalog das Produktverzeichnis vorne oder hinten erwartet wird, ist es auch wichtig, dass der Besucher schnell Zugriff auf sämtliche Seiten der Homepage hat. Webseiten sollten so strukturiert sein, dass die Navigation als fester Bestandteil auf allen Seiten immer an derselben Stelle ist und nicht „verschachtelt" und somit unübersichtlich erscheint. „Verschachteln" bedeutet an einem Beispiel:

Zunächst erscheint auf der Startseite in der Navigation der Punkt „Service". Erst wenn man diese Seite aufruft, gelangt man in das Untermenü mit dem Navigationspunkt zur Seite „Hausbesuche". Jetzt erst erreicht man wiederum im Untermenü den Navigationspunkt „24h-Bereitschaft" usw. Von Vorteil ist es, die Tiefe der Website auf ca. 3 Unterebenen zu beschränken, um eine gute Übersicht zu gewährleisten. Zudem hat man bei einer tieferen Unterteilung das Problem, die Unterseiten mit genügend Inhalt zu füllen.

> ❗ Für die Navigation gilt: Lieber in die Breite als in die Tiefe strukturieren (❯ Abb. 9-1 und 9-2).

◼ Abb. 9–1

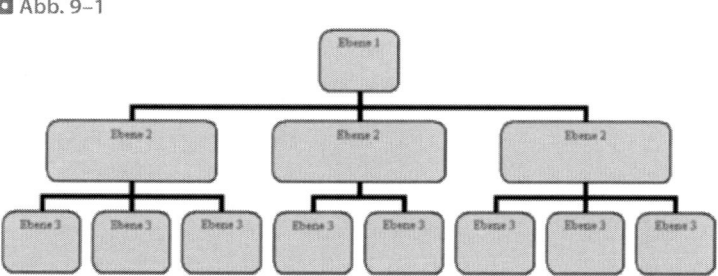

Breite Navigation, der Besucher hat eine gute Übersicht und muss nicht in die Tiefe klicken

◼ Abb. 9–2

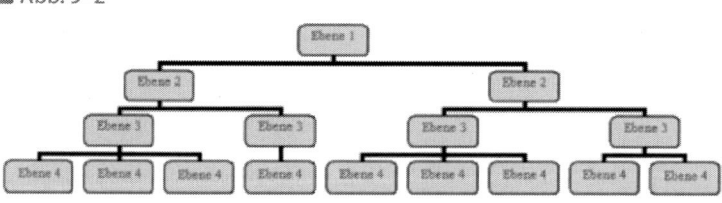

Tiefe Navigation, der Besucher muss sich durch viele Seiten durchklicken

Aktuelle Inhalte/News

Das Internet ist ein schnelles Medium. Um so wichtiger ist es, dem Besucher das Gefühl zu geben, mit aktuellsten Informationen über die Arztpraxis versorgt zu werden. Leider ist öfters, durch umständlichen Pflegeaufwand bedingt, veralteter Inhalt auf Internetseiten von Arztpraxen anzutreffen. Dies hinterlässt beim Besucher jedoch den Eindruck, dass die

Website von der Praxis vernachlässigt wird. Man kann sich vorstellen, dass folgende Nachricht, die noch im Jahr 2004 auf der Website zu lesen ist, beim Besucher Skepsis über die Aktualität aufkommen lässt:

„Am 05.09.2002 laden wir zu einer kleinen Kunstausstellung in unserer Praxis ein."

Dieses Problem kann mit einer Programmierung gelöst werden, indem man CMS (Content Management Systeme) einsetzt, die das Erfassen eines Ablaufdatums ermöglichen. In dem Fall verschwinden abgelaufene Meldungen automatisch von der Webseite, auf Wunsch auch in ein extra Archiv, in dem der Besucher gezielt nach älteren Informationen recherchieren darf. In jedem Fall sollte man News nur anbieten, wenn man auch sicherstellen kann, dass nicht veraltete Inhalte präsentiert werden.

Beispiel einer guter Praxis-Website

Am 29.09.2003 wurden von der Zeitung „Medical Tribune" Deutschlands beste Praxis-Website gewählt: http://www.kindwunsch.de (❯ *Abb. 9–3*).

◼ Abb. 9-3

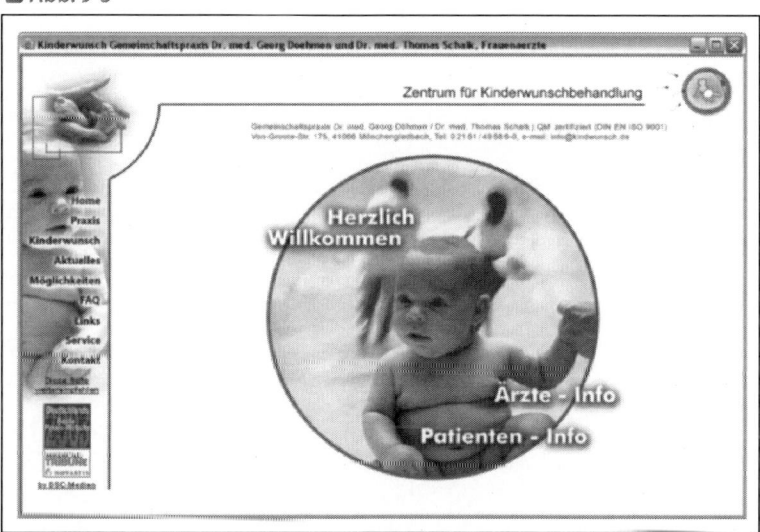

Deutschlands beste Praxis-Website: http://www.kindwunsch.de

Ausschlaggebend für die beste Platzierung war u. a. die Tatsache, dass es sich um einen sehr patientenorientierten Internet-Auftritt handelt. Die ratsuchenden Patientinnen und ihre Partner erfahren alles zum Thema Kinderwunsch: Sie finden umfangreiche, auch für Laien verständliche medizinische Informationen mit vielen Grafiken und Schaubildern (meist zum Vergrößern). Alle wichtigen Themen, von der Entstehung menschli-

Patientenorientierter Auftritt

chen Lebens, über die Ursachen, warum eine Schwangerschaft nicht statt-findet, über erste Schritte zum Wunschkind, über Voraussetzungen und Möglichkeiten aber auch Chancen und Risiken verschiedenster Behand-lungsmethoden bis hin zum detaillierten Zeitablauf einer Behandlung, werden abgedeckt. Durch die Sammlung der „Frequently Asked Questi-ons (FAQs)" erhalten die Ratsuchenden auf einen Blick die wichtigsten Vorabinformationen zum Thema. Sehr gut gefallen hat der Jury auch das medizinische Glossar zum Nachschlagen, in dem fast jedes im Text ver-wendete Stichwort erklärt wird.

Umfangreiche Serviceleistungen

Auch die Serviceleistungen für Patientinnen sind umfangreich und vor-bildlich: Ob Beschreibung der Praxisräume (virtueller Rundgang mit Bil-dern, könnte mit Hilfe von Videosequenzen noch optimiert werden), das Praxisteam mit beruflichem Werdegang, eine Anfahrtsskizze mit Wegbe-schreibung, die Historie und Philosophie der Praxis, alle wissenswerten Informationen rund um die Praxis sind vorhanden. Zusätzlich gibt es die informativen Rubriken „Aktuelles" (Hinweise auf neue Urteile, Buchtipps, Fernsehsendungen) und „Links" (Adressen von Selbsthilfegruppen, Kran-kenhäusern). Erwähnenswert ist die Möglichkeit online per Formular un-ter Angabe der gewünschten Rückrufzeit, Kontakt mit den Ärzten aufzu-nehmen. Auch das angedachte Vorhaben, durch ein passwortgeschütztes Formular dringende Fragen direkt mit dem behandelnden Arzt zu bespre-chen, erhöht den Patientenservice. Sogar an auswärtige Patientinnen wur-de gedacht. Sie finden unter der Rubrik „Kontakt" eine Liste von Hotels vor Ort.

Design und Benutzerführung überzeugend

Nicht nur Inhalt und Service, auch das Design und die Gestaltung der Website wissen zu überzeugen. Das Design ist modern aber nicht über-frachtet, alle Seiten weisen eine gemeinsame Corporate Identity auf. Die Qualität der Abbildungen und Grafiken ist in Ordnung, die Texte sind gut lesbar. Die Homepage zeigt eine klare und logische Gliederung der Inhal-te, die interessierten Nutzer finden sich schnell zurecht und wissen, dank guter Benutzerführung und Navigation, immer, wo sie sich gerade inner-halb des Internet-Auftrittes befinden. Hilfreich ist dabei die Wiederholung der Navigationsleiste des Hauptmenüs am Ende jeder einzelnen Seite. (Quelle: http://www.medical-tribune.de/GMS/bericht/GewinnerPraxis-Website/)

Rechtliche Absicherung im Internet

Einschränkungen der ärztlichen Außendarstellung

Natürlich ist es besonders wichtig, rechtliche Vorgaben zu beachten. Die-se resultieren zum großen Teil aus Werbeverboten. Die wichtigsten Vor-schriften findet man in der Musterberufsordnung für Ärzte, dem Heilmit-telwerbegesetz, dem Gesetz gegen den unlauteren Wettbewerb, dem Gesetz gegen Wettbewerbsbeschränkungen, in Rahmenverträgen mit den Kassen und im Teledienstgesetz. Es kann daher sinnvoll sein, einen Juristen hinzuzuziehen, um die Wahrscheinlichkeit, mit dem Gesetz zu kollidieren, zu verringern. *(❯ Kapitel 4)* Hilfreiche und aktuelle Informationen zu Darstellungsmöglichkeiten des Arztes im Internet bietet die Bundesärztekammer unter:

http://www.bundesaerztekammer.de/30/Berufsordnung/

Welche Kosten entstehen für eine Internetseite in vernünftiger Qualität?

Die Idee, die Homepage ohne fremde Hilfe selbst zu erstellen, ist nicht immer die kostengünstigste. Das Beauftragen einer Internetagentur kann sich durchaus lohnen. Wichtig ist, sich im Vorfeld über die gewünschten Inhalte der Website klar zu werden und verschiedene Kostenvoranschläge einzuholen.

Eine Homepage immer mit professioneller Hilfe erstellen

Dabei ist zu beachten, dass professionelle Webdesigner/Programmierer so planen, dass die Website später durch einen Verantwortlichen in der Praxis selbständig ohne Inanspruchnahme der Agentur gepflegt werden kann. Zudem ist professionelles Webdesign dadurch gekennzeichnet, dass die Agentur ein Grunddesign erstellt, um einen einheitlichen Webauftritt zu ermöglichen. Dadurch ist der spätere Aufwand für einen Praxismitarbeiter, Seiten dem Internetauftritt hinzuzufügen, wiederum geringer.

Somit kann man laufenden Aktualisierungskosten mithilfe sog. Content Management Systeme (kurz CMS) einsparen. Die Internetagentur sollte also eine Möglichkeit bieten, den Inhalt der Webseiten in Eigenregie zu pflegen.

Ist der eigene Webauftritt indes einmal „gelauncht", sind die monatlichen Folgekosten für das Webhosting (Bereitstellung des Speicherkapazität auf einem Internetserver) zumeist überschaubar. Aber auch hier gilt es, vor Auftragsvergabe das Kleingedruckte genau zu studieren, um nachträgliche Überraschungen zu vermeiden.

❗ **Festzuhalten bleibt:**

Ein repräsentativer und qualitativ hochwertiger Webauftritt verursacht zunächst zwar höhere Anlaufkosten, sollte dann aber auch nur angemessene Folgekosten nach sich ziehen. Hier lohnt ein Vergleich der Angebote. Als sehr hilfreich hat sich erwiesen, sich aktuelle Referenzseiten der Agentur zeigen zu lassen. Leichter kann man sich ein Bild über die Produktivität und Kreativität der Agentur kaum machen.

Zusammenfassung: Lohnt sich der Internetauftritt überhaupt?

Aus meiner eigenen Erfahrung und auch aus Gesprächen mit anderen Kunden ergibt sich folgendes Bild:

Ist eine Internetseite gut strukturiert, informativ und ein positiver Eindruck beim Interessenten vorhanden, so ist die Bereitschaft, Kontakt zu dieser Arztpraxis aufzunehmen höher.

Wenn man eine CMS-Lösung nutzt, die viele Vorgänge automatisiert, eine Pflege durch das eigene Personal ermöglicht und „funktioniert", dann macht das Internet als sich etablierender, ansteigender Teil des Marketing-Mix Sinn.

10 Der Markt für Selbstzahlerleistungen

V. Streit

Der Gesundheitsmarkt in Bewegung

Im Juli 2003 war es so weit – die vielbeschworene und in zahlreichen Varianten diskutierte Gesundheitsreform zur Modernisierung des deutschen Gesundheitssystems wurde der Öffentlichkeit präsentiert. Die Reformbedürftigkeit des deutschen Gesundheitssystems war und ist allen Beteiligten einschließlich der Politiker, Ärzte und Patienten klar: Die zur Zeit bestehenden Strukturen, Institutionen und Instrumente zur Gesundheitssteuerung sind zunehmend ineffizient geworden. Bedingt durch die anhaltend hohe Arbeitslosigkeit mit fehlenden Versicherungsbeiträgen sowie fehlendes Wirtschaftswachstum nach dem schnellen Ende des „new economy" Booms der 90er Jahre, schlagen die sinkenden Einnahmen der Sozialversicherungen auf das Gesundheitssystem voll durch. Diesen sinkenden Einnahmen stehen wachsende Bedürfnisse in der Versorgung kranker Menschen gegenüber.

> Modernisierung des deutschen Gesundheitssystems

Drei wesentliche Gründe werden auch zukünftig dafür sorgen, dass der Modernisierungsdruck auch nach begonnener Reform auf das Gesundheitswesen und damit auf die Ärzteschaft erhalten bleiben:
1. die demographische Entwicklung
2. der medizinische Fortschritt
3. gestiegene Anspruchshaltung der Patienten

Steigende Ausgaben für die alternde Bevölkerung werden von immer weniger berufstätigen Mitbürgern getragen.

Die Altersstruktur wird sich in den kommenden Jahrzehnten bis 2050 dramatisch verändern. So zeigen Studien, dass die Zahl der über 60-Jährigen von heute 19,2 Millionen auf 27 Millionen ansteigen wird. Die Zahl der über 80-Jährigen wird sich im gleichen Zeitraum von drei Millionen auf neun Millionen verdreifachen, deren Anteil an der Bevölkerung von heute 3,6 % auf 12,4 % ansteigen wird. Dagegen reduziert sich die Zahl der berufstätigen 20 bis 60-Jährigen von heute 46,7 Millionen auf 36,2 Millionen im Jahr 2040. Die Folge ist klar vorgezeichnet: Steigende Ausgaben für die alternde Bevölkerung werden von immer weniger berufstätigen Mitbürgern getragen (1).

Wachstumsmarkt Biotechnologie

Das medizinische Wissen verdoppelt sich nach heutigem Kenntnisstand alle fünf Jahre. Bedingt durch die Fortschritte in der Biotechnologie stehen zahlreiche aussichtsreiche Präparate kurz vor der Zulassung. Derzeit kommen 15 % der zugelassenen Medikamente aus dem Bereich der Biotechnologie, bald werden es nach Marktstudien bis zu 60 % sein. Allein in der Bundesrepublik gibt es mehr als 300 Biotech-Unternehmen, in den USA sind es über 1.300 Unternehmen. Trotz der Krise der „new economy" hält das Wachstum im Biotech-Sektor, wenn auch reduziert, an.

Sinkendes Budget vs. optimale, moderne Versorgung

Nach Jahrzehnten, in denen eine gesundheitliche Rund-um-Versorgung für alle Mitbürger ohne Einschränkung „auf Kassenschein" verfügbar war, fallen Einschnitte besonders schwer. Die Nachfrage nach innovativer state-of-the-art Medizin hält in der Bevölkerung an, wie die Praxis zeigt. Es ist der tägliche Spagat zwischen Budget auf der einen Seite und optimaler, moderner Versorgung für den Patienten auf der anderen Seite, der beim Griff zum Rezeptblock mitschwingt. Die altersbedingten Krankheiten zeigen eine weiter steigende Tendenz, ebenso wie die Ansprüche der älteren Menschen an eine hohe Lebensqualität. Welcher Politiker möchte an die Öffentlichkeit treten und sich für eine offene Leistungsrationierung nach englischem Muster aussprechen? Von der ethischen Verantwortung des Arztes für seinen Patienten ganz zu schweigen.

Wachsende Eigenverantwortlichkeit durch den Bürger

Die Antwort der Politik auf das gesellschaftliche Problem steigender Überalterung bei sinkenden Ressourcen ist klar: Mehr Eigenverantwortung für die Gesundheit durch den einzelnen Bürger. Bereits bei der jetzt geplanten Gesundheitsreform werden die Patienten über erhöhte Zuzahlungen, eine Zusatzversicherung für den Zahnersatz, durch Streichungen von Leistungen sowie des Krankengeldes und durch die Erhöhung der Tabaksteuer 57 Mrd. der 64 Mrd. € finanzieren, die die Reform bis 2007 an Einsparungen bringen soll.

Einfache und mittelschwere Erkrankungen werden immer mehr dem Patienten überantwortet

Der selbstzahlende Patient wird zum kritischen Kunden

Das Problem der begrenzten finanziellen Ressourcen wird die Bundesrepublik bei wirtschaftlichen Wachstumsraten von maximal 1–2 % und 4,5 Millionen Arbeitslosen in den nächsten Jahren nicht verlassen. Mit der begonnenen Ausgrenzung von Leistungen wie Zahnersatz und Brillenverordnungen durch die Gesundheitsreform setzt sich ein bedeutender Trend in Bewegung: Die finanziellen Mittel werden in Zukunft für chronische und lebensbedrohliche Erkrankungen reserviert, Bagatellerkrankungen und mittelschwere Gesundheitsstörungen werden zunehmend dem Patienten überantwortet. Für Allgemeinmediziner, aber auch Fachärzte mit einem hohen Patientendurchsatz dieser Krankheiten werden sich daraus weitreichende Konsequenzen ergeben. Der selbstzahlende Patient wird zum kritischen Kunden, der Preis, Service und Qualität der gebotenen Dienstleistung sehr genau beobachten und analysieren wird. Die Beschäftigung mit Qualitätsmanagement auf der einen Seite und Selbstzahlerleistungen auf der anderen Seite wird vor diesem Hintergrund für den Arzt in der Praxis überlebenswichtig.

Der Zweite Gesundheitsmarkt

Die Auswirkungen der Veränderungen im Gesundheitswesen erreichen Praxis und Patienten gleichermaßen. Wenn verbesserte Vorsorge, optimierte Therapien durch neue Technologien, Lifestyle-Anliegen, Wellness-, Alternativ- und Komfortmedizin neue Optionen für die Wünsche des Patienten schaffen, aber die Krankenkassen diese neuen Felder der Medizin nicht bezahlen können, entsteht nach Jahrzehnten der umfassenden Rundum-Versorgung ein neuer Markt, der Selbstzahlermarkt als „Zweiter Gesundheitsmarkt".

Dieser Selbstzahlermarkt entsteht nicht als Alternative, sondern als Ergänzung zum primären Gesundheitsmarkt, der von den gesetzlichen und privaten Krankenversicherungsträgern finanziert wird. In seiner Struktur ist der Zweite Gesundheitsmarkt geprägt von dem Zusammenwachsen so unterschiedlicher Elemente wie Gesundheitsvorsorge, Alternativ- und kosmetischer Medizin mit Wellness und Fitness-Trends sowie moderne Ernährung und Errungenschaften der Biotechnologie (❱ *Abb. 10–1*).

Der Selbstzahlermarkt als Ergänzung zum primären Gesundheitsmarkt

 Abb. 10–1

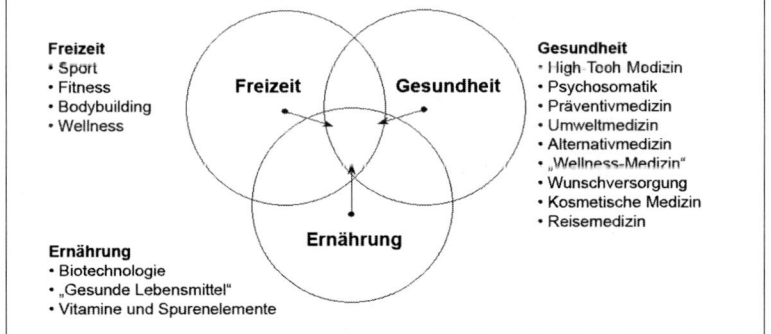

Zweiter Gesundheitsmarkt für ärztliche Selbstzahlerleistungen

Individuelle Gesundheitsleistungen (IGeL)

Die IGeL-Liste

Die Geburtsstunde des Zweiten Gesundheitsmarktes reicht in das Jahr 1997 zurück, als die Kassenärztliche Bundesvereinigung gemeinsam mit ärztlichen Berufsverbänden eine Reihe von Selbstzahlerleistungen (Individuelle Gesundheitsleistungen/IGeL) definiert und zu einem Empfehlungskatalog (IGeL-Liste) zusammengefasst hat.

> ❗ Individuelle Gesundheitsleistungen (IGeL)
>
> Als IGeL bezeichnet man Leistungen, die nicht zum Leistungsumfang der gesetzlichen Krankenversicherung gehören, dennoch vom Patienten nachgefragt werden, ärztlich empfehlenswert oder je nach Intensität des Patientenwunsches zumindest ärztlich vertretbar sind.

Der informierte Patient als Nachfrager von Zusatzleistungen

Ziel der vielzitierten IGeL-Liste war es, die Transparenz im Gesundheitswesen hinsichtlich der Leistungen herzustellen, die definitiv nicht in die Zuständigkeit der ärztlichen Krankenversicherung fallen. Im Zweiten Gesundheitsmarkt der Selbstzahlerleistungen tritt der Bundesbürger als Gesunder oder als Patient als Nachfrager auf, der souverän selbst seine eigenen Entscheidungen trifft. Mit dieser Entwicklung nimmt das Gesundheitswesen eine entscheidende Wendung, der Nachfrager entscheidet, ob ihm eine Leistung gefällt und wie viel Geld er dafür ausgeben möchte. Von Seiten der Politik wird in der Diskussion um IGeL gerne angeführt, dass der uninformierte Patient diese Konsumentenentscheidung aufgrund des Informationsgefälles zwischen Arzt und Patient nur unzureichend treffen kann. Damit unterschätzt die Politik vermutlich die Bedeutung, die das Internet und die Medien für die Information der Bevölkerung leistet. Der informierte Patient, der optimal behandelt werden will, betritt immer öfter die Praxen und ist auch bereit, für Zusatzleistungen zu zahlen.

In einer von der Kassenärztlichen Bundesvereinigung beauftragten repräsentativen Umfrage des EMNID-Instituts wurde im Oktober 1997 die Haltung der Bevölkerung zu Selbstzahlerleistung untersucht (2). Dabei wurde festgestellt, dass 84,7 % der Befragten von ihrem Arzt über sinnvolle medizinische Leistungsangebote informiert werden wollen, auch wenn diese Leistungen nicht von den Krankenkassen bezahlt werden. Ein ähnlich hoher Prozentsatz von 76,7 % ist bereit, vom Arzt empfohlene Gesundheitsleistungen auch privat zu bezahlen. Diese Bereitschaft nimmt mit steigendem Haushaltseinkommen auf bis zu 86,2 % im Bereich der Befragten mit Haushaltseinkommen von mehr als 2.500,– € pro Monat zu (3).

Eine realistische Preisgestaltung der IGeL

Der Zweite Gesundheitsmarkt erfordert aber auch eine realistische Einstellung zur Preisgestaltung der angebotenen Individuellen Gesundheitsleistungen. Nach einer im September 2003 vorgelegten Studie der Verlagshäuser Axel Springer und Bauer liegt das frei verfügbare Einkommen pro Monat bei immerhin 43 % der deutschen Haushalte unter 100 €. Innerhalb eines Jahres ist dieser Anteil um 6 % gestiegen. Weitere 40 % der Haushalte können zwischen 100 und 300 € ausgeben. Lediglich 17 % der Haushalte verfügen über ein frei verfügbares Einkommen von 300 € und mehr. Mit dem Zweiten Gesundheitsmarkt befindet sich auch der Arzt im konjunkturabhängigen Handlungsfeld des Verbrauchers, der durch die schlechte wirtschaftliche Lage, steigende Steuern, Abgaben und Preise an Spielraum eingebüßt hat. Bei der Preisgestaltung von IGeL-Angeboten sollten diese Informationen berücksichtigt werden. Soll mit den neuen Dienstleistungen ein Massenmarkt oder ein exklusiver Kreis von Patienten angesprochen werden? Welcher Steigerungssatz der GOÄ soll der Behandlung zugrunde gelegt werden? Fragen, die sich der Unternehmer Arzt kritisch stellen sollte und die nur er alleine beantworten kann.

Wie sieht der Zweite Gesundheitsmarkt in der ärztlichen Praxis aus? Dem Arzt bieten die Individuellen Gesundheitsleistungen ein Feld zusätzlichen Einkommens, aber auch eine Gelegenheit, als selbstständiger Unternehmer seine Service- und Dienstleistungsbereitschaft unter Beweis stellen zu können. Genaue Angaben zur Höhe der in ärztlichen Praxen getätigten IGeL-Umsätze liegen derzeit nicht vor, werden aber konservativ auf 1 bis 1,5 Mrd. € (2001) geschätzt. Studien zeigen, dass das Wachstumspotential im Zweiten Gesundheitsmarkt der Selbstzahlerleistungen für den Zeitraum von 2000 bis zum Jahre 2010 400 % betragen wird. Während im primären Gesundheitsmarkt durch die gesetzlichen Eingriffe und Budgetierungen nur ein bestenfalls verhaltenes Wachstum bzw. eine Stagnation zu erwarten ist, ist der Selbstzahlermarkt der einzig wirklich dynamisch wachsende Anteil am gesamten Gesundheitsmarkt.

Der Arzt als selbstständiger Unternehmer

Der Zweite Gesundheitsmarkt ist heute im Gegensatz zu 1997 keine Fiktion mehr – die Realität hat die Praxen längst erreicht. Auch wenn aktuelle Zahlen zum IGeL-Markt nur schwer zu erhalten sind, so zeigt eine Umfrage der PVS/Privatärztlichen Verrechnungsstellen und der Ärzte-Zeitung zu diesem Thema unter knapp 1000 niedergelassenen Ärzten aus dem Juni 2003, dass 70 % der Umfrage-Teilnehmer Individuelle Gesundheitsleistungen für die Patientenversorgung für immer wichtiger halten. Nur für weniger als 10 % waren IGeL kein Thema. Bei den meisten Teilnehmern (48 %) befinden sich die Angebote im Aufbau, 10 % der Umfrage-Teilnehmer verfügen nach eigenen Angaben über ein ausgereiftes IGeL-Konzept. Von der Größenordnung her entspricht dies den Schätzungen der Med-Well Gesundheits-AG, (www.medwell.de) aus Köln. Das auf den IGeL-Sektor spezialisierte Unternehmen beziffert den Anteil der erfolgreichen IGeL-Ärzte in Deutschland auf 10–15 % der Niedergelassenen.

Die Wichtigkeit der Individuellen Gesundheitsleitungen steigt

Über die IGeL-Angebote werden die Patienten in den Praxen zu 72 % persönlich informiert, 63 % der teilnehmenden Ärzte gab an, durch Informationsmaterialien in den Praxisräumen auf die erweiterten Angebote aufmerksam zu machen. Hinsichtlich der GOÄ-konformen Preisfestsetzung erfolgt die Festlegung in der Regel (83 %) durch die Ärzte selbst, 16 %

orientieren sich an Empfehlungen der Privatärztlichen Verrechnungsstellen und 8,5 % stützen sich auf die MedWell Gebührenordnung (MEGO).

Trends, die den Zweiten Gesundheitsmarkt bewegen

Unabhängig von der weiteren Entwicklung des Reformprozesses im deutschen Gesundheitswesen wird die Dynamik des Zweiten Gesundheitsmarktes von fünf Trends bestimmt

> ❗ **Fünf Trends bestimmen den Zweiten Gesundheitsmarkt**
> Die Tendenz zur Individualisierung nimmt auch im Gesundheitswesen zu.
> Mit steigendenden Einkommen steigen auch die privaten Aufwendungen für die Gesundheitspflege.
> Die Grenze zwischen Krankenversorgung und Wellness schwindet.
> Neue, schnell verfügbare Technologien schaffen neue Bedürfnisse.
> Gesundheit und Lebensqualität entwickelt sich zu Statussymbolen.

Individualisierung im Gesundheitswesen

Individualisierung ist ein grundlegender Prozess in unserer Gesellschaft, der bereits zuvor monopolistisch strukturierte Wirtschaftsbereiche aufgebrochen hat. Ein gutes Beispiel ist die Telekommunikation. Telefonieren konnte man bundesweit auch in den siebziger und achtziger Jahren mit dem Standardtelefon der Bundespost – trotzdem hat die Deregulation die Welt des Telefonierens preislich und strukturell grundlegend verändert. Heute gibt es zum Vorteil der Verbraucher eine Vielzahl von Telefongeräten, Service-Paketen und innovativen Telekommunikationsunternehmen neben der Deutschen Telekom. Zu einer ähnlichen Entwicklung wird es auch im Gesundheitswesen kommen. In der heutigen Industriegesellschaft fordern moderne Arbeitsformen das Individuum maximal. Es zählen Leistungswille und zunehmend eigene Verantwortung. Wer Karriere machen will oder einfach seinen Job behalten will, muss fit sein. Fitness und Wellness werden eine wesentliche Ergänzung zur reparativen Medizin. Wer eigenverantwortlich für seine Karriere sorgt, ist auch daran interessiert, dass sein wichtigstes Kapital, die Gesundheit durch Prävention erhalten bleibt. Gleiches gilt für Schönheit und Körper-Styling. Beispiel gutes Aussehen: Anti-Aging ist in, älter werden ist out. Dreiviertel der 14- bis 64-Jährigen möchte auch, wenn sie älter werden, möglichst jung aussehen. 5,8 Millionen nutzen regelmäßig Sonnenstudios, 1,4 Millionen besitzen zu Hause ein Solarium – die Branche setzt im Jahr 1,8 Mrd. € um und beschäftigt 40.000 Menschen. 7 % aller Frauen haben bereits einmal eine Beautyfarm besucht, 9 % der Frauen gehen regelmäßig zur Kosmetikerin (4).

Pro-Kopf-Ausgaben für Gesundheit steigen

Obwohl das Auto und das Eigenheim vermutlich noch immer des Deutschen liebstes Kind sind, wächst die Bereitschaft mehr Geld für die eigene Gesundheitspflege auszugeben. Laut statistischem Jahrbuch gaben die Deutschen im Jahr 2000 218,4 Mrd. € für Gesundheit aus. Die Pro-Kopf-

Ausgaben für Gesundheit bezogen auf die Bevölkerung in Deutschland beliefen sich auf 2.616 €, 1992 lagen sie erst bei 2.030 €. Von 1992 bis 2000 sind die Gesundheitsausgaben in Deutschland nominal, d. h. in jeweiligen Preisen, um 55,3 Mrd. € angestiegen (+ 33,9 %). Real in konstanten Preisen erhöhten sie sich um 12,3 %. Mit Abstand größter Ausgabenträger ist die gesetzliche Krankenversicherung (124,4 Mrd. €), dann folgen bereits die privaten Haushalte und privaten Organisationen mit 26,6 Mrd. €. Bemerkenswerterweise erfolgte der stärkste Ausgabenanstieg zwischen 1992 und 2000 bei den privaten Haushalten, die im Jahr 2000 52,6 % mehr für Gesundheitsleistungen ausgaben als noch vor 8 Jahren. Nach anderen Studien verwendeten 1998 Haushalte mit einem niedrigen Monatseinkommen von 1.500,– bis 2.000,– € monatlich 46 € oder 2,86 % ihrer Verbrauchsausgaben für Gesundheitspflege. Haushalte mit einem höheren Einkommen von 5.000,– bis 7.500,– € verwenden bis zu 215,– € oder 5,5 % für die Gesundheit. Diese älteren Zahlen dürften überholt sein, denn in einer aktuellen Umfrage der Bertelsmann-Stiftung antworteten 52 % der Befragten auf die Frage: „Wird zuviel Geld für die Gesundheitsversorgung der Bürger ausgegeben?" mit der Antwort „zu wenig".

In einer älter werdenden Bevölkerung wird Prävention und Wellness von erheblicher Bedeutung sein, die Grenze zur kurativen Medizin verwischt. Kaum ein Bereich ist im Hotelsegment in den letzten zehn Jahren so dynamisch gewachsen wie der Wellness-Tourismus. Städtische Schwimmbäder wurden zu Day-Spas und Saunalandschaften umgebaut, kein gutes Hotel, das etwas auf sich hält, kommt ohne eine Wellness-Oase aus. Heute gibt es in der Bundesrepublik bereits über 1.200 Hotels, die Wellness-Dienstleistungen anbieten. Die Nachfrage nach Prävention, Wellness, akuter Behandlung und Dauerbehandlung lässt klassische Grenzen bedeutungslos werden.

Der Fitness- und Wellness-Tourismus wächst

Beispiel Fitness: Gab es zuvor die reinen Fitness-Studios als Ort des Muskeltrainings, so wird heute mit großem Erfolg Rückenschulung, Wirbelsäulen-Gymnastik und Rehabilitation in speziellen Fitness-Zentren (z. B. Kieser-Training 74 Zentren, Mitgliederwachstum 87 % von Dez. 2000 bis März 2002) betrieben.

Beispiel alternative Therapieverfahren: Akupunktur, Nahrungsergänzungsmittel sind ein weites Feld, in denen der private Nachfrager Mrd. Umsätze tätig. 1997 wurden in den USA schätzungsweise 21,2 Mrd. $ für alternative Gesundheitsvorsorge ausgegeben. In dieser Gesundheitskategorie sind die Ausgaben jährlich um 15 % gestiegen.

Beispiel Pharmaindustrie: Neben der Produktion von in der Regel teuren Innovationen für die kurative Medizin und preiswerten Generika setzt die Pharmaindustrie auf den Bereich der „Lifestyle"-Medikamente für Gesunde. Lifestyle-Medikamente zielen auf die Erhaltung der Gesundheit ab und setzen auf eine Steigerung des Selbstwertgefühls und des Wohlbefindens. Bekannt geworden ist diese Gattung von Medikamenten durch Viagra®, einem Mittel gegen erektile Dysfunktion. Heute umfasst diese Gruppe eine ganze Bandbreite von Medikamenten zum Wohlfühlen, gegen Haarausfall und Übergewicht. Eine weiteres Schwergewicht liegt auf der Vermeidung von Alterungserscheinungen, den Anti-Aging Präparaten. Der Klassiker Sildenafil (Viagra®) hatte bis zum Jahr 2001 weltweit über 17 Millionen Patienten verzeichnet, über 9,2 Millionen Besucher hatten die Webpage von viagra.com besucht und der Jahresumsatz lag bei 1,5 Mrd. $. Ein weiterer Blockbuster, Finasterid (Propecia®) gegen androgentische Alopezie, hatte im Jahr 2000 bereits den Millionsten registrierten Patienten. Das eigentlich nur für Strabismus und Schiefhals zugelassene Botulinumtoxin (Botox®, Dysport®) erfreut sich seit 1993 im off-label use in der ästhetischen Medizin großen Zuspruchs. Wurden 2001 Umsätze in Höhe von 300 Millionen US $ erzielt, werden für 2002 Umsätze in Höhe von 420 Millionen US $ (Botox®) erwartet. Im Jahr 2007 werden 8 Millionen Kunden pro Jahr erwartet.

Neue Technologien schaffen neue Bedürfnisse

Neue Technologien werden neue Bedürfnisse schaffen, die nicht von den Versicherungsträgern getragen werden. Ein Beispiel aus der heutigen Ära des Mobilfunks ist das Herz-Handy, das es einem Patienten mit koronarer Herzkrankheit ermöglicht, per Handy ein EKG an ein Kompetenzzentrum zu senden und dort bewerten zu lassen. Ein anderes Gebiet ist die Molekulardiagnostik: Craig Barrett, der CEO des weltgrößten Chip-Herstellers Intel sieht für sein Unternehmen mit 28 Mrd. US $ Umsatz den nächsten großen Wachstumsmarkt für die Zeit nach dem PC in der Gesundheitsindustrie auf dem Gebiet der Molekulardiagnostik und in der Nanotechnologie. Oder die Fortschritte der Biotechnologie: Der wichtigste Indikator hierfür ist die Anzahl der Medikamente in Phase III Studien. Befanden sich 1993 erst wenige Medikamente in diesem Entwicklungsstadium, so werden es 2003 ca. 300 Präparate sein, die Anzahl der zugelassenen biotechnologisch hergestellten Präparate lag 2002 bei 175 mit ebenfalls steigender Tendenz.

Gesundheit, Fitness und Wellness werden zu einem Statussymbol

War früher Gesundheit im Wesentlichen die Abwesenheit von Krankheit, so hat sich die Einstellung zum eigenen Körper und zur Gesundheit geändert. Gesundheit, Fitness und Wellness ist hip und wird bei vielen Bürgern zu einem Statussymbol. Gutes Aussehen steht für Erfolg und Glück, im Berufsalltag sind die Gewinner gefragt, oder zumindest diejenigen, die so aussehen als würden sie zu den Gewinnern gehören. Ein wichtiger Hinweis kommt aus der Medienwelt, wo sich in einem hart umkämpften Markt Lifestyle-Zeitschriften wie „Men's Health" und „Fit-for-Fun" erfolgreich in den letzten Jahren positioniert haben. Ein anderer Indikator ist der Trend zur Schönheitschirurgie, der ebenfalls derzeit einen Boom erlebt. In den USA haben sich im Jahr 2000 5,7 Millionen Menschen einer Schönheitsoperation unterzogen. In der Bundesrepublik ist die Zahl der kosmetischen Eingriffe in den vergangenen fünf Jahren um 30 % gestiegen, es werden ca. 200.000 Eingriffe pro Jahr durchgeführt. Die Einstellung zum eigenen Körper hat sich gewandelt: Während noch Anfang der 70er Jahre 25 % der

Frauen und 15 % der Männer mit ihrem Erscheinungsbild nicht zufrieden waren, waren dies Ende der 90er Jahre über 56 % der Frauen und knapp die Hälfte der Männer. Der Trend zu Schönheitsoperationen betrifft nicht nur die reifere Generation, auch das Interesse der jüngeren Generation hat deutlich zugenommen. Es wird geschätzt, dass sich jährlich 40.000 jüngere Menschen einer Schönheitsoperation unterziehen.

In dieselbe Richtung gehen auch die Untersuchungen der Kosmetikindustrie. Frauen in Deutschland geben 84 € pro Jahr für die Hautpflege aus, Männer haben lediglich ein Budget von rund 24 €. Aber immerhin interessieren sich 65 % der Männer für Haut- und Körperpflege. Europaweit setzt die Kosmetik-Industrie 31 Mrd. € um, weltweit sind es 96,5 Mrd. €. Einzelne Marktführer erreichen auch in wirtschaftlich schwierigen Zeiten Wachstumsraten von 15 % pro Jahr.

Wer wird im Zweiten Gesundheitsmarkt gewinnen?

So groß der Markt, so groß auch die Konkurrenz. Wenn Ärzte neben ihrer Tätigkeit als Kassenarzt auch im IGeL-Segment erfolgreich sein wollen, müssen sie sich der Konkurrenz einer Reihe von nichtärztlichen Mitbewerbern aussetzen. Der Euro des Gesundheitskunden kann nur einmal ausgegeben werden – entweder beim Arzt oder im nichtärztlichen Bereich.

Die Konkurrenten im Zweiten Gesundheitsmarkt

Im Zweiten Gesundheitsmarkt trifft der Arzt auf eine lange Liste von Mitbewerbern:
- Apotheken
- Fitness- und Sportstudios
- Heilpraktiker
- Ernährungsberater, Diätberatungsstellen
- Kosmetikerinnen
- Internetportale zum Thema Gesundheit, Beauty, Wellness

Beispiel Fitness: Nach Angaben des Deutschen Sportstudio-Verbandes DSSV trainierten Ende 2001 rund 5,4 Millionen Menschen in 6.500 Fitnessclubs. Dies entspricht einem Anteil von 5,6 % der Gesamtbevölkerung. Ein Ende des Wachstums ist nicht in Sicht. Nach einer Studie der Unternehmensberatung Deloitte & Touche wird der Fitnessmarkt bis 2005 auf 6,3 bis 6,8 Millionen Mitgliedern in Sportstudios steigen. Damit vollzieht der deutsche Markt eine ähnliche Entwicklung wie der Fitnessmarkt in anderen europäischen Ländern, wie z. B. England, wo zwischen 1996 und 2000 jährliche Wachstumsraten von 17 % zu verzeichnen waren. Der Fitnessmarkt in der Bundesrepublik setzte 2001 ca. 3,2 Mrd. € um, dies entspricht ca. 600,– € pro Jahr und Mitglied in einem Sportstudio.

Durch die Integration neuer entspannungsfördernder Wellness-Dienstleistungen und qualifizierter Beratung haben sich die deutschen Fitness-Studios von reinen „Muskeltraining-Centern" zum umfassenden Anbieter von Wellness- und Vorsorgedienstleistungen gewandelt. Eine Reihe großer Fitnessketten bietet heute auch Yoga-Übungen, Ernährungsberatung, Rückenschulung und Herz-Kreislauftraining an und stehen damit an der Schwelle zu den medizinisch-ärztlichen Dienstleistungsanbietern. Es sind vor allem die großen Anbieter der deutschen Fitnessbranche, die mit ihrem umfassenden Angebot das größte Wachstum schaffen. Der Marktanteil der 15 größten Anbieter wird von derzeit 11 % auf 27 % im Jahr 2005 steigen, von 620.000 Mitgliedern auf dann 1.730.000 Mitglieder.

Angesichts eines Trends zu mehr Wellness, mehr Gesundheit und mehr Vorsorge wird bei der Vielfalt von Angeboten der Kunde Patient entscheiden, wo er sein Geld in Zukunft für Dienstleistungen „rund um die Gesundheit" ausgeben möchte:

* Erhält der Bundesbürger seine Rückenschulung beim Physiotherapeuten und Orthopäden oder in einem medizinisch orientierten Fitness-Studio (FPZ, Kieser-Training)?
* Wird die Cellulite-Therapie im Kosmetikstudio oder beim Dermatologen durchgeführt?
* Erfolgt die Diätberatung beim ernährungsmedizinisch geschulten Internisten oder beim Lifestyle-Berater eines Sportstudios?

Die 600,– €, die der durchschnittliche Sportstudio-Besucher pro Jahr für seine Fitness ausgibt, wird er nur einmal ausgeben können – für die Individuellen Gesundheitsleistungen bei seinem Arzt oder in seinem Sportstudio. An der Notwendigkeit, sich neue Märkte zu erschließen, kommt der Arzt aber nicht vorbei.

Eine Branche, die sich im Zweiten Gesundheitsmarkt bereits erfolgreich etabliert hat, macht es vor – **die Apotheken.** Das Zusammenspiel von Ärzten und Apothekern ist in der Vergangenheit nicht einfach gewesen. Hinsichtlich des Zweiten Gesundheitsmarktes haben die Apotheken einen deutlichen Standortvorteil – die großen Apotheken sind seit Jahren erfolgreich in der Selbstzahlermedizin wie die Umsatzstatistik von IMS Health aus dem Jahr 2001 zeigt. Bei einem Gesamtumsatz von 31,5 Mrd. € wurden neben 26,2 Mrd. € an verordneten Medikamenten Gesundheitsartikel im Wert von 3,9 Mrd. € an den Verbraucher verkauft.

Nicht-verschreibungspflichtige Produkte und Dienstleistungen – die Zukunft der Apotheken

In der Zukunft könnte sich der Konflikt zwischen Ärzten und Apothekern noch verstärken. Die Unternehmensberatung Accenture befragte 120 Manager und Industrieexperten aus 85 Unternehmen und anderen Organisationen der Pharma-Branche zu ihren Erwartungen bezüglich Markt- und Umfeldentwicklung bis 2005 und 2010. Neben dem bereits etablierten Selbstmedikationsmarkt sehen diese Experten die Zukunft der Apotheken in einer weiteren Verlagerung hin zu nicht-verschreibungspflichtigen Produkten und Dienstleistungen. Das größte Potential für Apotheken liegt in der Diagnostik (self-testing) und in der Wandlung des Apothekers vom Verkäufer zum Gesundheitsberater im Präventionsbereich. Gesundheits-, Ernährungs- und Fitnessberatung werden nach Ansicht der Befragten wesentliche Servicebereiche von erfolgreichen Apotheken in der Zukunft sein.

Konflikte können aber auch Chancen sein. So wie der Arzt in der Sprechstunde seinen Patienten zu Nahrungsergänzungsmitteln, alternativen Therapeutika oder Pflegemitteln berät, die dieser dann in einer Apotheke kauft, kann der innovative Apotheker seine Kunden zu Dienstleistungen von Ärzten beraten.

Eine Grundlage für die Vermarktung von ärztlichen Dienstleistungen stellte im Ansatz das MediCoupon-System dar. Der Kunde einer an diesem System teilnehmenden Apotheke sollte einen Geschenk-Voucher für eine Gesundheitsleistung erwerben, diesen Voucher konnte der Käufer oder eine andere Person gegen eine ärztliche Dienstleistung eintauschen.

Die Vermarktung von ärztlichen Dienstleistungen

Von der Idee profitierten sowohl der Apotheker, der sein Angebotsspektrum erweiterte, als auch der Arzt, der für seine IGeL-Angebote einen Zugang zu einem größeren Patientenkreis erhielt. Die Begeisterung der Ärzteschaft für dieses innovative Marketing-Instrument hielt sich aber in Grenzen. Nur wenige Ärzte waren bereit, an diesem innovativen Gutscheinsystem teilzunehmen.

Neue Kooperationsmöglichkeiten in neuen Märkten: die Versicherungsindustrie als Partner

Der Zwang zu mehr Eigenverantwortung wird nicht nur das Arzt-Patientenverhältnis in der direkten Diskussion beeinflussen, ob diese oder jene Leistung künftig Kassenleistung ist oder nicht, sondern auch das Verhältnis zu seiner Versicherung. Früher war die Grenze zwischen gesetzlich Versicherten und Privatversicherten klar getrennt, doch durch die neuen Reformen wird sich diese Grenze auflösen.

Viele potentielle PKV-Kunden sind durch die sprunghafte Erhöhung der Versicherungspflichtgrenze von derzeit 3825 € zum Jahresbeginn 2003 am Wechsel zur PKV gehindert worden. Die Mehrklassen-Gesellschaft, die in den vergangenen Jahren bereits in den Krankenhäusern anzutreffen war, wird auch Einzug in den ambulanten Sektor erhalten. Derzeit sind 7.931.000 Personen in der Bundesrepublik privat versichert, dies entspricht knapp 10 % der Bundesbürger. Weitere 5.074.200 Personen besitzen eine private Zusatzversicherung (6).

Der zusatzversicherte Patient

In der Vergangenheit wurde eine Zusatzversicherung in der Regel für den stationären Bereich abgeschlossen (4.525.000 Verträge), auf den ambulanten Sektor entfallen weitere 5.074.200 Verträge. Gerade dieser Bereich hat durch die Diskussion um die Leistungseinschränkungen in der gesetzlichen Krankenversicherung eine starke Erhöhung um 466.000 Personen alleine im Jahr 2002 erfahren. Für eine Zusatzversicherung für Komfort- und Privatleistungen im ambulanten Bereich haben sich bis jetzt nur wenige gesetzlich Versicherte entschieden, da es in der Vergangenheit keinen großen Unterschied beim Hausarzt oder Facharztbesuch machte, ob man gesetzlich oder privat versichert war.

Ab 2004 müssen Kassenpatienten auf viele kleinere Leistungen verzichten. Diese Streichungen erreichen eine Größenordnung von 2,5 Mrd. € und werden im Alltag der Patienten vor allem bei Medikamenten und Brillenverordnungen spürbar werden. Einschränkungen von Leistungen, erhöhte Zuzahlungen und die deutlich reduzierte Möglichkeit, sich privat zu versichern, werden den Markt für ambulante Zusatzversicherungen beleben. Neben den reinen Kassenpatienten wird der zusatzversicherte Kassenpatient treten, der für bestimmte Leistungen Privatpatient wird und einen entsprechenden Service und Leistungen von seinem Arzt erwartet.

Ein erster Testmarkt für den Massenmarkt „Zusatzversicherungen für Kassenpatienten" wird der Zahnersatz sein. Ab 2005 muss jeder Erwachsene die Kosten für Zahnersatz bei einer Kasse oder privat versichern. Die Kosten für eine solche Zusatzversicherung sind noch in der Diskussion, die AOK Rheinland schätzt die Kosten auf 5 € pro Versicherten und Monat, private Krankenversicherer bieten Policen je nach Eintrittsalter zwischen 5 und 15 € pro Monat an.

Prävention und IGeL | Im humanmedizinischen Bereich ist vor allem der Markt für Präventionsleistungen, zu denen auch zahlreiche IGeL gehören, für die Versicherer interessant. Die Stärkung der Prävention wird zwar von vielen Gesundheitspolitikern für die GKV gefordert, bezahlbar ist sie aber bei der derzeitigen Finanzsituation der Kassen nicht oder nur nach zähen Verhandlungen, wie die Diskussion um die Finanzierung des Mammographie-Screenings für Frauen in der letzten Zeit gezeigt hat. Häufig nachgefragte Vorsorgeleistungen sind in der nachfolgenden Übersicht aufgeführt.

Beispiele

IGeL-Angebote aus dem Bereich der Vorsorge
Otoakustische Emissionen beim Neugeborenen
Schiel-Vorsorge im 3. Lebensalter
Reisemedizinische Vorsorge und Impfung
Sportmedizinische Vorsorge
Großer Gesundheits-Check (u. a. mit Sonographie, Belastungs-EKG und Lungenfunktion)
Erweiterte Krebsvorsorge für Männer (z. B. PSA-Test)
Erweiterte Krebsvorsorge für Frauen (z. B. Sonographie Ovarien)
Hautkrebs-Vorsorge
Glaukom-Vorsorge
Knochendichtemessung zur Osteoporose-Vorsorge
Schlaganfall-Vorsorge mit Doppler-Sonographie
Triple-Test auf Morbus Down in der Schwangerschaft

Prävention ist ein interessantes Betätigungsfeld für die privaten Krankenversicherer, denn durch gezielte Prävention in den Bereichen Adipositas-
Behandlung, Bewegungsförderung, Raucherentwöhnung, Intervention bei
chronischen Rückenschmerzen etc., lässt sich bei einem bestehenden Ver-
sicherungsbestand das Versicherungsrisiko mindern. Zum anderen füllt
der Bereich „Private Gesundheitsvorsorge" eine wahrnehmbare Lücke bei
den gesetzlich Versicherten aus und erschließt einen neuen Markt. Ver-
sicherungsprodukte mit dem Schwerpunkt „Vorsorge" lohnen sich auch
für Arbeitgeber. Mehr Vorsorge auf privater Basis bedeutet letztlich auch
geringere Krankenstände und gesündere, motivierte Mitarbeiter.

Die DKV Deutsche Krankenversicherung AG hat als Vorreiter mit einem
Zusatz-Versicherungstarif (Optimed®) für insgesamt 30 definierte Individuelle Gesundheitsleistungen aus dem Bereich Prävention einen ersten
Schritt in den Zweiten Gesundheitsmarkt gemacht. Der Tarif ist bewusst
preiswert mit altersabhängigen Monatsbeiträgen zwischen 5 und 20,50 €
konzipiert. Im Herbst 2001 erhielt die DKV dafür den Innovationspreis
der Zeitschrift „Capital", bei der Innovationskraft, Marktbreite, Verbrau-
cherfreundlichkeit und Preis-Leistungsverhältnis eines neuen Versiche-
rungsproduktes mit beurteilt werden.

Der
Zusatzversicherungs-
tarif Optimed®

   Ein solcher Tarif, der über Großkunden und Betriebe als eine preis-
günstige Einstiegsversicherung angeboten wird, erschließt langfristig neue
Kundenpotentiale für den Arzt. Es ist vorstellbar, dass weitere Zusatz-Ver-
sicherungstarife für Kostenerstattungsangebote und individuelle Versiche-
rungspakete für Lifestyle-Fragen, Alternativmedizin, Prävention, Zahn-
heilkunde etc. folgen werden. Mit dem Angebot solcher strukturierten
Versicherungstarife würde der Gesundheitsbereich dieselbe Entwicklung
wie bei der Altersvorsorge nachvollziehen, wo neben der staatlichen Rente
die private Altersvorsorge durch die sog. Riester-Rente ergänzt wird.
   Welchen Vorteil hat aber der Arzt durch Zusatzversicherungen, die
IGeL mit einzubeziehen? Der wesentliche Punkt ist, dass die IGeL in der
Tat bereits durch den Versicherer verkauft wurde und ohne eine weitere
Überzeugungsarbeit abgerechnet werden kann. Angesichts der Erhöhung
der Versicherungspflichtgrenze auf derzeit 3.825 € wird der Markt für Privatpatienten eher stagnieren als wachsen, d. h. auch die Anzahl der Privatpatienten wird sich in der einzelnen Praxis nicht wesentlich erhöhen lassen.
Zusatzversicherungen mit Schwerpunkt Vorsorge, die vom Arbeitgeber
finanziert, auch dazu dienen, gesundheitsbewusstes Verhalten in Betrieben zu fördern, können regional die Nachfrage nach Vorsorgeleistungen
deutlich erhöhen, zum Vorteil von Patienten und Ärzten gleichermaßen.
Bei der Konzentration auf die Vermarktung von IGeL in der eigenen Praxis wird das Kundenpotential auf die eigenen Patienten begrenzt. Zusatzversicherungen, die dagegen IGeL über Arbeitgeber bzw. Versicherungen
„verkauft" werden, vergrößern den point-of-sale und die Reichweite und
damit das Kundenpotential für die eigenen ärztlichen Vorsorgeleistungen.

Die Akzeptanz
gegenüber
Zusatzversicherungen
wächst in der
Bevölkerung

Damit stellt sich die Frage nach der Akzeptanz von Zusatzversicherungen in der Bevölkerung. Nach einer aktuellen Studie der Bertelsmann-Stiftung wäre jeder zweite Besserverdienende mit einem monatlichen Einkommen über 2000 € bereit, für ausgewählte Leistungen, wie Freizeitunfälle, Risikosportarten und Zahnersatz, eine Zusatzversicherung abzuschließen. Es ist nur eine Frage der Zeit, des Reformdrucks in der GKV und der wirtschaftlichen Gesamtlage, bis auch im Krankenversicherungsbereich der Zahler zum souveränen Entscheider wird und sich aus einer angebotenen Palette von Versicherungsmodulen (Alternativmedizin, Zuzahlungen, Vorsorge, Zahnersatz, etc) sein eigenes Paket zusammensetzt, dass die Basisversorgung der GKV ergänzt.

Auswirkungen für die eigene Praxis

Den Herausforderungen, die der Selbstzahlermarkt für die eigene Praxis bedeutet, muss sich jeder einzelne Arzt selbst stellen. In einem Markt, der dynamisch wächst und durch eine Vielzahl von Angeboten gekennzeichnet ist, wird es darauf ankommen, sich hinsichtlich der Auswahl der Angebote und Serviceleistungen von seinen ärztlichen, aber auch nicht-medizinischen Mitbewerbern zu differenzieren.

🛈 Gewinnen wird im Zweiten Gesundheitsmarkt der Praxisinhaber, der
ein IGeL-Angebot aufbaut, dass zur Praxis und dem Praxisteam passt. Die
Leistungen müssen überzeugend sein und der Arzt als Anbieter muss hinter
den wissenschaftlichen Grundlagen seiner angebotenen IGeL stehen,
eine partnerschaftliche Praxiskultur entwickelt,
durch aktive Patientenanalyse die Erwartungen seiner Selbstzahlerkunden
übertrifft,
sich der zunehmenden Konkurrenzsituation stellt und sich durch Qualitätssicherung seiner angebotenen Leistungen von der Konkurrenz differenziert,
kontinuierlich das Leistungsspektrum optimiert und den Nutzen für seine
Kunden erhöht.

Praxisgerechtes
IGeL-Angebot

Wer IGeL nur unter wirtschaftlichen Gesichtspunkten etabliert, wird langfristig an diesen Angeboten wenig Freude haben. Patienten merken, ob „ihr" Arzt ihnen ein Angebot unterbreitet, dass er auch nach außen überzeugt vertritt. Das Feld der IGeL wächst kontinuierlich. 320 IGeL listet die 2003 erschienene MEGO (MedWell Gebührenordnung), dass Gebührenverzeichnis für Individuelle Gesundheitsleistungen des Deutschen Institutes für Privatmedizin in Köln. Monatlich kommen neue Angebote hinzu. Analog zur GOÄ aufgebaut, findet sich unter den Leistungen sicherlich eine Auswahl, die zum Konzept für die Weiterentwicklung der eigenen Praxis passt.

Für die Umsetzung der ausgewählten Leistungen ist ein dynamisches Praxisteam erforderlich. Dies erfordert auch ein Umdenken in der Kultur des Unternehmens „Arztpraxis" bei vielen Kollegen. Nicht die Arzthelferin, die den kontinuierlichen Strom an Patienten bewältigt, sondern die service-orientierte Teammitarbeiterin ist für die Praxis der Zukunft gefordert. Die Umsetzung von IGeL erfordert Mitdenken, Engagement und Flexibilität von den Mitarbeiterinnen. Diese Flexibilität muss aber auch durch den Praxisinhaber möglich gemacht werden. Die notwendige offene Diskussion und auch die Fähigkeit auf durch Mitarbeiterinnen geäußerte Kritik einzugehen, wird dem einen oder anderen Kollegen schwer fallen. Doch nur mit einer offenen Unternehmenskultur ist es möglich, die Mitarbeiterinnen als Team mit in das Boot „IGeL" hinein zu bekommen und zu motivieren. IGeL laufen nicht von alleine und auch nicht ohne Investitionen. Wer IGeL verkaufen will, sollte auch die Investition in einen wöchentlichen Blumenstrauß für den Empfangstresen und ähnliches nicht scheuen.

Partnerschaftliche Praxiskultur

Häufig werden Selbstzahlerleistungen aus dem Bauchgefühl „diese Leistung müsste laufen" ausgewählt, und der Anbieter wundert sich, wenn der Erfolg ausbleibt. Wie jedes andere Unternehmen sollte eine Patientenanalyse zum Bedarf an erster Stelle stehen, bevor die IGeL angeboten werden. Die Durchführung einer Patientenanalyse macht jedoch erst dann Sinn, wenn die wesentlichen regulären Praxisabläufe optimiert sind. Patienten, die bereits eine Stunde auf ein kurzes Arztgespräch gewartet haben, sind in der Regel für IGeL nicht mehr ansprechbar. Organisationsoptimierung der Praxis kommt vor dem Erfolg bei den IGeL.

Aktive Patientenanalyse

Angesichts der skizzierten Konkurrenzsituation im Zweiten Gesundheitsmarkt werden Ärzte ihren Marktanteil zukünftig nur ausbauen können, wenn die Seriosität und die Qualität der angebotenen Leistungen dokumentiert werden kann. Die Qualitätssicherung, die für den primären Gesundheitsmarkt von den Krankenversicherern und der Politik eingefordert wird, ist auch für den Zweiten Gesundheitsmarkt ein Muss! Für den Verbraucher wird die Beurteilung der Anbieter im Selbstzahlermarkt zusehend unübersichtlicher, z. B. beim Thema „Nahrungsergänzungsmittel". Hier reicht das Angebot von medizinischen Instituten über die Apotheken bis hin zu den Lebensmitteldiscountern, von Ärzten bis zu in Strukturvertrieben arbeitenden „Hobby-Beratern". Der Aufbau von ärztlichen Qualitätszirkel oder von Arztnetzen, die sich dem Verbraucherschutz verpflichten (z. B. MedWell-Qualitätsverbund), können hier Abhilfe schaffen.

Qualitätssicherung für den Zweiten Gesundheitsmarkt

Literatur

1. Studie „Zukunftsmodell für ein effizientes Gesundheitswesen in Deutschland" Vereinte Versicherung (2002)

2. Emnid Studie „Individuelle Gesundheitsleistungen" im Auftrag der Kassenärztlichen Bundesvereinigung (1997)

3. Krimmel L (1998) Kostenerstattung und Individuelle Gesundheitsleistungen. Deutscher Ärzte-Verlag

4. Ärzte-Zeitung (23.07.2003) „Ohne IGeL-Angebote geht es nicht mehr" – Umfrage der „Ärzte-Zeitung und der PVS/Privatärztlichen Verrechnungsstellen

5. Studie „Der Wellness-Markt" Marktanalyse der Zeitschrift Freundin (2002)

6. PKV Verband der privaten Krankenversicherungen Rechenschaftsbericht (2002)

Internet

Studie „Der Markt für Fitness und Wellness Daten, Fakten, Trends"
www.medialine.de

Studie „Der deutsche Fitness- und Wellness-Markt im Jahr 2005", Deloitte & Touche, www.deloitte.de

Studie „Konturen: Gesundheit 2010" PriceWaterhouseCoopers (2000)
www.pwc.de

Studie „Der deutsche Arzneimittelmarkt 2010", Accenture (2001)
www.accenture.de

11 Die politische Dimension: Der Zweite Gesundheitsmarkt

L. Krimmel

Neue Strukturen für die Medizin der Zukunft

Als „**Zweiter Gesundheitsmarkt**" wird die Summe derjenigen medizinischen Produkte und Dienstleistungen verstanden, die nicht Gegenstand einer gesetzlichen Zwangsversicherung oder eines staatlichen Gesundheitsdienstes sein können. Angesichts der zunehmenden finanziellen Restriktionen in der GKV wird ein Wachstum im Gesundheitssektor überhaupt nur noch über ein Wachstum des Zweiten Gesundheitsmarkts zu erreichen sein. Nur auf diese Weise wird die gleichzeitige Einlösung der beiden wichtigsten Zukunftsoptionen der Medizin ermöglicht: Die Entfaltung der legitimen individuellen Gesundheitsansprüche einerseits und die Realisierung des großen Wachstums- und Beschäftigungspotentials andererseits. Der Staat hat die notwendigen strukturellen Voraussetzungen hierfür zu schaffen, wozu insbesondere die Ablösung des Sachleistungssystems durch ein europataugliches Kostenerstattungssystem gehört. Die Funktion einer Schaltstelle, auch im Zweiten Gesundheitsmarkt, wird vom Arzt eine deutlich stärkere Berücksichtigung kaufmännischen Verhaltens verlangen.

Der Gesundheitsmarkt, also der Markt für Dienstleistungen und Produkte im Gesundheitswesen, ist in Deutschland mit einem Anteil von mehr als 10 % am Bruttoinlandsprodukt (BIP) der dominierende Wirtschaftsfaktor. Über die Entwicklung dieses Gesundheitsmarktes gibt es zwischenzeitlich eine ganze Reihe von Untersuchungen und Prognosen.

Der Gesundheitsmarkt ist dominierender Wirtschaftsfaktor

❗ Die Prognosen gehen übereinstimmend davon aus, dass in Zukunft die gesetzliche Krankenversicherung (GKV) eine immer geringere und die Eigenleistungen der Bürger, einschließlich privater Zusatzversicherungen, eine immer größere Rolle spielen werden.

Bereits seit 10 Jahren verharrt der Anteil der GKV-Ausgaben am BIP bei rund 6,2 %, so dass in dieser Hinsicht keinesfalls von einer „Kostenexplosion" gesprochen werden kann. Mehr als 4 % des BIP werden heute bereits für private Gesundheitsleistungen aufgewendet. Angesichts der auf Dauer stark begrenzten Finanzspielräume einer solidarisch finanzierten GKV, wird das Wachstum des Dienstleistungssektors „Gesundheit" künftig nicht mehr im Ersten Gesundheitsmarkt, also der Kassenmedizin, sondern nur noch im privat finanzierten Zweiten Gesundheitsmarkt stattfinden können.

Wachstumsbranche Gesundheit

Der Gesundheitsmarkt weist hohes Wachstums- und Beschäftigungspotential auf

Bei der Diskussion aktueller und künftiger Finanzierungsprobleme in der GKV wird immer wieder der im Ländervergleich überdurchschnittlich hohe Anteil der Gesamtgesundheitsausgaben am BIP in Deutschland kritisiert. Dies ist insoweit bedenklich, als hier eine systematische Wahrnehmungsschwäche hinsichtlich des **Gesundheitswesens als Wachstumsbranche** zum Ausdruck kommt.

Die frühere Gesundheitsministerin Andrea Fischer griff in Diskussionen nicht selten zu dem verräterischen Bild, die Politik stelle dem Gesundheitssystem 250 Mrd. DM „zur Verfügung" und dies müsse nun bitte schön reichen. Dabei hätte der diplomierten Volkswirtin klar sein müssen, dass bereits seit den 60er Jahren die Gesundheitsausgaben in der volkswirtschaftlichen Gesamtrechnung nicht mehr als staatliche Transferleistungen definiert werden, sondern dass dem Gesundheitswesen vielmehr eine eigenständige Wertschöpfung als Dienstleistungsbranche zuerkannt wird.

Es gehört daher zu den eigentümlichsten blinden Flecken der Gesundheitspolitik, dass der **Gesundheitsmarkt** immer noch nicht als volkswirtschaftlich zunehmend wichtiger Dienstleistungssektor mit hohem Wachstums- und Beschäftigungspotential wahrgenommen, sondern vielfach immer noch als „Kostgänger der Gesellschaft" dargestellt wird. Angesichts der damit verbundenen Gefährdung der wirtschafts- und beschäftigungspolitischen Chancen ist vor allem die fortgesetzte politische Diskriminierung des privaten Gesundheitsmarkts fatal. Während überall sonst Wachstumsraten im Dienstleistungssektor freudig registriert werden, sollen diese ausgerechnet im Gesundheitswesen bedenklich sein. Hierin spiegelt sich auch eine geschichtlich überholte Auffassung staatlicher Aufgabenzuordnung wider: Einem demokratisch legitimierten Staat hat es schlichtweg egal zu sein, ob seine Bürger in Urlaubsreisen oder in Wohnungseinrichtung, in komfortable Autos, in Haustiere oder in private Gesundheitsleistungen investieren.

Erst in jüngster Zeit scheint sich eine Trendwende anzubahnen. Auch die Regierungskoalition nimmt inzwischen zur Kenntnis, dass das Wachstum des privaten Gesundheitsmarkts ein Weg sein könnte, das **Beschäftigungspotential der Gesundheitsbranche** zur Entfaltung zu bringen, ohne die Lohnnebenkosten und damit den „Standort Deutschland" zu belasten. Im Übrigen hat man wohl erkannt, dass „die Wähler" zunehmend bereit sind, auch Gesundheitsleistungen in ihre privaten Allokationsentscheidungen einzubeziehen.

Definition und Abgrenzung

Nicht selten wird bereits die Begriffskombination „Gesundheitsmarkt" kritisch hinterfragt. Dabei wird bezweifelt, ob Gesundheitsleistungen überhaupt im herkömmlichen Sinne marktfähig sein können. Für den solidarisch finanzierten „GKV-Markt", also den Ersten Gesundheitsmarkt, mag diese Frage vor dem historischen Hintergrund noch berechtigt sein. Allerdings befördern die Krankenkassen mit ihrem Drang nach „Einkaufsmodellen" die Markteigenschaften des Gesundheitswesens nicht nur begrifflich, sondern auch hinsichtlich der Einstellung der beteiligten Akteure.

> Der Zweite Gesundheitsmarkt ist marktfähig

Ganz außer Frage steht jedoch, dass es sich beim privaten, also beim Zweiten Gesundheitsmarkt um einen echten Markt handelt, der gekennzeichnet ist durch:

- ein **wachsendes Angebot privater Gesundheitsleistungen,**
- eine steigende **Nachfrage** nach diesen Leistungen und
- **ausreichende Mittel** zur Finanzierung dieser Nachfrage, einschließlich der entsprechenden Bereitschaft zur Finanzierung.

Der Vorschlag für eine inhaltliche Definition des „Zweiten Gesundheitsmarkts" ist in ❯ *Abbildung 11–1* dargestellt. Danach können folgende beiden „Dimensionen" unterschieden werden:

- die „horizontale" Dimension des Behandlungsanlasses und
- die „vertikale" Dimension der Behandlungsintensität.

◼ Abb. 11–1

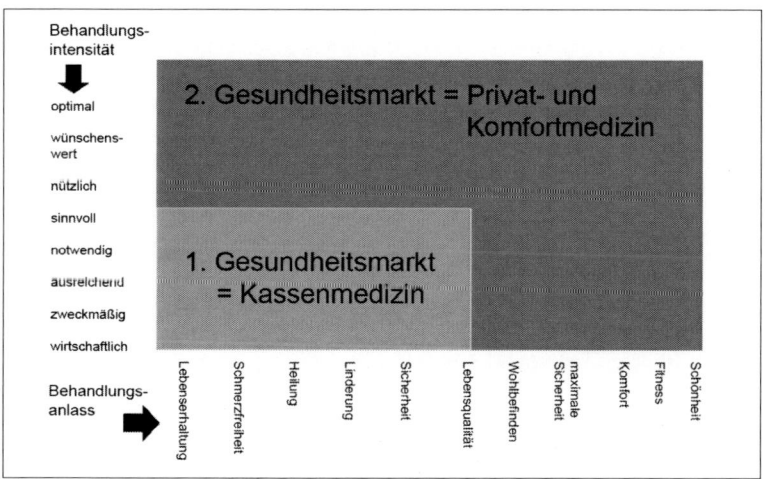

Definition des Zweiten Gesundheitsmarktes

Die Behandlungsanlässe außerhalb der notwendigen und wirtschaftlichen Krankenbehandlung im Rahmen der Kassenmedizin stellen das Kernstück der sog. **Individuellen Gesundheitsleistungen (IGeL)** dar. Stets handelt es sich dabei um einzeln zu benennende Wunschleistungen außerhalb der Grenzen des GKV-Leistungsrechts. Geradezu klassische Beispiele sind die reisemedizinische Vorsorge und der sportmedizinische Check-up. Aber auch innovative Leistungen mit hoher Bedeutung für die Betroffenen bereichern zunehmend die Liste der Individuellen Gesundheitsleistungen.

Wirtschaftlichkeit der Privatbehandlung

Die vertikale Dimension bildet der Wunsch nach einer Behandlungsintensität, die im Rahmen einer optimierten Krankenbehandlung über die Einschränkungen von Budgets und Wirtschaftlichkeitsgebot in der Kassenmedizin hinausgeht. Auch in diesem Bereich sind einzelne IGeL-Angebote definierbar, jedoch ist dieses Segment insgesamt besser dem sog. Kostenerstattungs-Sektor zuzuordnen, da der hier zumeist zugrunde liegende Wunsch nach einer „optimalen Behandlung" sich nicht immer auf einzelne IGeL-Angebote herunterbrechen lässt, sondern vielmehr ein häufig komplexes Behandlungsregime im Rahmen einer budgetfreien privatärztlichen Behandlung erfordert.

Ein gutes Beispiel für die Legitimität entsprechender Behandlungswünsche gibt der ambitionierte Freizeitsportler mit der Diagnose „Tennisarm", der unbedingt zum nächsten Mannschaftsturnier wieder fit sein möchte und der deswegen auf die Dimension der „Wirtschaftlichkeit" der Behandlung gerne verzichtet, wenn er nur schnellstmöglich wieder seinem Sport nachgehen kann.

Das Konzept der Optimierten Individualmedizin

Zusatztarife für gesetzlich versicherte Patienten

Der Zweite Gesundheitsmarkt erfordert allerdings auch **neue Strukturen.** Der Autor hat sich dieser Strukturierung des Gesundheitsmarktes angenommen und das **Konzept der Optimierten Individualmedizin** entwickelt. Dieses Konzept geht davon aus, dass die zu erwartende Verschiebung in den Finanzierungsgrundlagen und das damit verbundene forcierte Wachstum des Zweiten Gesundheitsmarktes nur in einem strukturierten und qualitätsgesicherten Rahmen erfolgreich sein kann.

Daher setzt das Konzept der Optimierten Individualmedizin auf eine dreifache Unterstützung dieses Prozesses durch:
- die Definition der privatmedizinischen Leistungen im Rahmen einer optimierten Individualmedizin (z. B. MEGO, www.igel-liste.de),
- die Strukturierung der privatmedizinischen Leistungsangebote (z. B. Labor-IGeL-Konzept von Bioscientia, www.bioscientia.de),
- die Durchführung der privatmedizinischen Leistungen in regionalen Qualitätsgemeinschaften von Ärzten, die sich auf die Anliegen des Verbraucherschutzes verpflichten.

Mit dem Zusatztarif OPTIMED haben die Deutsche Krankenversicherung (DKV) und die MedWell Gesundheits-AG erstmals einen Tarif für insgesamt rund 30 definierte Individuelle Gesundheitsleistungen zusammengestellt, der allen 72 Millionen gesetzlich Krankenversicherten angeboten wird. Weitere Zusatztarife werden folgen. Damit wird sich – ähnlich wie in der Rentendiskussion – die private Zusatzversicherung zunehmend als zweites von drei Standbeinen in der Gesundheitssicherung etablieren (❯ *Abb. 11–2*).

◻ Abb. 11–2

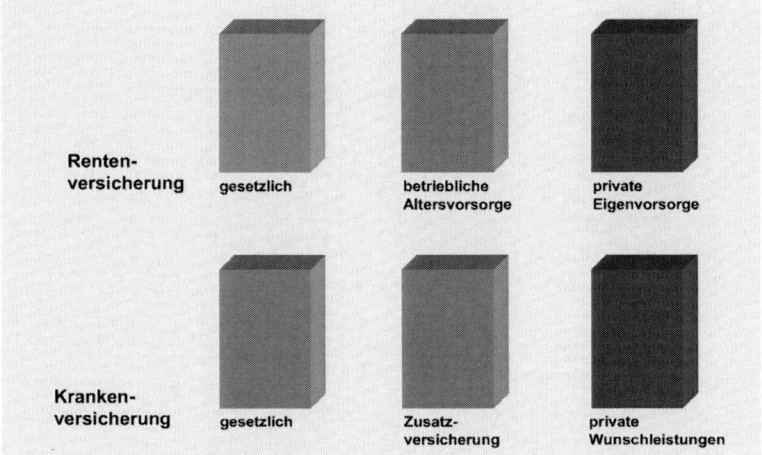

Drei Säulen der Absicherung gegen Alter und Krankheit

Diese qualitätsorientierten Angebote zeigen, dass die privaten Anbieter im Gesundheitswesen die Strukturen für die Befriedigung der wachsenden Nachfrage nach optimierten Vorsorge- und Behandlungskonzepten selbst schaffen können und gut daran tun, eine von der GKV unabhängige Strategie für die Weiterentwicklung des Gesundheitsmarkts zu verfolgen.

Gesundheitsmarkt und GKV-Leistungskatalog

Angesichts des nicht mehr zu verdeckenden Missverhältnisses zwischen den medizinischen Versorgungsansprüchen der Bevölkerung und den finanziellen Möglichkeiten der GKV ist eine grundlegende Gesundheitsreform unausweichlich. Im Zentrum der Diskussion steht dabei eine **Neubestimmung des Leistungskatalogs** durch Gliederung in Regel- und Wahlleistungen. Eine solche Neubestimmung wird nur unter folgenden Voraussetzungen gelingen können:

Gliederung in Regel-
und Wahlleistungen

- Verzicht auf den irreführenden Begriff der „medizinischen Notwendigkeit", unter dem sich angesichts der Vielfältigkeit der medizinischen Möglichkeiten jeder etwas anderes und der jeweils betroffene Patient für sich immer nur das Optimale vorstellt.

- Aufgabe der Utopie einer positiven Definition der Regelleistungen und Konzentration auf die exakte Bestimmung der nicht zur Regelversorgung gehörenden **Wahlleistungen.**

Die Diskussion darüber, ob eine Ausgliederung von Wahlleistungen überhaupt möglich ist, sollte dabei der Vergangenheit angehören. Denn im Arzneimittelbereich wird die Definition der künftigen Regel- und Wahlleistungen von den Krankenkassen alljährlich im Arzneiverordnungs-Report unter dem Stichwort „Einsparpotential" vorweggenommen.

Danach wird die „Regelversorgung" wie folgt definiert:

> **Regelversorgung**
>
> Statt des Originalpräparates hat der Kassenpatient nur Anspruch auf das billigste Generikum, denn darauf beziehen sich alle Einsparberechnungen der Krankenkassen.
>
> Bei Innovationen in der Arzneimittel-Galenik (z. B. Transdermales Therapeutisches System statt Tablette) hat der Kassenpatient nur Anspruch auf die „ausreichende Versorgungsform" (also z. B. Tablette).
>
> Bei Weiterentwicklungen bestehender Wirkprinzipien, deren Mehrnutzen vergleichsweise teuer ist, hat der Kassenpatient nur Anspruch auf die bewährte und billige Standardversorgung.
>
> Auf von den Kassen als „umstritten" definierte Arzneimittel (z. B. Venenmittel oder durchblutungsfördernde Mittel) hat der Kassenpatient keinen Anspruch, auch wenn der Nutzen bei ihm im Einzelfall nachgewiesen ist.

Ein europataugliches Kostenerstattungssystem

Allerdings darf eine grundlegende Gesundheitsreform nicht beim Leistungskatalog stehen bleiben. Vielmehr ist zu hinterfragen, ob der Staat auch noch im 21. Jahrhundert 72 Millionen Bürgerinnen und Bürger im Zentrum des europäischen Gesundheitsmarkts zwangsweise den im 19. Jahrhundert definierten Kassenmonopolen zuweisen darf. Ein freiheitliches Gesundheitssystem sollte auf allen Ebenen Wettbewerb und die Entfaltung der unterschiedlichen gesundheitlichen Ansprüche ermöglichen. Dies geht nur mit Ablösung der Pflichtversicherung durch eine allgemeine Versicherungspflicht sowie mit Ersatz des Sachleistungssystems durch ein europataugliches Kostenerstattungssystem.

Zum Kundenbegriff in der Medizin

Im Zusammenhang mit dem Angebot privatmedizinischer Zusatzleistungen an Kassenpatienten wird immer wieder eingewandt, dies sei bereits deswegen problematisch, weil der Patient eben „Patient" und nicht „Kunde" sei. Darüber hinaus bestehe in der Medizin ein dermaßen eklatantes Wissensgefälle zwischen dem kundigen Arzt und dem hilfesuchenden Patienten, dass das Angebot von Privatleistungen auf Bedenken stoßen müsse. Schließlich sei es auch unter ethischen Gesichtspunkten problematisch, solche privaten Zusatzleistungen anzubieten, die angesichts unterschiedlicher Vermögensverhältnisse für manche Patienten unerschwinglich seien.

Eine derartige Argumentation, die im Ergebnis den niedergelassenen Arzt – bei vollem freiberuflichen Risiko – auf die Funktion eines Kassenangestellten festschreiben würde, geht aus folgenden Gründen in die Irre:

Der Dienstleistungsansatz des Arztes

- Bereits im Bereich einer notwendigen Krankenversorgung profitiert der „Patient" in hohem Maße von einem Dienstleistungsansatz des Arztes, der auf die Kundensouveränität setzt, anstatt dem Arzt-Patienten-Kontakt ein autoritäres Versorgungsmodell überzustülpen.
- Die moderne Medizin ermöglichst heutzutage nicht nur wichtige medizinische Grundleistungen wie lebensverlängernde Maßnahmen oder Schmerzfreiheit; sie besetzt vielmehr zunehmend auch Felder wie Wellness, Fitness, Lifestyle, Komfort, Schönheit und Sicherheit.
- Die Inanspruchnahme der betreffenden Leistungen obliegt stets der persönlichen Entscheidung des Einzelnen und kann daher niemals von einer solidarischen Krankenversicherung umfasst werden. Es ist offensichtlich, dass im Hinblick auf die Allokation privater Finanzmittel medizinische Komfort- und Zusatzleistungen zunehmend mit anderen Luxusgütern wie Urlaub, Auto oder Einfamilienhaus konkurrieren werden. Es gibt keinen ethischen, sozialpolitischen oder rechtlichen Grund, die medizinischen Dienstleistungen außerhalb einer notwendigen Grundversorgung aus solchen Allokationsentscheidungen auszublenden. In diesem Umfeld der individuellen Wahl zusätzlicher Gesundheitsleistungen ist der Bürger auch keineswegs „Patient", sondern vielmehr **„Gesundheits-Kunde"**.
- Im Bereich Individueller Gesundheitsleistungen kann auch in aller Regel keine Rede davon sein, dass die professionelle Überlegenheit des Arztes gegenüber dem Gesundheits-Kunden derartige Angebote ins Zwielicht rücke. Wer als Autokäufer nach entsprechender Information die Entscheidung über den Kauf von Autos mit Differenzialsperre und Traktionskontrolle trifft, der ist auch in der Lage, frei darüber zu befinden, ob er im Rahmen eines erweiterten Gesundheits-Check-ups ein Belastungs-EKG oder im Rahmen einer erweiterten Krebsvorsorge eine Ultraschalluntersuchung in Anspruch nehmen möchte.
- Schließlich ist es auch **keineswegs unethisch,** Gesundheits-Kunden privat zu finanzierende Gesundheitsangebote vorzustellen. Die ungleiche Verteilung materieller Güter gehört zu den grundlegenden Erfahrungen aller Gesellschaften. Ein teures Auto mit hohem Sicherheitsstandard ist für die Gesundheit des Besitzers besser als ein Kleinwagen älterer Bauart. Ein großes Haus in einer ruhigen Vorstadt entfaltet einen deutlich höheren gesundheitlichen Komfort als eine kleine Hochhauswohnung in Flughafennähe. Daher kann es nicht unethisch sein, sozialversicherte Gesundheits-Kunden über die erweiterten Möglichkeiten Individueller Gesundheitsleistungen aufzuklären. Das Gegenteil ist der Fall. Das Verschweigen derartiger Möglichkeiten ist gerade

unter den Gesichtspunkten ärztlicher Ethik unentschuldbar. Als vor einigen Jahren der Beifahrer-Airbag noch eine teure Zusatzausstattung war, ist kein Autohersteller auf die Idee gekommen, die Möglichkeit einer solchen gesundheits- und sicherheitsfördernden Zusatzausstattung zu verschweigen. In ähnlicher Weise wäre es absurd, den gesetzlich Krankenversicherten die Inanspruchnahme einer erweiterten Gesundheits-Vorsorge oder einer optimalen Behandlung im Krankheitsfall vorzuenthalten.

Der Arzt als Kaufmann?

Von manchen Gesundheitspolitikern und insbesondere von den Krankenkassen wird misstrauisch registriert, dass immer mehr Ärzte ihren Privatpatienten einen **besonderen Praxisservice** anbieten. Dies sei mit der ärztlichen Ethik nicht vereinbar und verstoße gegen den gesellschaftlichen Konsens, dass alle Kranken gleich behandelt werden sollten.

Eine solche Einstellung widerspricht jedoch den elementarsten Erfahrungen in einer Dienstleistungsgesellschaft. Auf der ganzen Welt und in allen Wirtschaftsbereichen gehört es zu den selbstverständlichen Grundüberzeugungen, dass ein besonderer Service auch seinen besonderen Preis hat. Dies kann bei ärztlichen Dienstleistungen nicht anders sein. Auch ethische Überlegungen stehen dem keineswegs entgegen, da der gehobene Praxis-Service zunächst unabhängig von der Qualität der ärztlichen Behandlung ist.

Service für Zusatzversicherte

Im Krankenhaus ist der „kleine Unterschied" im Service seit jeher selbstverständlich: Rund 4 Millionen GKV-Versicherte haben private Zusatzversicherungen für Chefarztbehandlung und Zweibettzimmer, nur etwa 180.000 verfügen dagegen über entsprechende Versicherungen für die ambulante Behandlung. Dabei gibt es gerade in der ambulanten Medizin zahlreiche Möglichkeiten, anspruchsvollen Patienten im Privatservice gezielt entgegenzukommen. Die Palette der Möglichkeiten reicht hier von Soforttterminen innerhalb von 24 Stunden über spezielle Privatsprechstunden ohne Wartezeiten bis hin zum aktiven Telefonservice des Arztes bei Befundmitteilungen.

Wer solchen Angeboten entgegenhält, damit werde der Arzt endgültig zum Kaufmann, der übersieht, dass gerade der niedergelassene Arzt, der alle Risiken eines Freiberuflers trägt, überhaupt nur dann wirtschaftlich überleben kann, wenn er die Grundsätze kaufmännischen Verhaltens beherzigt. Im Übrigen wird dieses kaufmännische Verhalten mit den aktuellen und künftigen „Einkaufsmodellen" der Krankenkassen nachhaltig gefördert werden. Die anhaltende Strukturreform im Gesundheitswesen, die in allen Bereichen und von allen Beteiligten mehr Wettbewerb und Selbstverantwortung einfordert, wird auch und gerade bei den niedergelassenen Ärzten den Zwang zum unternehmerischen Handeln weiter verstärken.

Kostenerstattung als Zukunftsmodell

Kaum ein anderes GKV-Thema wurde in der Vergangenheit im Vergleich zu seiner gesundheitspolitischen Bedeutung so nachlässig behandelt wie das Wahlrecht der Versicherten auf Kostenerstattung. Nachdem Horst Seehofer mit der 3. Stufe der Gesundheitsreform die Kostenerstattung als Instrument der Flexibilisierung erkannt und dieses Wahlrecht auf alle Versicherten ausgeweitet hatte, wurde es von der neuen Koalition bereits 1999 als „Abkassiermodell der Ärzteschaft" verunglimpft und auf den Kreis der freiwillig Versicherten beschränkt.

Das Recht auf Kostenerstattung

Doch mit den wachsenden Ansprüchen der Versicherten bei gleichzeitig stagnierenden Kasseneinnahmen hat sich dies nicht mehr halten lassen. **Kostenerstattung steht in der Öffentlichkeit zunehmend für eine optimierte und flexible medizinische Versorgung.** Wer die Rationierungsfallen einer budgetierten gesetzlichen Krankenversicherung einmal selbst erlebt hat, möchte die mit der Kostenerstattung verbundenen Freiheitsrechte einer Privatbehandlung nicht mehr missen. Die Liste der mit der Kostenerstattung verbundenen Optionen und Vorteile ist lang und reicht vom privaten Praxisservice bis zur Berücksichtigung individueller Wünsche bei der Wahl des Behandlungsumfangs und des Behandlungsverfahrens.

Das Recht auf Kostenerstattung ergibt sich unmittelbar aus dem in Artikel 2 des Grundgesetzes garantierten Recht auf freie Entfaltung der Persönlichkeit. Ein Staat, der 72 Millionen Bürger zwangsweise einer gesetzlichen Krankenversicherung zuweist, hat nicht das Recht, diesen Bürgern einen Erstattungsanspruch zu versagen, wenn sie sich für eine individuell optimierte, über den Versorgungsanspruch in der GKV hinausgehende Behandlung entscheiden.

Wie stark die Zwangsmitglieder der GKV durch die Vorenthaltung des Rechts auf Kostenerstattung diskriminiert werden, kann am Beispiel der Kombi-Impfung gegen Hepatitis A und B verdeutlicht werden. Da bei Kindern und Jugendlichen nur die B-Impfung von den Kassen übernommen wird, müssen alle Zwangsversicherten die Kosten der sinnvolleren Kombi-Impfung entweder in voller Höhe selbst tragen oder aber die Kosten und den Schmerz einer getrennten A-Impfung in Kauf nehmen. Der Kostenerstattungspatient erhält dagegen den Erstattungsbetrag für den B-Anteil an der Kombi-Impfung ausbezahlt, der fast so hoch ist wie die gesamte Kombi-Impfung. Mit anderen Worten: Nur weil das Monatseinkommen des Zwangsversicherten unter der Versicherungspflichtgrenze liegt, muss er für die Kombi-Impfung 10 mal mehr bezahlen als der reichere Kostenerstattungspatient und zusätzlich einen weiteren Injektionsstich in Kauf nehmen.

Doch auch aus der gesundheitspolitischen Einsicht heraus, die bereits Horst Seehofer zu entsprechendem Handeln veranlasst hat, hat die Regierungskoalition ihre Haltung zur Kostenerstattung geändert. Denn Kosten-

Eigenverantwortung der Versicherten

erstattung steht auch für eine Stärkung der Eigenverantwortung, die ein Schlüsselelement jeder künftigen Gesundheitsreform sein wird.

Deswegen haben seit dem 01.01.2004 alle GKV-Mitglieder das Recht, anstelle der Kassenbehandlung die Privatbehandlung im Kostenerstattungsverfahren zu wählen.

In Ergänzung zu dieser wachsenden Flexibilität in der GKV beginnen die privaten Krankenversicherungen allmählich, ihre Angebote zu Kostenerstattungstarifen zu überarbeiten und um neue, attraktive Produkte zu ergänzen. Die PKV-Unternehmen tun dies nicht aus Selbstlosigkeit; sie wollen vielmehr für die Zeit nach der kommenden Gesundheitsreform gerüstet sein. Wer dann über bereits gut kommunizierte Produkte verfügt, wird in diesem neuen Markt bestens aufgestellt sein.

Denn auch hier gilt einmal mehr der ultimative Lehrsatz des ausgehenden 20. Jahrhunderts: „Wer zu spät kommt, den bestraft das Leben".

Literatur

1. Krimmel L (2003) MEGO-Gebührenverzeichnis für Individuelle Gesundheitsleistungen; ecomed Verlag

2. Krimmel L (1998) Kostenerstattung und Individuelle Gesundheitsleistungen. Deutscher Ärzte-Verlag

Sachwortverzeichnis